LA VIRGEN
milagros y secretos

Víctor Sueiro

LA VIRGEN

milagros y secretos

EDITORIAL ATLANTIDA
BUENOS AIRES • MEXICO • SANTIAGO DE CHILE

Diseño de tapa: Peter Tjebbes

Nota del editor: Los conceptos y expresiones contenidos en este libro son de exclusiva responsabilidad del autor, y por lo tanto sus opiniones no necesariamente reflejan el punto de vista del editor.

*Más que una dedicatoria, esto es un pedido a la Virgen
para que inunde de amor, paz, salud, fuerzas y luz los corazones
de Rosita, Rocío, mi mamá, Alfredito y los que realmente
son mis amigos más allá de las palabras.*

*Le pido, además, que los cubra a ustedes, lectores, con su manto.
Y los ame y los mime y los guíe. Y también le pido
que ayude a los que no creen, porque, al fin de cuentas,
son los que más lo necesitan.*

A cambio podría ofrecerle a Ella mi corazón, pero ya lo tiene.

Agradecimientos y afectos

Les debo mucho a muchos y lo agradezco. Los que siguen son especiales por su apoyo, su cariño o el ejemplo que dan con sus propias vidas.

Mirtha Legrand, todo coraje.

Jorge Fernández Díaz, bondad y talento juntos es demasiado. Tal vez por eso presta ambas cosas cuando uno las necesita.

Jorge de Luján Gutiérrez, treinta años es mucho. Y aquí, mucho y bueno.

Luis de la Fuente, su familia y su equipo. Son mi familia y mi equipo.

Dardo y Nicolás Fernández Aramburu. Único hombre que tuvo mi corazón en su mano y su hijo, que ahora acaricia el de él.

Chola Laguna, ni ella sabe cuánto la aprecio.

Monseñor Roque Puyelli, mi ángel guardián peso pesado.

Alfredo Vercelli, tío de este librito. Un orgullo ser su amigo.

Ana Liarás, Jorge Naveiro y absolutamente toda la gente de Atlántida Libros. Son un lujo.

• **Otros que me ayudan con sólo pensar en ellos:**
Mónica Castellano; Alejandro Luciani; Juan Carlos y Delia Fernández; los Trepat; los Pauter; los Pérez; los Avilés; los Zielinski; los Tear; los Portal; los Skare; los Imperial; los Alberti; los Palagruto; los Almirón; los Salmoyraghi; los Giménez (La palmera); Matías Porras; Sofía Vaca; Roberto Bosca; Cecilia Crespo; Nelly Aceto; Ángel Intrieri; Ángel y Betty Conte (y toda la patota); Georgina Barbarossa; Héctor Muleiro; Lucía Galán; Jorge Cupeiro y Ana Cafiero.

• **Mucho más que sólo colegas:**
Juan Carlos Pérez Loizeau; Horacio Larrosa; Rony Vargas; Juan Carlos Araujo; Fanny Mandelbaum; Richard Sánchez Sañudo; Jorge Rial; Luis Ventura; Héctor Ricardo García; Constancio y Costi Vigil; Aníbal Vigil; Ernesto Medela; Miguel Vendramín; Claudio Laciar; Juan Carlos Vilches; Jorge Guinzburg; Adolfo Castello; Luis María Stanzione; Enrique

Llamas de Madariaga; Marcelo Tinelli; Diego Pérez; Jorge Jacobson; Cholo Gómez Castañón; Jorge Lanata; Robertito Jacobson; Marilú Conci; Oscar Cesini; Pitti Beillard y Juan Alberto Badía.

• **Y a los que ahora tienen todo más claro, Allá:**
Ramón Antuco Costas y Jorge Rago.

Advertencia

Todos los hechos relatados en este libro son absolutamente reales. Las personas que aquí aparecen figuran con sus nombres y apellidos verdaderos, sin excepción. Sólo la intervención de Mariano podría ser producto de la imaginación, aunque el autor no está nada seguro de eso. El resto de las entrevistas están registradas en sus correspondientes grabaciones. Cualquier parecido con la ficción es una mera coincidencia. Una vez más, los hechos reales que leerán son mucho más impresionantes y bellos que lo que podría crear la fantasía. Siempre es así.

ANTE TODO

La palabra Papa —que significa "padre"— se usó por primera vez a fines del siglo III, como referencia a San Marcelino, un pontífice mártir que murió por orden del emperador romano Diocleciano, un malnacido que fue el más feroz y despiadado perseguidor de cristianos en toda la historia, Dios lo tenga en el infierno.

Mucho después, cuando en el mil quinientos y algo los españoles llevaron a Europa esa maravillosa creación que es deliciosa hecha puré, frita, al horno, a la parrilla o simplemente hervida, surgió allí un problema religioso. Suena de locos, pero es real. Tan real que fue precisamente el rey quien tomó cartas en el asunto y decidió algo muy especial para el destino de este popular tubérculo, con perdón de la mesa. Los indígenas americanos lo llamaban "papa", y todos contentos. Pero ocurría que en el Viejo Mundo esa palabra, escrita con mayúscula, definía ya por entonces al Sumo Pontífice. Creyeron que sería una falta de respeto usar el mismo vocablo para un comestible —por más rico y popular que fuera— y la máxima autoridad cristiana. Entonces fue que decidieron llamarla "patata". Y así se la conoce, salvo en la Argentina, algunos otros países de América hispana y en ciertas zonas, incluso, de la misma Madre Patria, lugares donde se mantuvo el nombre de papa sin menosprecio alguno del Papa.

Este hecho trivial inaugura los primeros párrafos de este librito para demostrar que en todas las épocas existieron personas que exageraron las cosas. Gente que ha sido —y es— "más papista que el Papa".

No es caprichoso arrancar con esto ni se trata de un dato que tenía muchas ganas de contar y no sabía dónde meterlo. Se debe a una aclaración que no tendría que hacer, pero —como conozco cada ventanita del enorme edificio de mi Iglesia, la católica— prefiero evitar que alguno se asome a una de ellas para polemizar tontamente. Allá vamos.

Hay algunos católicos que nos miran de reojo a los marianos porque creen que el enorme amor por la Virgen puede competir y entrar en colisión con el que se le debe a Jesús. Nada de eso hay aquí, así que, muchachos, a polemizar a otra parte. Esa idea es tan absurda y estúpida como preguntar a un chiquito a quién quiere más, si a su papá o a su mamá. No tendría sentido la idea de lo que María significa si no hubiera existido Jesús. María es quien es por Cristo. Amarla a Ella lo halaga a Él. Quien crea lo contrario y sea más papista que el Papa merece un calificativo que haría alusión al desmesurado tamaño de cierta parte íntima de su cuerpo en el caso de ser varón, aunque se puede aplicar por extensión también a las damas cuando lo merecen, no vamos a ser discriminatorios y privarlas de recibir ese vocablo.

Quede en claro que lo único que hago en estas páginas es contar, que es lo mío. Cuento lo que investigo, lo que estudio, lo que escucho de fuentes inobjetables y los testimonios de personas que —en todos los casos, sin excepción— aparecen aquí con sus verdaderos nombres y apellidos. Nunca les mentí y no voy a empezar ahora: no soy objetivo, aun cuando lo haya intentado. Pudo más mi amor por la Virgen, y me emborracho de fe y maravillas a sabiendas, gozándolo. Por supuesto, eso no me impidió ser más riguroso que nunca. Amo este libro, lo confieso. Respira libertad, fe, coraje, audacia, amor y humor, aunque suene muy raro en un escrito sobre la Madre de Dios. Pero, al contrario, verán que nada más natural que la alegría al hablar de Ella. Los que saben poco y nada de la Virgen van a disfrutarlo enormemente, porque busqué explicar todo de una manera fácil; los marianos devotos van a encontrar sorpresas que no imaginaban. Hasta los miembros de otras religiones, o incluso los ateos, van a saborear las mieles de María, que es, como verán, la madre de todos, aun de los que no creen en Ella.

Aclaremos: al único que se le puede aplicar el verbo "adorar" es a Dios; a nadie más. En el catolicismo existe culto de veneración, que es otra cosa, por los santos y los ángeles. Y solamente a María se le puede profesar culto de hiperdulia, palabra medio difícil y nada habitual porque se usa nada más que aplicada a la Virgen. Su origen es griego y significa, literalmente, "más allá de la veneración" o, tal como se menciona de manera cotidiana, "veneración especialísima". Como diría el beato Escrivá de Balaguer al hablarle a María: "Más que tú, sólo Dios". De esto se desprende que, después de la Santísima Trinidad, la figura más importante del catolicismo es Santa María, Madre de Dios, la que ruega por nosotros, pecadores, con la falta que nos hace.

Este librito está íntegramente dedicado a Ella, a la Mamita. Milagros, secretos, asombros y ternura de la mujer más importante en la historia del mundo cristiano. Pero con el estilo de siempre, entre otras razones porque es el único que tengo: nada de pompa, mucho de amor, toneladas de esperanza, docenas de sorpresas, testimonios que emocionan y brillito de humor, ya que la fe no tiene nada de aburrida, es una fiesta.

Ya son muchos los curas y obispos que se ocupan de lo político, lo social, lo económico. Por eso elegí un tema mucho menos transitado por ellos, como es el de la fe simple y pura, tanto como el amor sencillo y la esperanza en Dios y nuestros semejantes. Si esta frase les ha sonado algo irónica, no se equivoquen. En realidad quise que fuera muy irónica.

Escribo esto cuando estamos en los finales del siglo y del milenio, época dura, ya lo creo. Por eso pienso que la perfumada bandera de la esperanza debe flamear aunque no haya viento, sólo por el impulso loco de nuestro avance ciego aferrados al mástil. Y no hay mejor compañía para esta lucha que la Virgen.

Escribo esto en tiempos difíciles, pero no imposibles. Mientras los sueños no mueran y el coraje no afloje, siempre saldrá el sol después de una noche, por prolongada que sea. Éste no es un libro de autoayuda; es un libro de ayuda. Nadie mejor que Ella para eso. Si están necesitando ánimo, acudieron al lugar indicado.

Escribo esto, finalmente, mirándolos a ustedes a los ojos, con mi corazón en la mano que les estoy alargando porque es lo mejor que tengo para ofrecerles. Ojalá lo acepten, ojalá les sirva.

Víctor Sueiro
Julio de 1999

LOS VESTIDITOS DE LA VIRGEN

Madre hay una sola.

(Dicho popular)

1

¿Cuál María? ¿Santa Rita?

—¿Una qué? —me preguntó mi peluquero.

—Una advocación... ¿Sabés lo que es una advocación?

—Ni idea.

Ahi me dí cuenta. Desde la primera vez que me senté frente a un teclado, mi única obsesión fue llegar a la mayor cantidad de gente, en un lenguaje natural, cotidiano, sin hacer fintas con la espada sino pinchando y cortando directamente. Las fintas son para que se luzca el espadachín; cortar y pinchar es para que entendamos todos. Elijo eso.

La anécdota con mi peluquero no terminó ahí. Me enseñó más aún.

—A mí, la Virgen que me gusta es la de la Medalla Milagrosa, ¿ves? —dijo mientras hurgaba en su pecho para sacar una imagen de plata que confirmaba sus palabras, como si hiciera falta.

—La Virgen es una sola —le dije con cierta timidez, porque no quería herirlo y, además, lejos de mí estaba ofenderlo porque él aún tenía las tijeras en su mano, con lo cual conservaba el poder de eliminar quizás para siempre los treinta y cuatro pelos de la parte delantera de mi cabeza, esos que peino con esmero para que cubran vacíos espantosos.

—No —insitió—, la mía es la Medalla Milagrosa. Es mejor.

—Yo llevo la de Nuestra Señora del Rosario —le dije mientras metía la mano por debajo del enorme babero que le ponen a uno cuando le cortan el pelo, intentando mostrar mi propia medallita y advirtiendo que mientras el babero estuviera allí eso era tan imposible como escalar el Aconcagua en patines. Pero quería aplacarlo. La defensa de "su" Virgen era tan fuerte que se había puesto medio colorado y parecía no atender razones. Estaba a punto, creo, de atacar a mi Virgen sólo para que la de él quedara bien parada. O, tal vez, de cortarme la yugular con una navaja que, para mi gusto, estaba demasiado a mano, ahí no más. Contado así parece una pavada, pero les aseguro que el clima era tenso. Y él seguía con las tijeras en la mano, para peor.

En momentos como ése hay que apelar a todo el coraje que uno tiene en alguna parte para tales ocasiones. Mostrarse valiente, enérgico, decidido y frontal. Por eso le dije con tono calmado pero firme:

—Tenés razón.

Cuando ocurrió aquello, ya venía trabajando en este librito desde hacía tiempo; así fue como surgió la charla con mi peluquero, precisamente.

—¿Estás escribiendo un libro nuevo?

—Sí. Mil horas por día, porque me encanta el tema —dije cuando todavía no se había desatado la cosa y yo podía sonreír frente a él tranquilamente.

—¿Qué tema? —me preguntó.

—La Virgen —contesté, sin saber que sólo con esas palabras iba a poner en peligro mi propia vida debido a una suerte de sicópata de la Medalla Milagrosa que tenía unas tijeras en su mano y una navaja peligrosamente cerca mientras yo estaba como maniatado por el babero grandote lleno de mi propia pelusa, ya que sería una exageración llamar pelo a eso. Inmediatamente vino el asunto de la competencia de vírgenes y mi frontal manera de terminar con el tema drásticamente con esas dos palabras plenas de coraje: "Tenés razón".

En los siguientes días, y debido a ese episodio del cual logré salir con vida y con pelo no sé cómo, me lancé a mi pequeña encuesta popular con cada conocido, cajera de supermercado, quiosquero, plomero o quien fuere que se cruzara en mi camino. El 99 por ciento no tenía ni la más remota idea de lo que significaba la palabra "advocación", cosa que explicaré luego. Pensé en la enorme cantidad de publicaciones religiosas que usan esa palabra y me dije que, como ocurre a menudo, si uno escribe libros nada más que para los que saben del tema es como venderles naranjas a los paraguayos o cubitos de hielo a los esquimales. Entonces, lo que la gente me estaba enseñando era que yo debía contar las cosas desde el ABC para que éste fuera, en verdad, el librito que resumiera fácilmente lo que María es y lo que significa.

Dos semanas después de mi aventura con el hombre armado de poderosas tijeras tuve otra, en una rotisería. La mayor parte de este libro lo escribí en la ciudad costera de Pinamar, bella y calma, pero quieta como una imagen de foto cuando termina la temporada. Estaba solo, sin mi familia, así que debía proveerme el alimento a diario. Una vez más estaba en manos de alguien que podía decidir si ese día yo iba a comer o no y que, armada ahora con una cuchilla como las de las películas de terror, cortaba un pedazo de asado cuando me preguntó —como casi todos— si estaba escribiendo un libro nuevo. Dije que sí y todo lo que ustedes ya saben.

—La Virgen —afirmó Zulema mientras la punta del enorme cuchillo dolorosamente parecido al de la película *Psicosis* avanzaba y retrocedía de mi pecho al compás de su corte. Estaría a unos diez centímetros de mi cuerpo o tal vez un metro o quizás tres, bueno, pero los quiero ver a ustedes. En especial después de la experiencia con el peluquero. —Yo soy muy devota de la Virgen —siguió, al tiempo que el filo se abría paso en mi comida—. Sin ir más lejos, tengo una estampita de Santa Rita que llevo siempre conmigo.

Confieso que sentí un nudo en la garganta. ¿Cómo explicarle que una cosa es la Virgen, que es una sola, María, y que otra son las santas, que son muchas, eso sí, benditas sean?

—Es la patrona de las cosas imposibles —agregó con una cierta alegría, blandiendo el cuchillón como si fuera un dedo con el que un profesor remarca sus dichos. Pero no era un dedo; era un cuchillón. Y cuando no es un cuchillón es una navaja o unas tijeras. Me sentía como una de esas adolescentes de las películas de terror que siempre son emboscadas o perseguidas por tipos malísimos que las asustan con hachas, dagas, hojitas de afeitar usadas o cualquier otra cosa con filo.

Ahí mismo habría decidido dejarme el pelo largo y comer sólo ensaladas, si no fuera porque pensé: "¿Con qué cortan los tomates y las cebollas?". Y me contesté: "Con otro cuchillón. No hay salida, hermano". No debía corregirla, tal vez, pero lo hice con mucho cariño, sin atacar a Santa Rita en absoluto y tomando como al descuido un palo de escoba que había por ahí, por si tenía que defenderme. No le iba a hacer la cosa tan sencilla, faltaba más.

—¿No es lo mismo? —me preguntó con ternura, cuchillo inerte.

—No —le dije con real afecto. Y le expliqué.

Peluquero y rotisera existen; no son inventos míos. Ella es una gran cocinera, se llama efectivamente Zulema y tiene su negocio en el centro comercial del golf, en Pinamar. El hombre de las tijeras es mi amigo Juan y comparte la anécdota inicial con su ayudante Brian, ambos del negocio de Roberto Giordano. Por supuesto, satiricé los hechos para reírnos un rato, pero ocurrieron y son algo clave.

Peluquero y rotisera fueron fundamentales en este librito. Tomé clara conciencia de que es una inmensa tontería hablar de cosas dando por hecho que todos las saben. No es así. Nunca escribí de esa forma, al contrario. Ocurría que, con el tema de la Virgen, yo estoy tan metido en él, tan enamorado de Ella, tan apasionado por su vida y milagros, que corría el riesgo de creer que todos sabían todo. Por eso, gracias al peluquero, la rotisera, las tijeras, el cuchillón y una considerable cantidad de gente con la que hice pruebas sin que lo supieran, comprendí que si quería hacer algo que fuera útil tenía que ser claro y no dar nada por sabido. Insisto en creer que lo importante de escribir es llegar a muchos con algo que sirva. Yo les hablo a ustedes como si los tuviera enfrente, imaginando sus gestos, sus actitudes, sus sonrisas y hasta sus enojos. Me gusta eso; es como un abrazo de papel y tinta. Por eso no debo dar nada por sentado. Si ustedes saben que la Virgen es una sola, María, y que las santas son otra cosa, está bien. Van a comprender que hay otros, muy llenos de fe, incluso, que no lo saben. Y van a acompañarme a decírselo como lo estamos haciendo. Este librito, como todos los anteriores, está hecho por ustedes mismos y dictado en mi oído sabe Dios por quién. Me pasa permanentemente que leo mis cosas al tiempo de haberlas escrito y sonrío preguntándome: "¿Quién redactó esto?". Lo peor es que me gustan, y eso no es una muestra de vanidad, ya que reconozco de entrada que lo único que hago es poner los dedos y sonreír o fruncir las cejas con lo que leo. Igual que ustedes, bah. Yo soy ustedes. Y creo que eso es lo bueno.

También me ocurre todo el tiempo que me conmuevo al escuchar algunos testimonios de personas que no temen que los escépticos los miren raro por hacer públicos sus asombros. Todos, sin excepción, dicen que cuentan lo que les ocurrió de manera a menudo milagrosa para que su relato pueda servir a otros, generar esperanzas, abrir corazones. Por eso es que amo a quienes nos regalan tanto. Ellos lo saben y por eso confían. Ellos lo saben y por eso hablamos.

—En toda mi vida yo viví un solo milagro.

—Bueno, tratándose de milagros te diré que no es poco "uno solo".

—No te hagás el chistoso —me dijo mi amigo del alma monseñor Roque Puyelli—. Vos sabés a qué me refiero. Leí sobre muchos, sé sobre muchos, me contaron sobre muchos, pero vivirlo en persona me tocó una sola vez. Y, al fin de cuentas, tenés razón: no es poco.

—¿Y cómo fue? ¿Tenía que ver la Virgen?

Preguntarle eso último a monseñor Puyelli es como si alguien le hubiera dicho a Frank Sinatra, cuando vivía, que sería una buena idea que se dedicara a cantar. Mi amado Roque, que me llena de orgullo con su amistad, es el hombre que más grupos de oración ha formado en el país, y puede decirse que todos bajo el amparo de la Virgen, a quien, por supuesto, está consagrado. Para no dejar hilos sueltos: un grupo de oración es una reunión de personas que rezan para honrar a Dios y a la Virgen y también pedirles por enfermos o por cualquiera que esté necesitando apoyo espiritual, aun cuando no conozcan a esa persona. La fuerza de la oración es algo tan impresionante como ustedes no pueden siquiera imaginarlo. Me consta.

El padre Roque Puyelli es, también, el fundador y director de la Asociación Mariológica Argentina, es decir AMA. (Vaya sigla, ¿eh? Dios debe divertirse mucho con las señales aparentemente casuales que nos deja a nuestro paso. Eso de que algo que se dedica exclusivamente a la Virgen se identifique como AMA, sin que nadie lo buscara de manera especial, es un poquitín simbólico. Si un marciano preguntara qué es lo que más hace Ella, se le puede responder con una precisión asombrosa usando esa sigla como verbo.)

No sé de dónde saca tiempo Roque, además, para ser capellán de historia y letras de la Universidad del Salvador, director del Instituto de Estudios Mariológicos, propulsor de la construcción de capillas católicas en el Delta —donde no hay— y uno de los líderes que lucha por consagrar la Argentina a la Virgen. Viajó a la mayoría de los santuarios marianos del mundo y fue el primer cura que adhirió a los hechos de San Nicolás, así como el primero en organizar visitas o encabezar peregrinaciones y vía crucis en la ciudad de Nuestra Señora del Rosario, tal como leerán en uno de los testimonios de este librito.

Se equivoca cuando dice que el único milagro que vivió fue este que contaremos enseguida, ya que se le olvida que su propia existencia es un milagro. Nacido en San Andrés de Giles, Buenos Aires, llegó al mundo con bronconeumonía y pulmonía doble. El doctor Jaime Colominas, el médico, les dijo a sus padres que no había nada que hacer, que moriría en poco más. El papá de Roque fue a la funeraria y compró el cajoncito blanco que llevó él mismo hasta el hospital debajo del brazo, con los ojos húmedos pero el gesto imperturbable, caminando por las calles del pueblo solito, sin mirar a nadie, como si fuera la escena de una magnífica película sobre la dignidad y el dolor macho. En el ínterin, la monja del hospital de San Andrés de Giles dice que hay que bautizar enseguida al bebé moribundo y sugiere llamarlo Roque por el santo patrono de los enfermos. Nadie le discute; no hay tiempo para delicadezas. Se hace todo allí, de urgencia, con el médico de padrino, corriéndole una carrera a la muerte. Lo bautizan. Y, de inmediato, mi amigo Roque da un berrido potente y hermoso, llenando de aire sus pulmones, viviendo cuando nadie lo esperaba, porque tenía mucho que hacer por aquí. Como ven, ya venía de cuna con su milagrito propio. Claro que el que sigue, ese que Roque mencionó como "el único verdadero milagro que vi en mi vida", lo tiene también como uno de sus protagonistas y es francamente impresionante. La única manera de saber que no exagero es continuar leyendo.

Como siempre, les recuerdo que, en honor a una mayor riqueza testimonial, voy a elegir transcribir el relato sin retoques gramaticales que lo único que harían sería enfriarlo. La gramática es muy linda, pero mucho más lo son la verdad y la naturalidad. Esto no es literatura; hay muchos que se dedican a ella. Estos libritos son como esas casas medio desprolijas pero acogedoras, con olor a pan recién horneado; no como las que se ven en las revistas, lindísimas pero tan pulcras y tan frías que no parecen estar hechas para vivir sino para aparecer en esa foto y no se te ocurra sentarte, limpiáte los zapatos, cuidado con ese vaso, ojo con la ceniza y mejor pasemos a la cocina, vos no vas a aprender nunca. Estos libritos salen del alma y van al alma. Son retratos cotidianos. Al hablar con amigos uno no está pensando en si están bien los tiempos de verbos o la sintaxis, porque, en ese caso, uno sería poco menos que un papanatas. Sé que ustedes no sólo entienden todo esto sino que, además, lo aprecian.

EL BEBÉ CON NOMBRE DE ARCÁNGEL
(Testimonio de hoy)

Gabriel Alejandro fue el cuarto hijo de HORACIO Y CRISTINA BURONI.

Todos varones, como para que tuvieran en qué entretenerse. Ser padres de cuatro varones debe de ser algo fabuloso y atemorizante, como subirse a una nave espacial. Con una diferencia en contra: esta nave la conduce uno y no hay forma de recurrir a Houston diciendo: "Tenemos un problema".

Cuando uno de esos problemas es la salud, la cosa ya no da para chanzas y todos nos ponemos serios. Gabriel tenía apenas seis meses de edad cuando los médicos le diagnosticaron una grave enfermedad y un final cercano e irremediable. Pero es mejor que lo cuente Cristina, su mamá, alguien que ahora ronda los cincuenta, tiene campanitas en la voz y dice cada palabra con una firmeza que no admite discusión.

—Gabriel nació el 21 de octubre de 1983, un chico perfecto, sin ningún problema. Pero, a los seis meses, un domingo, habíamos llevado a los más grandes a andar en bicicleta y yo me quedé en el auto con él. No lo veía bien, pero no sabía qué podía tener. De repente vomitó. Vomitó de una manera que no parecía normal para un bebé. Pensamos en algo intestinal. Pasó una mala noche, quejándose. Al otro día, a primera hora, urgente a la pediatra. Lo revisó y no dudó ni un instante en decirnos que lo lleváramos inmediatamente al Hospital Español, que es de lo mejor en niños, para descartar la meningitis, ya que ésa era una posibilidad. Ni siquiera pasamos por mi casa a buscar un bolso. Fuimos al hospital, lo revisaron y nos confirmaron que tenía meningitis, y bastante avanzada, porque la punción de columna salía turbia. Pero a la meningitis se la puede combatir. Lo internaron y empezaron a medicar sin perder un minuto. Esto fue el lunes. Ese día y el martes estuvieron atendiéndolo de una manera impresionante, con gran profesionalismo, pero el nene empeoraba en vez de mejorar. Hasta el miércoles todo seguía así; Gabriel se quejaba y dormitaba sólo de a ratitos. Nos decían que era por los dolores de cabeza. Entre miércoles y jueves dejó de quejarse y pensamos que había mejorado. Cuando vienen los médicos, yo les digo: "Gabriel está bien. Durmió toda la noche". Ellos se miraron y nos hicieron salir de la habitación para revisarlo. Después nos dijeron que no era que estuviera bien. Estaba en estado de coma.

—Ay, Dios… ¿Cómo se le dice algo así a una madre?

—No me lo dijeron en ese momento. Lo llevaron para hacerle una serie de estudios y después lo trajeron. Yo no pensé en ningún momento que estaba grave. Estuve siempre al lado de él, al lado de la cuna, sin que se me cruzara que podía estar tan mal. No me había dado cuenta porque el nene estaba como dormido. Tanto que se había quejado en esos días y de repente ya no se quejaba me habían hecho pensar que estaba mejorando… Recién a la tarde de ese jueves entran a la habitación los cuatro médicos juntos. Eran médicos jóvenes, me acuerdo, y la atención había sido buenísima. Todo el equipo era de primera. Sin imaginar lo que me dirían, a mí me sorprendió que entraran los cuatro juntos, porque hasta entonces venía uno, después otro, así. Ahora estaban los cuatro, que entraron, se sentaron en un sillón y hubo un momento como de duda, porque ninguno hablaba…

Cristina se enteraría mucho después de que, en realidad, ninguno de los cuatro jóvenes médicos se animaba a darles la espantosa noticia. Más aún, le confesarían luego que ninguno quería ser el solitario portavoz de la mala nueva y fue por eso que decidieron ir todos juntos. La tecnología científica avanzó más de lo soñado pero, gracias a Dios, los médicos no son aún de plástico y —aunque a veces lo disimulen— siguen ejerciendo la notable bendición de sentir, además de pensar. Cristina, por su parte, está ahora contando todo aquello con una calma que la hace ir al grano, sin vueltas, simplemente porque han pasado quince años desde los hechos. Nadie puede imaginar lo que debe haber sentido aquel día, un momento después de que los cuatro médicos se sentaran en un sillón cercano a la cuna de Gabriel, a quien ella creía dormidito, y se animaran a hablar.

—Nos dijeron que lo que pasaba era que el nene tenía edema cerebral, que no estaba durmiendo sino en un profundo estado de coma, que ellos habían hecho todo lo posible pero que ya no se podía hacer nada más y que estaba en manos de Dios… Recién ahí reaccioné y me puse a llorar. No tuve ni tiempo de pensar en la fe, porque apareció el padre…

—¿Puyelli? ¿Y quién lo llama?

—Nadie.

—¿Cómo nadie?

—En el instante en que los cuatro médicos nos dan la noticia, apenas me puse a llorar sin consuelo, entra una enfermera y nos dice que hay un sacerdote afuera que pedía hablar conmigo. Era el padre Puyelli. Te lo cuento ahora y se me caen las lágrimas…

—¿Pero Roque aparece en el mismo momento en que los médicos terminaban de decirte que no había ninguna esperanza de salvar a Gabriel? ¿Cómo es eso?

—No lo sé, no me preguntes. Lo que sé es que estoy hablando de mi hijo y no voy a mentir ni exagerar nada con una cosa así. Nosotros conocíamos al padre Puyelli desde hacía ya unos años; él nos había casado. Pero ese día se dieron un montón de… No, no las voy a llamar casualidades, porque no puede ser.

—Efectivamente, no pueden ser.

—Pasaron cosas inexplicables, digamos. Para empezar, el padre Puyelli no estaba en el país porque había viajado a Portugal, a Fátima. Como queríamos que él bautizara a Gabriel, porque bautizó a nuestros otros tres chicos, aún no lo habíamos hecho, esperando que volviera del viaje…

—Y ese día, ¿cómo se entera él? ¿Cómo llega en ese exacto momento?

—Cómo llega en ese exacto momento no te lo podré decir nunca. Él se entera porque, aun sin saber la gravedad de la enfermedad de Gabriel, yo recuerdo que aún no está bautizado y digo: "Hay que avisarle al padre Puyelli". Una amiga mía, que fue quien nos lo presentó, nos había dicho que no estaba en el país y que no bien llegara le iba a avisar. Todo esto, sin saber aún lo grave que estaba Gabriel...

—¿Pero cómo llega con tanta exactitud?

Que no me conteste ahora, como hacen en la tele. Vayamos a un corte y luego continuamos. Este corte está puesto en este punto del relato porque quise tratar de armar aquel momento, resistiéndome a aceptar así como así que, sin ninguna explicación, mi amigo Puyelli apareciera en la puerta de la habitación del Hospital Español en el preciso momento en que —adentro— la ciencia estaba dando la noticia del irremediable final de Gabriel en este mundo. Por eso hablé con él, con monseñor Roque Puyelli. Eso es lo que inserto en este breve corte.

—Yo había llegado ese mismo día de Fátima —me contó—. Y traía una botellita con agua bendita de allá para dársela a una sobrina mía que tenía una fuerte complicación estomacal... Apenas entré a casa me entero de que el pibe de los Buroni estaba internado y, no me preguntes por qué, agarré la botellita y me fui directo al Hospital Español.

—Pero... sin desempacar, sin cambiarte, llevando la botellita, saliendo como los bomberos... ¿Por qué?

—¿No te dije que no me preguntes por qué? ¿Qué sé yo por qué? Porque tenía que ser así... ¿O ahora hace falta que tenga que convencerte hasta a vos de que ocurren muchas cosas sin explicación racional?

—No, no, faltaba más. Digamos que porque sí, entonces.

—Y bue. Así fue. Porque sí.

Cosa seria. Cuando transcribo mis charlas con mi amigo Roque, advierto que esos diálogos se parecen cada vez más a los que mantengo con mi ángel Mariano. Por el tono y porque ambos siempre terminan ganando.

—Me fui allá con la botellita, llegué hasta la habitación, le pedí a una enfermera si podía avisarle a Cristina Buroni que yo estaba allí y, casi enseguida, se abre la puerta y veo salir un montón de médicos y detrás de ellos a Cristina llorando...

Fin del corte. Quise aclarar y veo que sólo sirvió para hacer aún más inexplicable todo, más misterioso, más increíble. Sigo con Cristina.

—¿Pero cómo llega con tanta exactitud?

—No lo sé. Cuando la enfermera me avisa que hay un sacerdote afuera, los médicos le dejan el lugar. Se retiran. Se cruzan en la puerta con el padre Puyelli y conmigo, que iba detrás, llorando mucho...

—Disculpáme... Cuando vos me decís que los médicos, al enterarse de que hay un cura, se retiran dejándole el lugar, suena como que ellos ya no daban ninguna esperanza...

—No, no, ninguna. Ellos ya lo habían desahuciado a Gabriel. Entró todo el equipo de pediatría, que insisto en decir que eran excelentes, y te reitero que ninguno quería venir y por eso lo hicieron todos juntos.

—Pero, decididamente, lo habían desahuciado.

—Sí, sí, así es.

—¿Te dijeron cuánto le quedaba de vida?

—No, eso no. Pero me dijeron que ellos habían hecho todo lo que estaba a su alcance... algo que sé que fue así... pero que no había respondido a la última medicación que le habían dado. Que estaba en manos de Dios. Una neuróloga había dicho, también, que se podía intentar operarlo al día siguiente para descomprimir el cerebro, pero no se podía saber cuál sería el resultado de una cirugía como ésa...

—Entra Puyelli.

—Entra Puyelli y yo le cuento llorando lo que pasaba. Gabriel estaba en la cunita, quietito, quietito estaba. No se movía para nada... El padre moja un algodoncito con el agua de la botellita, la que había traído de Fátima, me lo da y me dice: "Pasáselo en la frente con fe a Gabriel". Yo me puse a un costado de la cuna y se lo empecé a pasar en la frente y lloraba, lloraba. Y el padre Puyelli me agarró de un brazo y me dijo: "Con fe. No llores, porque si no la Virgen no va a poder llegar a él; vos tenés que poner mucha fe, mucha fe, y pasarle el agua por la frente"... Entonces yo saqué toda la fuerza que tenía, la fe que tenía...

—En ese momento el nene estaba en coma, de eso no hay dudas.

—No, claro que no, ninguna duda. El nene no reaccionaba desde el día anterior, cuando yo pensé que dormía. Los médicos confirmaron su estado. Estaba en coma. Quietito, no abría los ojos, nada...

—¿Y vos?

—Yo, con toda la fe, con toda la fuerza, le pedía a la Virgen que por favor lo salvara, que por favor estuviera bien. Y yo le prometía que si se sanaba, de alguna forma, no sabía cómo, yo lo iba a llevar tarde o temprano al santuario de Ella para agradecerle. Y también prometí que en ese caso iba a traer el agua de Fátima para darle a la gente que estuviera como el nene y la necesitara... Habrán pasado, después de eso, unos cinco minutos, cinco minutitos. El padre Puyelli, que seguía hablando con nosotros, se acerca a la cuna. Lo mira a Gabriel y le dice: "Puchito". No sé por qué le dijo Puchito; era una forma cariñosa de hablarle, nada más. "Puchito, ¿cómo te va? ¿Qué te anda pasando?" Y el nene abre los ojos y lo mira. Yo le digo: "Padre, lo miró", sin entender qué estaba pasando. Y el padre se movió y Gabriel lo seguía con la vista adonde se moviera...

—Esto me supera, te diré... Qué momento, Dios.

—Y el padre Puyelli le siguió diciendo "Puchito" y él lo miró; fue para atrás y lo miró; fue para adelante y lo miró; lo miraba a cualquier parte adonde el padre fuera...

—Cris, ¿cuánto llevaba en coma?

—Casi veinticuatro horas.

—¿Y vos me estás diciendo que en cinco minutos pasó todo eso?

—Sí, cinco, siete minutos, no sé, muy poco. Tampoco sé si el padre, además de decirle lo que te conté, le dijo en voz muy baja algo más a Gabriel o si estaba rezando. No sé, no sé...

—¿Hubo testigos inmediatos?

—Sí. Enseguida fuimos a llamar a los médicos y, bueno, vinieron todos. Una monjita fue a avisarles diciéndoles: "Vengan a ver el milagro que ocurrió en la habitación 117"... Los médicos llegaron enseguida. Nos hicieron salir, lo miraron y no lo podían creer. Directamente nos lo dijeron. Estaban totalmente asombrados.

—Tengo entendido que hicieron una junta médica especial.

—Sí, eso es. Los cuatro médicos y otros más, incluyendo a la neuróloga. Nos dijeron que estaba fuera de peligro pero que esperáramos un poco porque querían ver qué les daba la tomografía computada, porque eso podía traerle problemas neurológicos, visuales, motores, del habla... Era el cerebro, así que podía afectar cualquier cosa. En esa época, en el Español no tenían tomógrafo; por eso lo llevaron al Hospital Italiano, donde ya conocían el caso y también estaban asombrados. El médico que lo atendió era el principal de pediatría, un hombre joven, también una maravilla. Salió de la sala de tomografías riéndose. "Yo no lo puedo creer —decía—, porque yo veo la tomografía de este chico y es como si nunca hubiera tenido nada." Nada tenía. Nada. Salía la tomografía como si él nunca hubiera tenido meningitis... ¿Me estás escuchando? ¿Te pasa algo?

—No, no. Me estoy agarrando la cara con las manos porque lo que me contás es tan impresionante que se me acabaron las palabras.

—Hace quince años y es el día de hoy que, cuando lo cuento, me da escalofríos a mí también.

—¡Qué te parece!

—Después me dijeron que podía ser que fuera un chico más nervioso de lo común, que tuviera problemas escolares, que fuera un chico superactivo o alguna cosa así. ¡Nada que ver! Mimado como fue, por ser el más chico y por haber estado enfermo, sin embargo es el más maduro, el más responsable, con un carácter así... todo en paz, todo tranquilo... fue un excelente alumno, estudioso, nunca nada, nada... Es increíble.

—Cristina, desde el punto de vista médico, ¿alguno te dijo algo, te dio algún tipo de explicación? ¿Alguno te dijo: "Mire, esto es un milagro"?

—Sí, sí. Los pediatras, todos, pero especialmente el que estaba a cargo del grupo médico. Dijo que sí, que él lo consideraba un milagro. Pero cuando yo fui a pedirle un comprobante para llevar a Fátima, me dijo que por escrito no me lo podía dar...

—Pero verbalmente te dijo que creía que era un milagro.

—Verbalmente sí, pero nada por escrito. Eran médicos jóvenes y temían que en el mismo hospital o cualquier colega se les pusiera en contra por eso y estuvieran arriesgando sus carreras. Está bien, yo entiendo.

—Hace quince años, además. Era todavía más duro y había que ser muy valiente. ¿Ningún médico te certificó el milagro, entonces?

—Sí. La doctora Gaiada, la pediatra de Gabriel desde que nació, la que te conté que fue la primera en dar la voz de alarma y mandarlo enseguida a hacerle los estudios en el Español.

—¿Lo certificó por escrito? ¿Cómo se llama ese ángel?

—La doctora Gaiada. Marta Gaiada. Ahora ya no lo atiende a Gabriel porque él tiene quince años, pero fue su médica hasta no hace mucho. Es una excelente pediatra y una mujer de mucha fe. El testimonio por escrito de ella y el del padre Puyelli fue lo que yo llevé a Fátima. Gabriel estuvo bastante tiempo internado, después. Le hicieron varios estudios y en todos estaba bien.

—¿Al padre Puyelli volvieron a verlo?

—Sí, por supuesto. Al mes y algo, poco después de salir Gabriel del hospital, cuando tenía unos siete meses y medio de edad, el padre Puyelli nos invitó a una misa en una iglesia del barrio de Belgrano. Fuimos sin saber que la misa estaba dedicada a agradecerle a la Virgen por lo del nene. Nunca me voy a olvidar. Había una imagen de la Virgen de Fátima que, nos contó el padre, había estado en las Malvinas. Al terminar la misa nos nombró, nos hizo pasar al altar, contó nuestra historia a toda la gente, tomó uno de los rosarios que tenía la Virgen y se lo colgó a Gabriel.

—Qué ternura.

—Llevaba ese mismo rosario blanco cuando, al tiempo, lo bautizó. Porque tuvo dos bautismos: el día del milagro, un bautismo de socorro, el que se da en situaciones límite; después el bautismo normal. Tiene dos y con el mismo sacerdote... Cuando el nene tenía tres años y medio habíamos logrado juntar un poco de dinero para ir a Fátima, pero no alcanzaba para todos. Fuimos Horacio, Gabriel y yo. Cumpliendo la promesa le agradecimos a la Virgen y yo traje una botella con agua del santuario. La fui dando cada vez que alguien muy grave la necesitaba. En Fátima dejamos toda la documentación médica y la del padre Puyelli, que fueron asentadas en los libros. El testimonio de este milagro servirá, junto con otros, para la beatificación de los pastorcitos.

—Después de haber vivido todo eso, ¿cómo sentís vos a la Virgen?

—A mi lado. La siento todo el tiempo a mi lado.

Horacio Buroni es gerente bancario. Él y su esposa, Cristina, esperan volver algún día a Fátima. Viven en el barrio capitalino de Flores. Aún se preguntan, quince años más tarde, cómo pudo pasar todo. Y no son ni fueron los únicos.

Cuando a Gabriel ya le daban el alta, uno de los médicos que habían vivido el caso de cerca le habló a Puyelli con cierta admiración: "Padre, cuando nosotros salimos de esa habitación fue piadosamente, porque el chico sólo tenía una o dos horas más de vida. ¿Qué fue lo que hizo usted?". El cura Roque se rió. "¿Yo? —dijo, señalándose—. ¿Y qué puedo hacer yo? La pregunta suya no es para mí. Habría que hacérsela al Jefe", contestó mirando hacia arriba. Ése es mi amigo.

· · ·

Soy un chico malo. Tengo un dato que escondí desde el principio nada más que para usarlo ahora, como la frutilla que se pone sobre la torta. Lo oculté con alevosía, sólo para darles una última caricia de fe antes de pasar a otra cosa. Se trata de otra de esas coincidencias que yo siento como travesuras de Alguien. El agua de Fátima produjo el milagro de esta historia real. Aquel domingo en que Gabriel, el bebé con nombre de arcángel, enfermó súbitamente, dando comienzo a todo, fue el 13 de mayo de 1984. El 13 de mayo es el día de la Virgen de Fátima.

No se vayan, que hay más.

2

Tan universal como el agua

(Itatí, Córdoba, Salta y Buen Ayre)

Ríos de amor, mares de fe

María es tan absolutamente universal que tiene un contacto directo con las tres principales religiones monoteístas del mundo. Estudió los Libros Sagrados judíos desde muy chiquita; el cristianismo todo la ama como Madre de Dios sin que haga falta explicar lo que significa para los católicos, y —lo que muchos ignoran— es muy grande el respeto religioso y en casos hasta el amor que sienten por ella los musulmanes. Por supuesto, el Islam no la considera Madre de Dios, ya que habla respetuosamente de Jesús pero diciendo que es uno de los profetas mayores y no el Hijo del Creador, pero acepta con fervor y fuerza de dogma la Inmaculada Concepción de María, su santidad purísima, su calidad de siempre Virgen y su condición de reina por el lugar de privilegio que ocupa en el paraíso. No es algo fuera de lo común que un musulmán honre a la Virgen María, ya que esto no afecta en nada sus creencias. No hay que olvidar que la tradición musulmana dice que el Libro Sagrado del Islam, el Corán, le fue dictado por Alá (Dios) a su profeta Mahoma a través del arcángel Gabriel, el mismo de la Anunciación.

En el Corán hay 31 versos en los que se menciona a María, y de una manera sorprendente. Habla de la infancia de la Virgen y dice, por ejemplo:

(Sagrado Corán 3.37) "Su Señor la acogió favorablemente, la hizo crecer bien y la confió a Zacarías. Siempre que Zacarías entraba en el Templo para verla, encontraba sustento junto a ella. Decía: '¡María! ¿De dónde te viene eso?'. Decía ella: 'De Alá. Alá provee sin medida a quien Él quiere'."

Hay que insistir en que Alá es Dios con otro nombre pero siempre Él. En otro tramo se dice textualmente:

(Sagrado Corán 3.45) "Cuando los ángeles dijeron: '¡María! Alá te anuncia la buena nueva de una Palabra que procede de Él. Su nombre es el Ungido, Jesús, hijo de María, considerado en la vida de acá y en la otra y que será de los allegados'."

En otro verso señala en forma muy directa la calidad de Elegida de la Virgen. Dice, exactamente:

(Sagrado Corán 3.42) "Y cuando los ángeles dijeron: '¡María! Alá te ha escogido y purificado. Te ha escogido entre todas las mujeres del universo'."

No abran tanto la boca, que viene el dentista.

Si estar tan ligada a semejantes religiones no es ser universal, yo soy Cleopatra reencarnada con algunos kilos de más y unos pelos de menos. Y miope, bueno; y no muy esbelta; y operada del corazón; y sin su enorme parecido a Liz Taylor ni sus riquezas (las de ninguna de las dos); con problemas gastrointestinales crónicos y otras cosas que no vienen al caso, pero Cleo al fin, qué tanto; nadie es perfecto en su tierra.

María es universal, además, hasta en las maneras de representarla. Para muchos es la anciana vestida de negro al pie de la cruz; para otros, la joven bella y luminosa que acuna en sus brazos al Hijo de Dios. Y para el mundo entero es quien está cerca de ellos sin que importe su idioma, su origen, su nacimiento, su cultura o su color. Siempre es una y es muchas. Porque son sencillamente varios cientos las advocaciones de la Virgen.

Advocaciones son los títulos o nombres diferentes que se le dan a Ella, que sigue siendo una, por supuesto. No hay cientos de vírgenes. Hay María, la única. Como me dijo hace ya años mi muy querido amigo monseñor Roque Puyelli, con mucha ternura: "Lo que cambia es el vestidito, nada más". Pero no por un capricho, sino por un hecho, algo vinculado a Ella que hace nacer una nueva advocación, un nuevo nombre, que puede ser el del sitio donde ocurrió (Lourdes, Fátima, San Nicolás, Itatí) o de las características de ese suceso (Medalla Milagrosa, del Buen Ayre, del Milagro, Rosa Mística). Como sea, en todos los casos existe siempre una motivación sobrenatural. Algo ocurrió que dio inicio al nuevo "vestidito" y ese algo es, en la mayoría de los casos, una aparición de la Virgen o un milagro —a menudo muchos— que se origina en Ella.

Lo que queda muy en claro históricamente es que detrás de las advocaciones más conocidas está siempre, pero siempre, la gente común, nosotros, los fieles. No hay decretos eclesiásticos para mostrar una "nueva Virgen", sino un impulso popular que crece como una avalancha de cariño y a veces debe luchar, incluso, contra la oposición de la autoridad religiosa. Como un obispo es completamente autónomo en su diócesis, casi un principado, es él quien toma las decisiones de aprobar o no lo que tenga que ver con manifestaciones de fe. Por eso las cosas dependen de quién sea ese obispo. Pero, sobre todo, depende de la gente. No hay excepciones: siempre fueron los pueblos los que —a veces contra viento y marea— lograron imponer a sus Madrecitas. Y Ella, claro, que también siempre está del lado de la gente. Tiene ciertas influencias, ya saben, y esas cosas ayudan bastante cuando uno lucha por algo.

María es la hija dilecta del Padre, la madre amorosa del Hijo y la esposa sobrenatural del Espíritu Santo. Con semejante panorama nada puede fallar cuando nos ponemos en sus manos. Lo que sea que ocurra será para bien, sin discutirlo. Uno, cuando es mariano, se siente como un recomendado muy especial, de esos que no hacen fila.

Las historias que dan nombre a cada advocación son, siempre, hermosas y llenas de esperanza, de amor, de fe. La idea, aquí, es conocer las devociones más populares. Y allá vamos, con cuatro de ellas que tienen que ver con uno de los símbolos de María: el agua.

LA VIRGEN DE ITATÍ
La fuerza del cariño
Los curitas huían como podían por esa zona de vegetación salvaje, puro verde y aguas que tronaban en cada cascada

torrentosa. Un grupo de aborígenes había atacado la reducción donde ellos estaban y ahora escapaban abriéndose paso en la selva a machetazos, con aves que chillaban histéricas y animales de suelo a los que no veían pero podían presentir observándolos con actitudes peligrosas. Luego se largaron río abajo, remando como en la vida, bamboleándose en las pequeñas embarcaciones pero sin dejar de aferrar el tesoro que con ellos llevaban: una imagen de la Virgen tallada en madera, de un metro y veintiséis centímetros de alto, a la que abrazaban con amor y miedo. Aunque nunca pudo saberse con certeza, es evidente que fue tallada por algún indígena cristianizado, ya que las facciones —carita redondeada y morena— son muy típicas de las mujeres guaraníes y poco similares a las de vírgenes europeas. Esto también demuestra que cada uno imagina a María con rostro familar, querido y cercano. Y está muy bien que así sea. Pero volvamos a los curitas.

Las cosas no eran fáciles para los franciscanos, que, como otras órdenes religiosas, habían llegado a evangelizar la zona del Alto Paraná por el año 1528. Mucho después, tal vez en 1610, era cuando estos curitas que habían huido del ataque de indios hostiles lograban llegar invadidos de adrenalina, sudorosos, cansados, lastimados, con las sotanas hechas jirones pero con la Virgen Inmaculada intacta, a otra reducción, a cargo de fray Luis Gámez. Una de las primeras cosas que hicieron fue levantarle un oratorio a Nuestra Señora e instalar en él la imagen de madera que tanto habían cuidado. La desazón fue enorme cuando un nuevo ataque de otros indígenas destruyó el lugar y se llevaron, para colmo, la imagen de la Inmaculada.

Sin embargo, poco después, unos indiecitos amistosos que pescaban en el Paraná vieron la estatuilla sobre la punta de una piedra pegada al río. Contaron que una luz brillante la rodeaba y que ellos —todos— oyeron embelesados una música que era caricia para sus oídos. Al enterarse fray Gámez ordenó de inmediato que se la llevara a la reducción a su cargo, en la región de Santa Ana. Así se hizo pero, sin que nadie pudiera explicarlo, al poco tiempo la imagen volvió a desaparecer. La buscaron empeñosamente y la encontraron, al fin, en el mismo lugar, la misma punta de piedra donde había sido vista por los indiecitos. Vuelta con ella, entonces, a Santa Ana. Pero parece que las cosas no serían tan fáciles: no pasó mucho para que nuevamente no hallaran la imagen de la Inmaculada en el lugar especial que habían armado para ella. Ahora fueron derechito al río, y no se equivocaban: en la punta de la misma piedra estaba la Madre, plena de luz. Ya no había duda alguna: era su decisión quedarse allí, y así lo entendió fray Gámez, que lo último que quería era polemizar con la Virgen, así que dispuso que toda la reducción se mudara al lugar elegido por Nuestra Señora como sitio de su veneración. Todos, entonces, se trasladaron allí y otro monje, fray Luis de Bolaños, primer párroco del lugar —era el año 1615— bautizó el nuevo asentamiento como Pueblo de Indios de la Pura y Limpia Concepción de Nuestra Señora de Itatí. La Pura y Limpia Concepción era, en la época, un nombre común para la Inmaculada. El agregado de "Itatí" —que quedó para siempre— era una forma de acercar más aún a los indígenas al cristianismo, usando su propio lenguaje. Itatí significa en guaraní "punta de piedra". Todos sabían ahora que aquella imagen era la de la luz y la extraña música, la hallada por unos indiecitos como ellos en la punta de esa piedra, la que eligió quedarse entre los que allí vivían, como una más.

Es una de las imágenes más antiguas de la Argentina y también una de las más amadas. La tradición y el relato documentado que nos llega desde su entronización habla de muchos milagros y una gran protección a su pueblo. En 1624 moraba una capilla en lo que ya todos conocían como Itatí. El párroco del lugar, fray Luis de Gamarra, no sólo no ocultó los milagros de aquella Virgen sino que los hizo difundir generosamente. Era un hombre inteligente y comprendía lo que ahora algunos curas remilgados y con poco seso no terminan de entender: lo sobrenatural es parte de la fe de manera indiscutible, y lo milagroso hay que celebrarlo y contarlo para que muchos se acerquen para descubrir que además del prodigio hay una religión bella a la que es un honor sumarse. Fue el padre Gamarra quien hizo pública la primera transfiguración de la Virgen de Itatí. En documentos de la época dejó asentado que ocurrió en la Semana Santa de 1624, que duró varios días y (textual): "...se produjo un extraordinario cambio en su rostro y estaba tan linda y hermosa que jamás tal la había visto".

Luego se sucedieron a través de los siglos varias transfiguraciones que fueron presenciadas en el momento mismo en que ocurrían por muchos testigos, tanto españoles de la colonia como indígenas. También se oyó en innumerable cantidad de ocasiones aquella música extraña y melodiosa que todos los que la escucharon insistían en calificar de celestial.

Y los milagros. Son contados por decenas los ocurridos en el siglo XVII e incontables ya los que se fueron sucediendo. Desde los personales, como curaciones de ceguera, hasta los colectivos, como aquel ocurrido en 1748 cuando una horda de indígenas salvajes avanzaba aullando, lanza y cuchillo en mano, para acabar con la población. De pronto, en las puertas mismas del poblado, se abrió frente al malón enfurecido una zanja ancha y profunda que los hizo detenerse en seco. El hueco en la tierra apareció de golpe, como obedeciendo a una orden. Y tal vez fue así. Lo cierto es que el asombro dominó a pobladores y salvajes; estos últimos se vieron obligados a retirarse, pero no en perfecto orden, ya que el susto no tiene raza. Y las casas de Itatí quedaron vacías porque todos sus habitantes acudieron masivamente a la capilla de la Virgen, para agradecerle aquel milagro que los salvó.

Ya más cerca en el tiempo, a fines del siglo XIX, primaba entre los cientificistas intelectuales de entonces —tan aburridos y necios como los de ahora— el concepto de lo racional ante todo y sobre todo. Buen ejercicio fue, entonces, atacar al catolicismo en los lugares donde más dolía. Por supuesto, la Virgen es siempre uno de esos puntos sensibles, y la de Itatí, debido a la gran convocatoria que ya tenía en esa época, fue un blanco preferido. Abominaron de ella y de sus devotos dijeron, con su habitual simpatía y sentido popular, que eran "mentes obtusas de analfabetos". No ha cambiado mucho esta gente con el paso del tiempo. Siguen escribiendo y hablando con tonos despectivos y como si supieran, mirando hacia abajo al pobre populacho, a todos nosotros que insistimos con esa cosa de la fe, mientras ellos juzgan desde allí arriba, parados en sus altas torres de bosta. Y bue.

La cosa es que, en esa ocasión —y como suele ocurrir— la gente, la grata y amada gente a secas, se levantó a defender a la Virgen. No sólo Itatí sino toda la provincia de Corrientes, cada pueblo, cada habitante, cada autoridad civil o eclesiástica, se pusieron de pie por y para Ella.

El resultado no se hizo esperar. Poco después, y por la directa voluntad del papa León XIII, la Virgen de Itatí fue coronada oficialmente. La Reina del Paraná y Reina del Amor, como se la ha llamado, tiene desde el 16 de julio de 1900 su corona bendecida por el Santo Padre León XIII, un reconocido devoto mariano.

El santuario de la Virgen de Itatí, Patrona de Corrientes, es uno de los más imponentes de toda América. Más de dos millones de personas por año visitan la basílica gigantesca para pedir o agradecer a Nuestra Señora.

En febrero de 1997 una caravana flotante que llevaba la imagen de Itatí salió de Corrientes custodiada por varias pequeñas naves que surcaron el Paraná y luego el río de la Plata para llegar —38 días más tarde, porque fueron parando en cada pueblo costero— a Puerto Madero, en Buenos Aires. Más de 1.200 kilómetros a lo largo de los cuales miles de personas se emocionaban sólo de verla. Un hombre, veterano nadador profesional, le había pedido a la Virgen de Itatí por la salud de su esposa, que pasaba por un momento muy serio. Su esposa sanó. Y el hombre, Luis Agüero, conocido en sus muchos logros deportivos como "Mojarrita", olvidó que ya tenía 69 años de edad y acompañó a la imagen nadando desde Corrientes a Buenos Aires, para agradecerle la gauchada. Esos 1.200 kilómetros a pura brazada por el río no son sólo una hazaña, son un acto de fe. Aunque les pese a los de la altísima torre de bosta y la bronca los haga revolverse en su propia torre.

Por si hubiera quedado alguna duda, Luis Agüero repitió la proeza en marzo de 1999. Nadó los mismos 1.200 kilómetros custodiando a su venerada y —aunque no fueron necesarios— vigilado él mismo por hombres rana y lanchas de la Prefectura. Al llegar a Buenos Aires, lo primero que dijo cuando recuperó el aliento fue que aquello era nada más que fe, la misma fe que le devolvió a su mujer, que había estado clínicamente muerta.

En esta ocasión, Luis Agüero había completado el raid increíble a la edad de 71 años. O 21, porque con esta gente tan llena de fe nunca se sabe y, aunque se sepa, no importa mucho.

VIRGEN DEL ROSARIO DEL MILAGRO (CÓRDOBA)
La Morocha

El hombre que descubrió aquellos dos bultos flotando en el mar entrecerró los ojos pretendiendo mejorar su vista. Eran dos cajas, sí, pero ¿de dónde habían salido? ¿Cómo era posible que fueran tan juntas, como de la mano si una caja tuviera manos? ¿Por qué se acercaban a la costa? ¿Qué llevaban dentro? Dio aviso a las autoridades del puerto del Callao, en Lima, que es donde ocurría esto, y un par de botes fueron al encuentro de aquellas misteriosas cajas que flotaban en el nada pacífico océano Pacífico. Era el año 1592, exactamente un siglo después del descubrimiento de América.

Llevaron las cajas a tierra y lo primero que descubrieron fueron los rótulos. En una decía su contenido: "Un Señor crucificado para la Iglesia Matriz de la ciudad de Salta, provincia del Tucumán, remitido por fray Francisco Victoria, Obispo del Tucumán". Y en la otra, con el mismo remitente: "Una Señora del Rosario para el convento de los predicadores de la ciudad de Córdoba". En aquellos tiempos, Córdoba y Salta pertenecían a la ciudad —y al obispado— de Tucumán.

Efectivamente, fray Francisco había prometido que enviaría dos imágenes como las descriptas a Salta y a Tucumán, tal como allí estaba claramente indicado. Lo que no estaba claro era cómo había sido posible aquello, ya que fray Francisco viajó a Europa —sin haber cumplido aún su promesa— en 1590 y murió por enfermedad durante la travesía. Nadie supo ni pudo explicar cómo aquellas dos imágenes prometidas llegaron balanceándose en las olas dos años más tarde. Quién las envió, de dónde y cómo, fueron y son preguntas que no tuvieron —ni tienen— respuesta alguna. Y, además, era también absolutamente inexplicable que las dos cajas llegaran sabe Dios desde dónde (sabe Dios, es cierto) en una perfecta pareja flotante que no se separó ni con las olas bravas del Pacífico.

Hasta el virrey del Perú, don García Hurtado de Mendoza, se emocionó con el milagro y ordenó dar a las imágenes una bienvenida triunfal, que incluyó salvas de artillería y una ceremonia especial para la Virgen, que fue llevada a la Catedral de Lima. El Cristo fue enviado de inmediato a Salta, donde también lo recibieron con alborozo aunque poco después lo olvidaron en el rincón de un altar menor al que pocos llegaban. Pero ésa es otra historia.

También la Virgen fue trasladada por tierra a su destino, Córdoba. Allí se la amó entrañablemente desde su llegada. La llamaron, para siempre, Virgen del Rosario del Milagro y bajo esa advocación fue declarada mucho después por el papa Pío XI, en 1935, Patrona de la provincia de Córdoba. Pero volvamos al momento del arribo a su nueva casa, en 1592, porque aún quedan maravillas por contar.

La imagen es de madera tallada primorosamente y con un rostro más indígena que europeo, como quería el obispo Victoria. Mide un metro y cuarenta y cuatro centímetros de altura, lleva el Niño y el Rosario. Originalmente su aspecto era más humilde, pero el amor de la gente la vistió de lujo.

Son muchos los milagros que se le atribuyen. Durante las invasiones inglesas, don Santiago de Liniers —profundamente devoto de María— le pidió ayuda a la Virgen del Rosario del Milagro y prometió una bandera enemiga si lograba rechazar el ataque de la armada más poderosa de esos tiempos. Al rendirse los ingleses, Liniers ofrendó a la Virgen de Córdoba dos banderas que los enemigos debieron resignar. Y dejó por escrito que la batalla en la que el triunfo fue definitivo y la rendición británica inevitable se libró el primer domingo de julio de 1807, poco después de haber rezado con oficiales y soldados encomendándose a esta Virgen.

En 1846 una terrible sequía hacía estragos en los campos de Córdoba. No había cómo defenderse, en apariencia. Pero a un grupo de fieles se le ocurrió sacar a la Virgen en procesión. Tres horas más tarde llovió y así continuó durante el tiempo necesario como para resucitar la tierra. Este fenómeno se repitió sistemáticamente cada vez que hubo una sequía y también cuando en 1867 se había desatado una epidemia de cólera y se le pidió nuevamente auxilio a la Madre, recibiendo respuesta efectiva e inmediata.

Estos hechos y muchos otros de tipo personal hicieron que en 1892 el papa León XIII coronara oficialmente a esa advocación. La corona, que es la que hoy lleva, está bellamente adornada con joyas que donaron las damas cordobesas; se le incluyó un cetro y se la cubrió con un manto real hecho en lamé de plata bordado en oro y piedras preciosas. Como ya está dicho, el amor la vistió de lujo. El amor de la gente, otra vez. La misma gente que, desde entonces, a Nuestra Señora la Virgen del Rosario del Milagro la llena de familiar cariño al llamarla, simplemente, "La Negrita".

LA VIRGEN DEL MILAGRO (SALTA)
Tiembla la Tierra

Ustedes recordarán que, de las dos cajas que llegaron flotando en el mar hasta el puerto del Callao, una era la de La

Negrita y la otra llevaba un Cristo crucificado que llegó a su destino —Salta— en septiembre de 1592. Contábamos que esa cruz fue arrinconada en un altar menor y allí quedó, a pesar de que era la imagen que había compartido el milagro con la de la Virgen que fue enviada a Córdoba. Exactamente cien años después, el 13 de septiembre de 1692, se desató en Tucumán un terremoto de durísimas características que hizo desplomar muchas edificaciones y produjo numerosas víctimas. En la cercana Salta hubo un temblor ese mismo día que seguramente era producto del desastre de los tucumanos. Si bien era zona donde podían ocurrir ese tipo de fenómenos, aquello era en verdad serio, ya que el temblor duró más de media hora. Es difícil imaginar lo que son treinta minutos de una situación así. Media hora en un día de picnic no es lo mismo que media hora con la boca abierta frente al dentista. Allí fue ese lapso, interminable y cruel, el que duró aquel rugido enorme, el piso que se movía bajo los pies provocando mareos, las cosas que caían de los estantes y el pánico que se fue apoderando de todos. La gente salió a la calle y casi todos corrieron a la iglesia, pero estaba cerrada debido a la hora. Entonces se amontonaron enfrente, en la plaza, hincándose para rogar a Dios por sus vidas. El miedo podía palparse. Al detenerse el temblor fueron abiertas las puertas de la iglesia y, guiados por el cura del lugar, entraron en ella mirando hacia arriba, temiendo que algo se hubiera roto en la estrucutra del templo y cayera sobre ellos. Lentamente se acercaron al altar mayor para pedir protección al Santísimo y, al hacerlo, descubrieron en el suelo una imagen de la Inmaculada Concepción que había caído desde su pedestal de tres metros de altura. No se había dañado en absoluto, ni siquiera se había descascarado un poco la pintura que la cubría. Y algo más: esa imagen no debía estar allí, en realidad. Pertenecía a una familia salteña que la había traído de España y, cada 8 de septiembre, la llevaba a la iglesia y la colocaban en su alto pedestal para compartirla con todo el pueblo. Luego, el mismo día, la llevaban otra vez a su casa. Pero en aquel año de 1692, la familia Alarcones, dueños de la sagrada estatuilla, no la retiró el mismo día, como siempre había ocurrido. Una de las damas de la familia estaba a punto de dar a luz y los primeros síntomas empezaron en la iglesia, ese 8 de septiembre. Todos se dedicaron de inmediato a ella, llevándola a la casa y avisando a la matrona. La imagen de la Virgen fue providencialmente dejada allí por primera vez. Se retrasaron en volver a buscarla y allí estuvo cuando se produjo el temblor. Lo que algunos llaman casualidad, otros coincidencia y otros "diosidad".

Ahora esa imagen estaba en el suelo, intacta después de haber caído desde tres metros de altura, rodeada por los cientos de pedazos del pedestal, que sí se había destrozado. Había quedado inclinada en una rara posición, de costado, mirando en forma directa al Sagrario, con sus manos unidas en oración frente a su pecho, rogando como una madre. Uno de los presentes, el licenciado Francisco de Ribera y Zevallos, la alzó y la colocó sobre el altar para luego preguntar, sorprendido, a los que allí estaban si no notaban algo en el color del rostro de María al que advertía "demudado, de color pálido y macilento", según sus propias palabras, que fueron recogidas por el escribano Del Hoyo, así como las de todos los que allí estaban y que habían sido testigos del hecho.

Ya comenzaba a correr de boca en boca que se había producido un milagro con la imagen de la Virgen, y la llevaron a la plaza para que más gente pudiera venerarla y pedirle que terminaran los temblores que aún hacían sentir su furia reprimida con breves intervalos. El rostro de María en aquella estatuilla cambiaba de color, palideciendo con cada nuevo movimiento de tierra y el temor de sus fieles. Hasta que un cura jesuita, el padre José Carrión, aseguró, sin siquiera saber él mismo con qué fundamento, que si sacaban en procesión al Cristo que hacía cien años estaba casi abandonado y en penumbras en un rincón del Altar de las Ánimas, los temblores cesarían. Lo hicieron, llevando la cruz en sus hombros las principales autoridades del lugar. Apenas habían comenzado la procesión, seguidos por todo el pueblo, cuando los temblores cesaron de inmediato, en el acto, como si se hubiera apretado un misterioso botón para que eso ocurriera.

Desde ese momento creció una devoción muy profunda por la Virgen y el Señor del Milagro, ambos nombrados para siempre de ese modo. También se estableció un acuerdo tácito entre el pueblo y lo que ambas imágenes representan, un acuerdo de amor. En 1948 comenzó a temblar Salta nuevamente. Todos recordaron lo que habían aprendido indeleblemente de la historia, y el pueblo entero corrió hacia la Catedral. Las imágenes de la Virgen del Milagro y el Señor del Milagro se colocaron en el atrio para que fuera mayor la cantidad de gente que pudiera rogarles. El temblor cesó de inmediato. El acuerdo se cumplía ampliamente, ya que no hubo ni una sola víctima ni casa alguna fue derribada por la fuerza de la tierra enloquecida.

LA VIRGEN DEL BUEN AYRE
Amiga en las tormentas

Santa María de los Buenos Aires no solamente es el nombre original de la capital de la República Argentina sino, también, la primera advocación de la Virgen en estas tierras. Y hay una historia, claro.

La Virgen de la Candelaria, que es hoy honrada de manera muy especial en Catamarca y en Jujuy, tiene un antiguo origen. Es así llamada porque lleva al Niño en uno de sus brazos y, con la otra mano, sostiene una vela, una candela. El Niño, coronado como Ella, lleva en sus manos una esfera que representa el mundo. En Europa, y muy especialmente en España, cuenta con gran cantidad de devotos desde hace ya más de seis siglos. Los que más la honraron han sido los navegantes, quienes no sólo confiaban en que aquel candil fuera para ellos como un faro en medio de las tormentas, sino que, antes de decidir una travesía, colgaban miniaturas de barcos en el brazo de la imagen y las observaban cuidadosamente: si se movían mucho, habría temporal y era mejor no salir a la mar; si se movían un poquito, la cosa podía soportarse; y si no se movían, todo sería pura calma. Como este extraño y casi pagano ritual coincidía luego en la realidad con una exactitud tan asombrosa como inexplicable, la Candelaria se transformó en la amiga de los marinos, quienes a Ella se encomendaban antes de un viaje. Se cuenta que todo comenzó en el año 1370, cuando un buque de carga español navegaba, a bodega llena, por el Mediterráneo. De pronto estalló una tormenta de aquellas y la nave corría serios riesgos de naufragar. Sus tripulantes, aterrorizados, comenzaron a aligerar la embarcación lanzando a las aguas embravecidas la mayor parte de la carga. Pero la ferocidad del viento, que levantaba enormes olas, seguía zarandeando el buque de manera impiadosa. Hasta que arrojaron al mar una caja de mediano tamaño que ni siquiera sabían qué contenía. En el acto las aguas se calmaron hasta parecer casi un lago y los vientos fueron apenas brisas. Los tripulantes ven que la caja en cuestión queda flotando cerca y el capitán decide que sea ella quien les marque el rumbo. La siguen. Aquel receptáculo se balancea levemente, y es llevado por las aguas hasta la costa del pueblo de Cagliari, en Cerdeña, Italia, con el barco detrás, como un gigantesco pero obediente perrito. Desembarcan y rescatan de la orilla la caja misteriosa. Al abrirla descubren en su interior una bella imagen de la Virgen de la Candelaria, en perfecto estado. Azorados y agradecidos, los hombres llevan su preciosa carga a pulso hasta un monasterio situado sobre la falda de un monte cercano. Ese monte se llamaba Bonaria, que en italiano significa "buen aire". En homenaje, los rudos hombres de mar colocan la imagen en un lugar de privilegio en el templo, y la gente del lugar —que no conocía a la Candelaria— la llaman Nostra Signora di Bonaria, Nuestra Señora del Buen Ayre, con la "y" griega del español antiguo. Desde entonces —y sabiendo que la Virgen de la Candelaria y la del Buen Ayre eran la misma imagen— los marinos de la Madre Patria comienzan a honrarla con devoción.

En 1536, don Pedro de Mendoza, hombre sumamente mariano, llega a estas tierras y, en homenaje a la Virgen, llama al asentamiento Nuestra Señora del Buen Ayre, sin que esto llegara a ser una ciudad ni mucho menos. En 1580 arriba a estas costas don Juan de Garay y funda oficialmente el "Puerto de Santa María de los Buenos Aires" (ya en plural, pero siempre refiriéndose a lo mismo) y la ciudad de la Santísima Trinidad, a quien pedía su protección para lo que acababa de fundar. La ciudad —la actual capital— era entonces "la Santísima Trinidad" o "la Trinidad". Luego, vaya a saber uno por qué —tal vez porque el puerto era muy importante como entrada al continente nuevo—, empezó a aparecer en los documentos como Santa María de los Buenos Aires hasta que pasó a ser, por influjo de las abreviaturas, tan sólo Buenos Aires. Lo curioso es que, según se entiende, no hubo jamás un cambio oficial de nombre sino uno producido por el uso y la costumbre, lo que significa que, en rigor, el lugar sigue siendo la Ciudad de la Santísima Trinidad. De cualquier manera la Virgen por un lado y nada menos que el Padre, el Hijo y el Espíritu Santo por el otro, son los que designan a este sitio, teniéndolo bajo su amparo. No está nada mal para empezar. Y marca un signo que se repetirá en nombres de provincias como San Juan, San Luis, Santa Cruz, Misiones (refiriéndose a las jesuíticas) e infinidad de ciudades y pueblos con nombres santos. Algo muy especial es la provincia que lleva nada menos que "Santa Fe" como nombre. Su capital es Santa Fe de la Veracruz (de la cruz verdadera) y su ciudad más importante se llama Rosario. Toda esa zona del litoral parece marcada de manera especial: San Nicolás está muy cercana, por ejemplo. Pero ésa es otra historia.

3

La esperanza es la mayor aventura
(Testimonio de hoy)

No es fácil catalogarlo de entrada. Atildado y prolijo como un astronauta, traje oscuro y corbata que podrían identificarlo como el dueño de un Banco o uno de sus cajeros, cierta seriedad mezclada convenientemente con un agudo sentido del humor. No. No es fácil saber cómo es de entrada. Pero después habla, algo que hace con pasión y placer. Y allí se lo conoce e incluso se lo saborea. ENRIQUE HARDOY, de profesión odontólogo y de vocación aventurero, tiene 47 años y ya ha dado la vuelta al mundo varias veces. Piensa que "la vida es el tiempo que se vive y, sobre todo, en qué se emplea". Vale la pena escucharlo.

—Antes de ocurrir lo tuyo, ¿vos ya eras católico?

—Mirá, muchas veces uno cree que es católico por tradición, por cultura, por nacimiento, por tu familia. En la mía tengo curas jesuitas, una tía carmelita, otra benedictina, en fin... Vas a un colegio católico y cuando terminás salís corriendo porque te hicieron ir a misa todos los días por obligación, rezar por obligación... Es como que no supieron explicarte bien de qué se trataba, o vos no entendiste nada.

—Muy cierto.

—Bueno, y vos vas por ahí diciendo: "Tengo un tío cura y unas tías monjas", y todo eso, pero yo tuve una experiencia muy fuerte en mi vida, me enfrenté conmigo mismo y me di cuenta de que, en realidad, nunca había tenido fe. No se puede entender fácilmente si no lo viviste, pero es encontrarte con vos mismo de repente y verte completamente vacío.

—¿Cuándo te pasó eso?

—A los 33 años. Unos cuantos años antes, cuando tenía 24 y recién me había recibido de odontólogo, soñaba con viajar. Surgió una oportunidad, un viaje promocional a Europa, barato. Y me largué aunque no tenía ni un peso. Fui a Italia y, a fines del 76 pasé a España, sin saber que era un tiempo en que estaban muy apreciados los odontólogos.

Un Enrique Hardoy de 25 años saboreó eso de hacer realidad los sueños: viajó por toda la Europa más visitada, luego Bulgaria, Turquía, Grecia, más tarde Oriente, la India, Tailandia, Nepal, el mundo. Como una suerte de Indiana Jones nativo, vivió una vida plena de aventuras. Vistió diferentes ropajes, cazó para comer, durmió bajo mil techos. Mientras tanto...

—Dios era para mí el que estaba ahí arriba, yo aquí abajo, pero era como que nosotros no conversábamos. No tenía nada contra Él, pero en mí no había surgido esa inquietud de su presencia en mi vida diaria; yo estaba en otra cosa. Así por años.

—Hasta tu problema de salud...

—Sí. Yo era diabético desde los ocho años y, bueno, lo aceptaba y trataba de vivir con eso, sin dramatismo. Pero al regresar a España de una expedición de buceo en Cuba, una mañana de noviembre del 85 me desperté y vi como una mancha negra moviéndose frente a mi ojo, como una mosca que iba de un lado a otro. Fui al médico, seguro de que me daría unas gotitas y listo, pero me revisó y me dijo: "Usted tiene una retinopatía avanzadísima y se puede quedar ciego en cualquier momento; esto tendría que haberlo tratado mucho antes". Me golpeó, y más dicho así, sin vueltas, pero creí que exageraba. Volví a la Argentina y me vieron los mejores oculistas: antes Barraquer, en España; aquí, Malbrán. Y coincidían: podía quedar ciego en cualquier momento. Era diciembre de 1985. En ese mismo año, para Semana Santa, viajé con quien entonces era mi novia a Israel. Pero nada que ver con peregrinar ni con razones religiosas. Ya conocía casi todo el mundo y mi intención en Israel era simplemente la de ver cómo era, cómo se vivía allí, qué pasaba en un *kibbutz*, armar una expedición de buceo en el mar Rojo. Lo que pasa es que los que te guían, si no aclarás que buscás otra cosa, te llevan con un grupo a recorrer los lugares santos porque a eso va la gente a Israel, claro. A la semana yo estaba aburrido: santuario tras santuario, iglesia tras iglesia. Es como si te invitan a jugar al tenis y vos en tu vida agarraste una raqueta: te pasás el día juntando pelotas. Y bueno, uno de esos días el grupo partió con el guía para hacer el Vía Crucis. En la tercera estación yo abandoné y me quedé por ahí, a recorrer los puestos de los mercaderes del lugar, a ver gente, lo que a mí me gustaba. En un momento determinado tenía que volver a encontrarme con mi novia y el grupo, y de repente terminé en el Santo Sepulcro. Allí había una cantidad de gente impresionante. No tuve la inquietud de entrar: demasiada gente. Haciendo tiempo empecé a caminar alrededor de esa iglesia, de esa cueva, y ya por atrás me encontré con un sacerdote vestido de marrón. Yo en ese momento no lo sabía, pero pertenecía a una orden de sacerdotes armenios que son los que cuidan el Santo Sepulcro. Me hizo una seña con la mano. Yo miré a los costados y no había nadie; me señalé el pecho para preguntarle por señas si me llamaba a mí, y me dijo que sí con la cabeza. Voy y me mete por una especie de capillita que hay atrás del Santo Sepulcro; él se pone adelante de un pequeño altarcito, se arrodilla y se pone a rezar.

—¿No había nadie más allí?

—Él y yo. Y nunca me dijo ni una palabra.

—¿Por qué te llamó a vos?

Sonríe.

—Bueno, ésas son las cosas que... no sé... Por qué me llamó, por qué a mí, por qué, por qué. No dijo nada nunca. Por lo visto, yo tenía que entrar al Santo Sepulcro. Ese día, a esa hora, yo tenía que entrar al Santo Sepulcro. Podía haber ido de vacaciones a cualquier lugar del planeta, o seguir con el grupo, o ni acercarme allí o mil cosas más, pero todo se dio de esa forma. En las cosas de Dios no existen las casualidades.

—¿Y qué pasó allí?

—Me arrodillé y recé un padrenuestro, un avemaría y un gloria, después de quince años de no hacerlo. El sacerdote se levantó, metió la mano en el bolsillo, sacó un rosario, lo pasó por el Santo Sepulcro y me lo dio. Para mí, en ese momento, un rosario no tenía ningún significado; era algo así como un recuerdo de ese viaje. Solamente había ocurrido algo hacía mucho que me ligaba misteriosamente al rosario. Fue en el viaje de fin de curso a Bariloche; yo era adolescente, y tenía unos pesos de más para comprar chocolate, un pulóver, algo. No sé por qué, pero le compré a mi abuela uno de esos rosarios gigantes, los de pared. Cuando se lo di, casi se desmaya, porque yo no tenía nada que ver con esas cosas, era el que en el campo de la familia, en Altamirano, alentaba a mis primos a escondernos cuando llegaba la hora del rosario. Mi abuela no podía creer mi regalo, y me dijo: "Por esto, toda la vida voy a rezar por vos". La vida, para mi abuela, que seguro está en el Cielo, sigue siendo aún hoy. Debe haber rezado mucho por mí desde esa vida eterna, por todo lo que me pasó después. La oración es tremendamente poderosa. Otra cosa que tal vez se sumó es que, como yo tenía una tía carmelita, al recibirme iba a menudo al convento a arreglarles los dientes a las monjitas. Era un sacrificio y yo lo hacía gratis, desde ya, como un compromiso para quedar bien con mi padre y con mi tía, y las monjitas siempre me decían: "Nosotras rezamos mucho por vos". Cuando fue mi conversión, mi abuela y esas monjitas aparecieron en primer plano, como el detonante. Tenía que haber alguien que orara, "Vos no lo hacías pero alguien lo hacía por vos", parecía decirme algo dentro mío.

—Bonito. ¿Y el rosario del cura armenio? ¿Qué pasó con él?

—Yo lo tenía en un cajón, mezclado con un montón de recuerdos de los viajes, cosas que había sacado del fondo del mar, no sé, de todo. Y allí quedó. Cuando mi enfermedad ya había avanzado mucho, la sangre empieza a hacerse más profusa en mis ojos, empiezo a perder la visión. No fue de golpe, quedarme ciego de repente. Poco a poco mi vista se iba nublando y ya no podía trabajar como odontólogo; mi profesión se termina si tus ojos no ven. El día antes de volver a la Argentina, repaso todas mis cosas para no olvidarme nada. Ya veía poco y, cuando eso ocurre, uno mira con detenimiento todo, como barriéndolo con los ojos lentamente. Eso hice y, sobre la mesa donde había muchas cosas, algo brillaba de una manera diferente. El rosario. Estaba como iluminado, y yo, casi al pasar, pum, lo metí en la valija, pensando: "Se lo regalo a mi madre". Al llegar a Buenos Aires, mi madre me cuenta que en San Nicolás se estaba apareciendo la Virgen y que no estaría nada mal que fuéramos a pedirle y etcétera, etcétera. Cuando uno está alejado de Dios y hace quince años que no pisa una iglesia, se nota más que nunca el peor de los pecados, la soberbia, que se camufla con el orgullo personal. Y el detonante, la mecha, es la ira contra la paciencia.

Oigan, ¿leyeron bien? Este Hardoy es sorprendente. Releamos y díganme si no les suena cotidiano: "la soberbia que se camufla con el orgullo personal", un espantoso defecto escondido tras el ropaje de un sentimiento que puede ser válido. Y "el detonante, la mecha, es la ira contra la paciencia". No me digan que nunca les pasó, a menos que quien esté leyendo esto sea San Francisco de Asís, y hasta por ahí no más, ya que el más que paciente de Francisco aflojó en sus fuerzas y subió solo a la montaña para pedir a los gritos una señal de Dios, ya que todo le estaba yendo de mal en peor. Lo de él no era ira, era desesperación. Lo nuestro, en estos días, es ira bien clarita. Gran bronca, furia, no va más, basta ya, me harté, no me vengan con eso de la religión, se acabó lo que se daba. Y la fe se achica como si tuviera miedo de que le peguemos o algo. Se hace pequeña e indefensa, mustia y triste, casi inútil. Tiene razón Hardoy; es un mal momento.

—Si a uno le hablan de milagros en una situación así, la sangre se le agita. Si se conservan recuerdos de la fe, uno puede pensar en milagros en Fátima, por ejemplo, con los pastorcitos, pero no se te ocurre que te puede suceder a vos, que hace quince años que ni te acercás a una iglesia. Por eso, cuando mi madre me dice lo de San Nicolás, la Virgen y los milagros, yo rechazo eso y le digo: "Mirá, no estoy para esas cosas. Tengo un problema muy serio y no tengo tiempo para esas tonterías". Esa misma noche, con lo poco que ya veía, más que mirar escucho al noticiero de Canal 9, *Nuevediario*. Alguien dice: "Estamos acá, en San Nicolás de los Arroyos, porque dicen que desde diciembre del 83 se aparece la Virgen…". Y la reportera dice que van a entrevistar a un muchacho. Le pregunta qué hace allí y él dice: "Vine a agradecerle a la Virgen. Porque yo soy diabético, me quedé ciego por una retinopatía y la Virgen me devolvió la vista". Yo me quedé helado y dije: "No puede ser". Porque si ese muchacho contaba que lo curaron de los pulmones, que habían caído diez misiles en su casa y se salvó o cualquier otra cosa, a mí me hubiera importado tres pitos. Pero no. Al decir que era diabético, que se quedó ciego y que la Virgen le devolvió la vista, yo sentí como que desde la televisión un ángel me hizo así, flap, y me pegó un flechazo acá en la frente.

—Disculpáme. Me decís que fue a través de la tele. A esa altura, ¿vos veías aún?

—Ya te dije: escuchaba más que ver. Veía bultos, tanto en la tele como en la calle o en mi casa. Bultos.

—No quiero ponerme morboso, pero necesito saber con certeza si la cosa había avanzado en verdad mucho... ¿En algún momento no viste nada? ¿En algún momento estuviste ciego por completo?

—Sí, durante mucho tiempo. Todo el proceso duró dos años y siete meses. Muchas veces, muchas, tenía hemorragias en ambos ojos y no veía nada, absolutamente nada. Estaba ciego, sí; tenía que andar tanteando al caminar... Cuando fue aquello que oí en *Nuevediario*, le pedí disculpas a mi madre y le dije que me gustaría mucho que fuéramos a San Nicolás. Lo hicimos, mis padres, una prima y yo. Era el 2 de enero de 1986 y hacía como cuarenta grados. Al mediodía fuimos a comer algo a un club cercano. Me sentía muy conflictuado; ni siquiera comí. Cuando todos terminaron de almorzar, fuimos al Campito. En aquel entonces no había santuario ni nada. Era un cristal, con un póster de la Virgen y nada más. Un calor que derretía las piedras; no había nadie, nadie, con un sol de muerte. Empezamos a rezar el rosario. A la segunda decena yo le dije a la Virgen mentalmente: "Me siento muy incómodo aquí, en medio de la nada, frente a un póster, con este calor espantoso, como algo primitivo. Te pido que, si es correcto todo esto, me des una señal". Y pensé algo simple. La imagen de la Virgen era lo suficientemente grande como para que yo, a pesar de todo, pudiera ver que tenía su rosario en las manos que le tapaba algunos dedos. Lo que yo pedía era poder verle todos los dedos sin que ninguno estuviera cruzado por las cuentas del rosario, nada más. Cerré los ojos y, cuando los volví a abrir, no pasaba nada. Todo estaba igual. Me sentí decepcionado, traído de vuelta a la realidad. Pero no dije nada para no afectar a los míos, que estaban ahí por mí. Al terminar el rosario, mi mamá dijo que fuéramos allí cerquita, a la casa del peregrino, a comprar una medalla de esas que, según los mensajes de la Virgen, al usarlas concederían siete gracias extraordinarias. Yo dije bueno, jugado por jugado, me pongo la medalla, vamos a buscar la medalla. Allá fuimos. Yo fui el primero en entrar y, apenas pasé el umbral de la casa del peregrino, justo frente a mí, veo una imagen grande igual a la del Campito pero en la cual la Virgen tenía sus manos libres de cuentas del rosario. Parecía algo imposible, porque era la misma estampa, pero allí no tenía los dedos tapados por el rosario;

se le veían enteros, tal como yo había pedido sin tener ni idea de que existía esa imagen. Era como si me estuviera diciendo: "Acá te estoy esperando". Como es fácil de imaginar, todo eso me impactó mucho: lo de *Nuevediario*, ese diálogo interior, la imagen que había pedido como señal. Y me dije: "Quiero ir a ver a la señora a la que se le apareció la Virgen". Las tres de la tarde, un calor de locos, nadie en la calle y encima me dicen que la señora Gladys no atendía a nadie. Yo fui igual. Toqué el timbre y salió una mujer. Le dije quién era, lo de Tierra Santa, que me estaba quedando ciego, lo de la Virgen, qué sé yo. Y le pregunté: "¿Está Gladys?". Y me dijo: "Sí, soy yo". Me quedé totalmente cortado. Gladys me dijo: "No se preocupe, yo le voy a decir a la Madre. Tenga confianza; ella se va a encargar". En ese momento, yo estaba que no entendía nada. Aparte, cuando uno está quince años fuera de la Iglesia y te dicen algo así —"quédese tranquilo, yo le voy a pedir a la Virgen"—, uno se imagina que van a mandar un fax desde acá y desde el Cielo lo van a contestar; uno no comprende este mundo tan especial hasta que se mete en él, ¿no? Entonces salí medio confundido pero sabía que algo estaba pasando. En ese momento yo podía no ser creyente, pero eso no significaba que fuera necio. Se daban tantas coincidencias que bueno...

—¿Allí empezaste a convertirte?

—No lo sé. No en forma total. Lo que tengo claro es que sentí que me daba un mensaje de esperanza que hasta entonces no tenía. Además, sentí también que aunque me quedara ciego podía seguir adelante. Cuando uno es pianista y queda ciego, por ejemplo, puede seguir en lo suyo. Siendo yo un odontólogo, sabía que era el fin. Sin embargo, sentía una paz que no había conocido hasta entonces.

—Pero no te curaste...

—No. Esa sensación de paz y esperanza ayudaba mucho, sin embargo. Me dicen que el mejor en el mundo para mi enfermedad es el doctor Rudolph Klöti, de Zurich, Suiza. El más grande especialista en retinopatía diabética en toda la Tierra; si no te cura él, no te cura nadie. Y fui. El tratamiento, conseguido por vía consular, costaba fortunas. Conseguí una cita con él y me dice que hay que operar. Me operó. Después de la operación tuve catorce hemorragias. Cada hemorragia duraba dos meses, así que imagínate. Cuando ocurrían, perdía la vista por completo y había que esperar que la sangre se fuera reabsorbiendo, lo que tardaba, como poco, dos meses, ya te digo.

—En medio de todo eso, ¿cómo te llevabas con la fe? ¿Te enojabas?

—No. Curiosamente, no. Di mi primera charla que se puede considerar evangelizadora estando ciego. Fue a una persona que estaba al borde del suicidio. Sentía que me quedaba ciego con los ojos del cuerpo pero que empezaba a ver con los ojos del alma. Es un tema difícil de entender a menos que uno pase por algo así. Me refugié mucho en la oración. Yo era radioaficionado desde hacía veinte años y me enteraba de cosas que iban pasando con la Virgen de San Nicolás por Antonio, un carnicero de esa ciudad también radioaficionado. Estando en Barcelona, yo sabía más de lo que allí ocurría que ustedes, en Buenos Aires, a 250 kilómetros.

—Mientras tanto, ¿qué había pasado con el médico de Zurich?

—Me operó varias veces y otras tantas tuve hemorragias. El ojo derecho ya estaba perdido; no había nada que hacer. Me aferro al quince por ciento de visión de mi ojo izquierdo, todo lo que me quedaba y lo que haría posible que, al menos, supiera si era de día o de noche. La diferencia entre no ver nada o saber dónde estás. Para los que tienen buena vista parece algo menor, pero es algo gigantesco... Pido una nueva fecha con Klöti y me da la del 13 de mayo...

—La primera aparición de la Virgen en Fátima...

—Sí, pero ni él ni yo teníamos idea de eso. Ocurrió. Una causalidad. Vuelvo a Buenos Aires y me cuentan de una familia que había vivido algo extraordinario por un milagro de la Virgen. Voy a verlos a su casa, en San Isidro, y hablo con ellos dos horas. Son la familia Guevara, que habían tenido un hijo llamado Pancho que había nacido ciego. Un día iban caminando, en 1951, el chico y su mamá con dos certificados de ceguera en su cartera, cuando pasan por la iglesia de San Agustín y entran porque sí. Había una imagen de la Virgen de Fátima y la mamá de Pancho le pidió a la Virgen la vista de su hijo. Al chico le habían hecho todo tipo de pruebas, con luces que daban sobre sus ojos y todo, pero nunca había visto nada. Cuando salieron de la iglesia, el niño empezó a verse las manos...

Pido disculpas. Este relato de lo ocurrido con Pancho Guevara, hace casi cincuenta años, me acongojó y, como siempre, comparto con ustedes lo que siento. La imaginación —bendita y maldita sea— me hizo ver la escena de madre e hijo saliendo de San Agustín, caminando por la avenida Las Heras, ella cabizbaja y ocupada por allanarle el camino a su niño ciego, él avanzando lentamente y confiando en los ojos de su madre, que eran los suyos hasta que, de pronto, hay una luz que nunca estuvo, un color amarillo, una mano que mueve frente a su vista muerta que sin embargo vive, una sorpresa enorme, una emoción de llanto. Y yo, sin conocer a los Guevara, sentí también una emoción más fuerte de lo previsible. Debo detenerme aquí. Mi propia situación de cardíaco emocional hace que tambalee. Pero, Dios mío, cuánta gloria, cuánta gracia divina, cuánto encanto. Debo parar ahora el grabador del que sale el relato de Hardoy. No sólo porque son las cuatro de la mañana y porque escuchar esto ahora me oprimió el corazón de sólo imaginarlo, sino porque es una hermosa imagen para llevar a mi almohada en estos últimos días de abril de 1999, con tanta muerte, tanta violencia, tanta guerra, tanto dolor que vomitan noticieros y periódicos. Para ustedes, que leen esto, será lo mismo. El párrafo siguiente continuará con la historia como si nada; sólo habrá pasado un segundo. Igual que durante una anestesia: del sueño al despertar hay una nada, pestañear apenas. Tal vez sea eso lo que ocurra: debemos estar anestesiados. Este libro, mi fuerza, mi deseo feroz, los Hardoy del mundo que me place mostrar, son para que no lo estemos, que rechacemos anestesias para realidades. Enfrentemos con todo, sintiendo el coraje sobre la piel, las alegrías y las cruces que nos tocan. Al fin de cuentas eso es vivir, después de todo. Aquí paro. Lo que sigue ya es mañana.

Mañana es hoy demasiado pronto y, con sólo oprimir una tecla, el doctor Enrique Hardoy sigue surgiendo desde el grabador:

—Al chico Pancho lo llevaron al oculista, que lo revisó en profundidad y le dijo a la madre: "Mire, señora, yo no sé lo que pasó, pero no se preocupe más porque su hijo ahora ve perfectamente. No me pregunte más, porque no sabría qué contestarle, pero ve perfectamente". Con la Virgen de Fátima…

—¿Supiste algo más de Pancho Guevara?

—Sí. Vive en el campo, en la provincia de Buenos Aires, muy feliz, según sé. Y cincuenta años después de esta historia sigue viendo perfectamente bien.

—Dios mío…

—Sí. Bueno, volviendo a lo mío, fui a ver una vez más al

doctor Klöti, a Suiza, aquel 13 de mayo. Dijo que había que volver a operar. Yo me había cansado. Le pedí que me dijera realmente cuál era mi situación, sin más vueltas. Se turbó un poco y me dijo: "Mire, usted desde que vino tendría que estar ciego. Yo no sé ni entiendo cómo, en su condición, usted pudo ver algo como para moverse en este tiempo. Además, se pueden hacer esfuerzos, como hicimos, pero lo suyo no tiene solución desde el punto de vista humano".

—¿Usó esas palabras, "punto de vista humano"? Porque, en ese caso, él mismo admitía que había otras opciones. Es interesante.

—Sí, sí. Dijo eso, tal cual, como diciendo "la ciencia es limitada".

—Casi estaba abriendo la posibilidad de un milagro…

—Él la abrió. Yo le dije: "Doctor, ¿qué hago yo, un dentista de 33 años, en esta situación?". Y me respondió "Sólo Dios lo sabe". Nunca había hablado de Dios. Un médico muy frío, muy duro, jamás había mencionado el tema, pero allí sí. "Sólo Dios lo sabe." Sumado a lo que había vivido hasta entonces, tomé conciencia de que debía buscar un milagro. Sentí que empezaba a relacionar el mundo en que uno vive con el mundo de Dios, ¿no? No es fácil de entender, pero me estaba quedando ciego y, sin embargo, estaba contento porque sabía que algo pasaba. Una amiga que me llamó a Barcelona desde Buenos Aires me dijo lo que tal vez fuera la explicación: "Tuviste que perder los ojos del cuerpo para poder ver con los del alma". Empecé a buscar una imagen para tener en casa y rezarle. No tenía nada; una estampita de la Virgen de San Nicolás era lo único. Una noche sueño que tengo un accidente en una ruta, mucha nieve, mucho frío, y se aparece una Virgen alemana que me conforta…

—¿Cómo sabías que era alemana?

—Lo sentía. Era un sueño. ¿Viste que en los sueños uno siente cosas aun cuando no sepa cómo ni por qué? Yo sabía que era alemana, pero ni idea del significado del sueño. A la mañana me llama una amiga argentina que vivía allí, en Barcelona. Le cuento lo de Suiza, le digo que iría a la Asociación Española de Ciegos para que me enseñen a partir de allí y, al pasar, le relato el sueño. "¿Una Virgen alemana? Yo tengo una Virgen alemana —me dice—. La Virgen de Schoenstatt. Era una imagen peregrina que unos amigos de San Isidro que fueron a ver al Papa luego me la trajeron y quedó en mi casa.

¿Querés que te la mande?" Le dije que por supuesto. Al rato llegó un mensajero con la imagen. Yo, por entonces, veía solamente un quince por ciento con el ojo izquierdo, nada más. Leía lo imprescindible con una lupa gigante y con mucha luz. Al llegar el paquete, lo abro, saco la imagen, la pongo bien a la luz y advierto que era exactamente la Virgen del sueño, a la que hasta ese momento no había visto nunca. Me quedé de una pieza. Sentí la certeza de que Dios estaba actuando, y a través de la Virgen.

—Era una señal muy clara.

—Era una señal muy clara. Y empiezo a rezar con más fuerza, con más fe. Un día, rezando, siento muy fuertemente una liberación, como si me sacaran la espada de Damocles que pendía sobre mi cabeza. Pierdo todos los miedos: al futuro, qué va a pasar con tu vida, quién te va a cuidar, de qué vas a vivir...

—Todas las angustias.

—Exactamente. El enemigo te ataca de manera especial con las angustias, porque así te sumerge en un mundo de dudas y depresión. Pero yo perdí los miedos y me entregué a la Virgen más que nunca... Un día estaba rezando en mi casa, frente a la imagen de la Virgen de Schoenstatt, con los ojos cerrados, y cuando abro los ojos veo perfectamente. Ciento por ciento de visión del ojo derecho, el perforado, catorce hemorragias, mil quinientos disparos de láser, el ojo ciego totalmente hasta entonces. Al principio no quería cantar victoria; pensaba que tal vez fuera algo pasajero y no quería ilusionarme. Pero la emoción era grande. Muy poco después llega un amigo de Buenos Aires, me ve demacrado e insiste en que vayamos a la playa para contactarme con la vida. Era junio, empezaba el verano allá, y fuimos a una playa a unos seis kilómetros de Barcelona. Mi amigo, al rato, se zambulló. Yo me quedé en la orilla, dudando un momento, hasta que me dije: "¡Ma, sí! Yo también me voy a zambullir". Y me tiré... Mirá... Esto fue como que a uno lo volvieran a bautizar a los treinta y pico de años, en el medio del Mediterráneo... Cuando estuve debajo del agua sentí que volvía a vivir, que la sangre volvía a correr por mis venas, y sentí que estaba curado. Pero que estaba curado de verdad.

—¿Veías?

—Veía. Veía todo. Yo le había prometido a la Virgen que si me curaba iba a trabajar para Ella por el resto de mi vida.

Y desde entonces ya pasaron trece años en los que cumplo mi promesa con alegría. Me dediqué a recorrer el mundo, pero no como antes, tipo aventura, sino visitando los santuarios, viendo gente, dando charlas y conferencias en cada lugar al que voy, hablando de la Virgen. A veces me preguntan a qué Virgen le debo esto. A María, la única. Porque, si hablamos de advocaciones, en lo mío tienen que ver la de San Nicolás, la de Lourdes, la de Fátima, la de Schoenstatt... María, la Madre de Dios, es todas ellas. Lo debo a María.

—¿Dejaste todo para dedicarte a cumplir la promesa?

—Tal vez no dejé todo. Tal vez elegí todo. María es el mejor atajo para llegar a Cristo, y desde Ella empezaron a abrirse caminos frente a mí que me ligaron cada vez más a la fe. Me consagré a la Virgen no por el peso de tener que cumplir una promesa, sino con alegría. Durante mi enfermedad yo estaba muerto. Física y espiritualmente muerto. Y me fue devuelta la vida. Yo hoy no voy a ningún lado si Jesús y María no vienen conmigo...

—Quise guardar para el final el tema del número cuatro y las letras "P". Casi podría decirse que son tu fórmula, tu marca registrada.

—Todo nació cuando fui a dar una charla al Convento del Carmelo, en Palma de Mallorca, en 1995... Era un día 4, se cumplían cuatro meses de un hecho personal muy importante y yo tenía 44 años. El número cuatro para mí no tenía nada de particular hasta entonces. Sí el tres o el siete, como números religiosos, pero no el cuatro. Antes de la charla les cuento a las monjitas las coincidencias que se daban en ese día con el cuatro, y les pregunto si para ellas tiene algún significado. "Es nuestro número preferido", me dicen. Y explican claramente: "Tres por la Santísima Trinidad más María. Cuatro". Me hicieron pensar. Y de ahí saqué las tres letras "P" de la Trinidad: la paz interior, la paciencia, la prudencia y la cuarta sería, entonces, la perseverancia para poder mantener todo lo otro. Las tres primeras son como una mesa de tres patas: si se rompe una, se cae la mesa. Si vos perdés la paz interior, vas a perder la paciencia y la prudencia; si perdés la paciencia perdés las otras dos, y así siempre. La perseverancia las apuntala... Para la vida cotidiana y la relación con los demás, también hay una mesa de tres patas: el amor, el respeto y la confianza.

—Enrique, es posible que alguien que esté leyendo esto

se diga: "Pero a este hombre no le pasa nada en la vida. ¿Ahora no tiene ningún problema? ¿Vive en un submarino? ¿Qué es? ¿Una especie de santón o algo así?". Porque la vida es bella, como dice la película, pero también a veces es dura, y en especial en estos tiempos...

—Por supuesto. Lo que pasa es que yo puedo tener un Ferrari estacionado ahí, en la calle, pero si no le pongo combustible, por más Ferrari que sea no va a andar. Yo, a todo esto, le pongo el combustible de la fe y cumplir con ella. Oración, en primerísimo lugar, que es lo que más pide la Virgen. Oración. Los sacramentos. Esta mañana, día de semana, fui a misa y comulgué, como siempre. Hoy es un día muy difícil para mí: se dio la grave enfermedad de un ser querido, el dolor, toda la noche sin dormir; estoy agotado a esta hora de la noche, y no suspendí nuestra entrevista a pesar de todo porque sentí que sería algo bueno, que lo que aquí ocurre puede ayudar a otros. Con la ayuda de Dios todo es posible; solos nos podemos ahogar en un vaso de agua... Yo venía a este encuentro y en el colectivo iba rezando mentalmente el rosario y le pedía a Dios que me ilumine para poner en mi boca las palabras justas.

—Sin dudas lo hizo, Enrique. Gracias.

Enrique Hardoy. Quiquín, para los amigos. Si alguna vez tienen algún problema y sienten ganas de bajar la guardia, lean este capítulo otra vez. Quiquín estará siempre allí, en cada frase, enseñando a luchar.

Ídolos.
La importancia del vestidito

(Luján, del Valle y de las Mercedes)

Si uno lo piensa seriamente, en frío, muy en frío como lo haría un buen racionalista (Dios nos libre), eso de que estemos rezándole a una imagen, una estatuita, suena como tonto. ¿En qué nos diferenciamos de los indios que rendían culto a sus tótems? ¿Somos distintos porque la imagen de la Virgen es mucho más linda, nada más? ¿Puede el ser humano, la mayor creación de Dios, postrarse ante un pedazo de arcilla, de yeso, de bronce o de lo que fuere, casi un muñeco infantil? Dicho así suena horrible y lo es.

En los primeros siglos del cristianismo hubo muchos grandes personajes de la religión que se preocuparon seriamente con este tema. Recordaban que el primer mandamiento de los diez entregados por Dios a Moisés para ser cumplidos por su pueblo —mandamientos que se mantuvieron en la nueva creencia— decía que "No tendrás otro Dios fuera de mí" y recalcaba que no debían adorarse esculturas ni pinturas ni imágenes de ningún tipo, algo muy común hasta entonces, cuando las religiones eran politeístas. Más aún: el Antiguo Testamento cuenta que Moisés sube al monte Sinaí a recibir el decálogo de manos de Dios y tardó lo suyo, en realidad. La Biblia habla de cuarenta días, pero es una manera simbólica, como decir "tardó un montón" o algo así, con todo respeto. El asunto es que los judíos que lo esperaban para seguir sus indicaciones se cansaron y comenzaron a fundir sus propias joyas y fabricar allí mismo un becerro de oro, un ídolo al que adorar. Moisés bajó del monte y se enojó de una manera que ni recordar, vea. Rompió las piedras de las Tablas de la Ley arrojándolas al suelo, quemó el maldito becerro —que podía haber sido una vaca o un camello, cualquier cosa— y ese polvo de oro lo mezcló con agua y se la dio a beber a todos ellos. Tenía una calentura considerable, y con toda razón, pero sus actitudes no eran sólo hijas del enojo: darles a beber el polvo de oro era como una prueba por la que debían pasar de manera casi litúrgica para borrar su pecado de idolatría, y romper las piedras del decálogo no era tan solo un ataque de ira sino la forma en que, por entonces, se anulaba un pacto, se rescindía un contrato, se abolía un tratado, rompiendo aquello donde estaba escrito. Además, después volvió al Sinaí, y Dios, todo misericordia y comprensión, le dio unas nuevas. Lo que nos interesa ahora de este episodio es que había temor en el cristianismo de los primeros años con respecto a la posibilidad de que terminaran adorando un cacho de barro o de oro, lo mismo daba. Como se sabe, y ya lo sabían entonces, no es ése el tesoro de la cristiandad, sino el amor al semejante y los conceptos morales que estaban claramente establecidos. De imágenes, nada.

En los primeros tiempos después del asesinato de Jesús, el símbolo que identificaba en forma casi secreta a los cristianos era el perfil dibujado de un pez, un solo trazo que mostraba a un pescadito no sólo porque entre los apóstoles había más de un hombre cuya profesión era pescar sino porque —esto es lo más simbólico— ellos eran, desde Cristo, pescadores de almas. La cruz aún no se usaba como un signo de la religión. La cruz era un temible y espantoso elemento de tortura y muerte; tenerla como símbolo por entonces habría sido como elegir una guillotina, una horca o una silla eléctrica siglos más tarde. Sin embargo, luego surgió como recordatorio de dolor y redención. La primera cruz que se recuerda, al parecer, fue la hallada en una casa en Pompeya, una colonia romana a la que iba de vacaciones la gente más acaudalada del imperio. Estos magnates de la época vivían en fastuosos palacetes y dejaban que sus esclavos habitaran unas casas a unos cuantos metros de las suyas, para tenerlos a mano si los necesitaban. Jamás iban a esas casas, por supuesto. En el año 79 de nuestra era entró en erupción el volcán Vesubio, pegado a Pompeya, mató a unas dos mil personas de las veinte mil que allí vivían y sepultó la ciudad por completo con una capa de lava que, al enfriarse, parecía una coraza de acero impenetrable. Así se lo dejó por siglos. Recién en 1748 se realizó la primera y penosa excavación, y aún hoy queda una cuarta parte de la ciudad todavía sepultada. En alguna de esas exploraciones arqueológicas se logró llegar a una de aquellas casas donde vivía una familia de esclavos, y en un rincón del lugar, que bien pudo haber sido un pequeño altar, aún era muy visible una muesca en la pared que representaba una cruz. No había huesos en aquella casa; sus habitantes estaban entre los que se habían salvado. Esa marca en la pared está considerada como la primera cruz, tal vez, a la que un grupo de cristianos adoró.

Desde que conocí estos datos, hace ya tiempo, me repetí mentalmente una y otra vez lo que debe de haber sido el momento sagrado en que esa familia eligió la cruz para adorar a Cristo a escondidas de sus amos y de buena parte del mundo. Imaginé al hombre de la casa, con la túnica simple y corta de los esclavos, inclinado en ese rincón de su hogar, todo en penumbras heridas solamente por el titilar de una vela aunque afuera era de día, en minutos robados al trabajo, ya que aquello no debió de realizarse de noche porque el ruido, por menor que fuera, se habría filtrado en el silencio espeso de la noche pompeyana y descubrir al esclavo habría sido cuestión de instantes. El hombre había conseguido un pedazo de hierro dado por el armero, otro cristiano secreto. Con ese cincel improvisado raspaba ahora la pared de su casa, en el rincón más lejano de la puerta de entrada, de arriba abajo, de arriba abajo, lacerando la piedra. Y luego de izquierda a derecha, de izquierda a derecha, cruzando la marca anterior con otro surco en el muro. Su mujer, mientras tanto, permanecía detrás de él en alerta, asustada, con los ojos enormes abiertos hasta el miedo, repartiendo su atención entre su amado hombre trabajando en la fe y la puerta del humilde hogar por la que rogaba que no entrara nadie en ese instante. Los dos hijos, un varón y una niña que rondaban los siete años, disfrutaban la escena sin temor, sin alertas, intercambiando tímidas pero luminosas sonrisas cómplices. Y luego la oración diaria, todos postrados ante esa primera cruz, quizá durante meses o años —¿quién puede saberlo?—, mientras otros iban imitando la idea, y un día fue la cruz de todos, para todos, por todos.

Esta historia no está contada por mi natural inclinación a irme por las ramas y lanzar palabras sólo porque brotan del alma (lo que no está tan mal si lo que uno quiere es escribir para la gente y no para la gloria); está contada porque yo soy eso, un contador de cosas, Dios me libre de ser un literato de nariz levantada o un intelectual tal como se entiende ahora la palabra, y además —fundamentalmente— porque explica con un ejemplo claro lo de los ídolos necesarios.

Tanto en su raíz griega como latina, la palabra "ídolo" significa "imagen". Desde el esclavo del relato hasta nosotros, siempre hubo gente que, como aquel hombre, necesitó representar con algo el motivo de su adoración. La fe nace del alma, no hay duda, pero también del entendimiento. Si nunca nadie nos habló de una determinada religión es mucho más que difícil que nos hagamos seguidores de ella. Hay que contarla, evangelizar, diríamos los cristianos. Si no fuera así, el catecismo sería un despropósito; la catequesis, una pérdida de tiempo; los testimonios de fe, un absurdo; las homilías, una sarta de aburridos discursos, y la palabra del Papa —cuando fue dicha por Juan Pablo II—, una simpática alocución con tropiezos idiomáticos en español que nos recordarían mucho la manera y el estilo de hablar del Topo Gigio. Pero no. Las palabras forman imágenes en nuestra mente, es decir, ídolos. Especialmente cuando se leen. ¿Pero qué hubiera pasado o, incluso, qué pasaría en algunos lugares del mundo donde hay mucha gente que no sabe leer ni escribir? No es una solución ni cristiana ni pareja la de dejarlos fuera de la fe. ¿O vamos a sustentar una religión solamente para los eruditos en Julián Marías o en San Agustín? ¿Hay que hacer un curso para ser católico? Por supuesto que no. Y allí, desde tiempos inmemoriales, surgió la imagen en auxilio de lo que no se podía entender por escrito simplemente porque algunos no sabían leerlo. Nadie en el mundo puede ignorar quién es el que allí está cuando se le muestra a un hombre crucificado. No importa qué religión tenga, lo sabe. Así como uno puede no tener ni la menor idea de lo que es el budismo pero reconocer en el acto la imagen del Buda panzón. O ignorar qué es la estrella de David, la media luna árabe o la esfinge, pero saber sin dudas a qué cultura pertenecen, a qué tipo de civilización, a qué religión. Vamos a ponernos un poco brutos, que mucho no me cuesta, pero esta vez servirán ejemplos burdos para dar una mejor idea de lo que quiero expresar: un chico de tres años o menos no sabe leer pero señala con el dedito un cartel con las letras de Coca o Pepsi, sin equivocarse; la gigantesca letra "M" de McDonald's nos abre el apetito desde lejos, sin leer lo que ofrecen; las alternativas de una carretera son advertidas por signos inequívocos; los canales de televisión tienen identificaciones que nadie confundiría aunque no supiera leer; todas las marcas importantes o los lugares que se ofrecen al público o lo que sea que esté relacionado con comunicarse con la gente, desde el león de la Metro hasta el Papá Noel de las Navidades, son imágenes que recuerdan cosas sin tener que leer ningún texto. Ahora bien: todo eso, mi ejemplo burdo, es producto de ideas para penetrar en el mercado, mientras que las imágenes religiosas son formas de llegar a los que no tienen otros caminos. Cuando estas imágenes surgieron, el analfabetismo era muy grande en un mundo que por entonces era muy chico. Después quedaron, y para siempre, apuntaladas incluso por personajes tan magníficos como Santo Tomás de Aquino, que afirma que las imágenes religiosas son muy buenas porque se recuerdan más que lo escuchado o lo leído y, además, que algo que entra por los ojos es emocionalmente mucho más poderoso. Lo que hay que tener en claro, muy en claro, es que lo que se adora o se venera no es una estatuilla o una pintura sino lo que eso representa. Uno no ama la tela de la bandera, sino lo que ese símbolo significa, ni defendería el mapa de su país sino al país mismo.

Entendido esto, queda claro, entonces, que no tiene nada de tonto rezarle a una imagen, especialmente teniendo en cuenta que esas de las que estoy hablando deben estar bendecidas, una señal litúrgica que resalta lo espiritual muy por sobre la arcilla, el hierro, la madera o el oro. Al menos para los que creemos en las bendiciones. De no ser así, estaríamos negando la religión y bien podemos pasarnos fanáticamente a los Hare Krishna, los Acuanautas o los Locos Adams.

Todo esto para llegar, al fin, a la importancia del "vestidito" de cada una de las vírgenes. Las hay lujosas, con muchas joyas, con ropitas humildes, con simples túnicas, de tez blanca, mejillas rosadas o rostro indiscutiblemente moreno, también con las manos unidas o extendidas o sosteniendo al Niño, rodeadas por ángeles, aplastando la cabeza de una serpiente, con coronas de reina, con un círculo de estrellas sobre la cabeza, llevando un corazón en la mano, elevando ojos y brazos al cielo, sentadas en tronos, mostrando un rosario entre los dedos, manteniendo un cetro y hasta con aviones de fondo, como es el caso de Nuestra Señora de Loreto, Patrona de la Aviación Argentina.

Esas formas, esos vestiditos, fueron creados por la gente para identificar a "su" María. Porque el fenómeno que se da con Ella es que nosotros, sus devotos, sabemos que le pertenecemos pero también queremos que Ella nos pertenezca a nosotros. La relación con la Virgen es algo personal. Le pedimos, le lloramos, le agradecemos, le decimos que nos guíe y hasta nos enojamos cuando las cosas no van bien. Y Ella nos pide oración, nos llora su angustia por nuestros errores, nos agradece con regalos cuando honramos a Dios, nos dice que la dejemos guiarnos pero no se enoja con nosotros a pesar de que no hacemos casi nada bien, francamente.

Vamos a conocer más vestiditos, muy populares.

LA VIRGEN DE LUJÁN
La patroncita

La Virgen de Luján no se llamaba así cuando llegó a nuestras tierras. En 1630 un católico portugués que se afincó en Santiago del Estero, Antonio Farías Saa, le pidió a un amigo suyo que vivía en Brasil que le enviara una imagen de la Inmaculada Concepción para entronizarla en una ermita en su estancia. El amigo se excedió en el pedido y le mandó dos. La Diosidad, el plan de Dios al que nosotros llamamos erróneamente casualidad, funcionó una vez más (¿y van...?), ya que fue una muy buena idea enviarle dos porque una de ellas jamás llegaría a Santiago del Estero. Una de las estatuillas era de Nuestra Señora de la Consolación, y la otra, de Nuestra Señora de la Pura y Limpia Concepción. Desde el puerto de Buenos Aires se las mandó en carretas, con otras cargas, a su destino. Pero, al llegar a la Villa de Luján, los bueyes que tiraban de la segunda carreta se negaron a seguir. Durante horas los hombres de la caravana hicieron lo indecible para que avanzaran, pero no había caso. Bajaron parte de la carga y todo seguía igual. Hasta que pusieron todo en su lugar y depositaron en tierra solamente la caja donde venía la Virgen de la Pura y Limpia Concepción. Como respondiendo a un código, los bueyes arrancaron sin que los azuzaran. Pusieron un peso equivalente y los animales seguían avanzando pero, si lo cambiaban por la caja con la imagen de la Virgen, se empacaban otra vez como clavados al piso. Todos entendieron que aquella estatuilla nada pesada (mide apenas 38 centímetros de alto) quería quedarse allí. Y así fue. La otra imagen siguió su camino a Santiago y ésa quedó cercana a las orillas del río Luján.

Al principio fue llevada a la estancia de don Rosendo y todos la llamaban "la Virgencita Estanciera". Un negro que venía en la caravana también decidió quedarse para cuidarla. Un muchachón de fe, músculo y alma, que se había enamorado de la Virgen como tantos de nosotros. Se llamaba Manuel, que, como seguramente saben, quiere decir en su forma original (Emmanuel) "Dios con nosotros". El negrito Manuel no se separó nunca más de aquella imagen, a la que cuidó por décadas. Otra vez el pueblo, otra vez la gente sin entorchados ni cargos ni poderes mundanos. Manuel era un esclavo que sintió que sus ojos saltaban de las órbitas cuando la imagen se negó a seguir. Y se consagró a Ella para siempre. No tenía por entonces esos rayos que hoy emite la imagen; era una estatuilla simple y rústica, adorable, que es, en realidad, la que se encuentra actualmente en el interior de lo que vemos, esa dama con la capa celeste, corona, rayos, enjoyada y preciosa. En el siglo XVII, cuando llegó a Luján, mucha gente se acercaba para rezarle y pedirle gracias. El negro Manuel hacía un té curativo con los abrojos que el viento pegaba al manto de la Virgen, y lo extraordinario es que ese té curativo curaba en serio. Les arrancaba pedacitos de cera de las velas que la rodeaban y repartía eso entre los fieles que lo pedían. Manuel no era un manosanta ni cosa que se le parezca; era un hombre joven, de potente fe y una devoción sin límites por María. Eso bastaba. Era Ella la que, por alguna razón que por supuesto ignoramos por completo, decidía sanar a ricos y pobres, creyentes y escépticos que lo intentaban sólo para ver qué pasaba y luego se convertían con una ferocidad inaudita. Siempre ocurre con los conversos, y no es extraño. Si yo negara desde siempre la penicilina como algo útil para combatir las infecciones y un día me la inyectan y eso salva mi vida, me sentiré moralmente obligado a multiplicar mi defensa de ella por todo aquel tiempo en que la desprecié o la negué. En los casos de fe pasa lo mismo, pero más. Uno cura el alma. ¿Cómo se agradece eso? Volviendo al siglo XVII, ocurrió que don Rosendo muere cuarenta años después de haber llevado la estatuilla a su casa. La estancia se debilita sin él, las cosas caen y decaen. Manuel sigue al pie del cañón (o de la imagen, que es mucho más poderosa), pero ya no es fácil llegar hasta allí. Una noble dama, Ana Mattos de Siqueyras, dueña de campos en las cercanías, pide que se le otorgue la custodia de aquella imagen y se le concede. Curiosamente, en tres ocasiones la estatuilla desaparece misteriosamente del mejor lugar de la casa de doña Ana y la encuentran en su ermita original. Jamás se supo de alguien que la hubiera cambiado de sitio. En la tercera ocasión, y muy desconcertados, invitan a ir con ellos al negro Manuel, detalle en el que nadie había reparado antes. Y esta vez, la Virgen se queda. La devoción crece y la autoridad eclesiástica oficializa la imagen. Se le cambió el nombre por el del lugar, y doña Ana donó los amplios terrenos en los que hasta la actualidad podemos admirar lo que, de un pequeño oratorio, pasó a ser una de las basílicas más impresionantes del mundo. Pero también este progreso tuvo nombre y apellido en el plan divino. El sacerdote Pedro de Montalbo llegó ante la primitiva imagen para llorar a sus pies ya que era víctima de tisis, una enfermedad pulmonar de entonces por la cual lo habían desahuciado. Más que a pedir, el padre Pedro de Montalbo fue a morir junto a la imagen de la Virgen. Apenas podía moverse por sí mismo y respiraba con muchísima dificultad, con sus fuerzas perdidas en algún recodo del destino. El negro Manuel lo cargó sobre sus propios hombros y lo llevó hasta la imagen. Le dio a beber su té, le untó el pecho con sebo de las velas del altar y le pidió a la Virgen, en su lenguaje muy directo y profundamente cariñoso, que hiciera algo por el sacerdote.

Ustedes imaginan cómo siguió la película: el padre Pedro sanó por completo, como si nunca hubiera pasado por tal trance. Y fue el primer capellán de la Virgen de Luján, a la que dedicó el resto de su vida.

Fueron edificándose casitas alrededor del oratorio. El tiempo pasó con su mueca de olvido mientras la Virgen de Luján crecía con un fervor que sería inolvidable y sin fin. Los milagros se multiplicaron y la devoción fue cada vez mayor. En 1930 se declaró a Nuestra Señora de Luján, de manera oficial y jurada por las autoridades eclesiásticas de cada país, Patrona de la Argentina, Uruguay y Paraguay.

Cada año se realiza una procesión a pie que recorre hasta la basílica más de cincuenta kilómetros. No importa si llueve, si el calor derrite las piedras o si caen ladrillos de punta: entre un millón y un millón y medio de peregrinos —la mayoría jóvenes, claro está— siente que las plantas de sus pies se calientan por un paso con pocas pausas, pero de la misma manera siente caliente el alma al llegar a Luján y honrar a María pidiéndole y agradeciéndole. La primera de esas procesiones fue en 1904 y no se interrumpieron nunca desde entonces, el primer domingo de octubre de cada año. Emociona verla, acongoja que, en medio de un mundo que pareciera oler a podrido, ese millón y medio de caminantes de todas las clases sociales y económicas desparrama a su paso aroma a rosas, se olvida de la basura política, esquiva los baches de sus propias desgracias y avanza cada vez con más esfuerzo pero con más sonrisas.

OTRAS CABEZAS DURAS

No fue la de Nuestra Señora de la Pura y Limpia Concepción del río Luján la única imagen que insistió en quedarse en un sitio al que, en verdad, no estaba destinada. Tres casos más de la Argentina son muy especiales, como podrán ver.

La historia de la Virgen de Monserrat es casi idéntica. Debía llegar a Córdoba pero se empacó en Santiago (como resarciendo lo de Luján), a mediados del siglo XVII. La llaman, también, "la Virgen de Silipica" debido a que el jefe de la caravana era un catalán que insistía en decirle al conductor de la carreta que debía pinchar a los bueyes para que avanzaran: "Si li pica, hombre, si li pica", repetía con voz ronca. Pero, por más que se los picó, los bueyes no siguieron hasta que bajaron una caja única, aquella donde estaba la Virgen de Monserrat, que allí quedó para siempre.

La Virgen del Tránsito es otra de las "empecinadas". El sabio folclórico don Félix Coluccio cuenta que la traían, en 1840, desde Bolivia cuando acamparon en San Fernando de Catamarca. Al reanudar el viaje, el burrito que llevaba su imagen se empacó. Uno de los hombres de la caravana tomó a la Virgen en brazos y pretendió llevarla así, pero a los pocos metros se le desprendió el sombrerito de la estatuilla, y algo más allá, ocurrió lo mismo con la túnica. Comprendieron que debían dejarla. La gente del lugar la llamó —y la llama— con el casi insolente pero deliciosamente cariñoso apodo de "La Porfiadita".

La Virgen de Punta Corral, en Jujuy, tiene también una hermosa historia que cuenta que aquella imagen "se iba" de los lugares donde la colocaban y volvía a lo alto del cerro de Punta Corral como para cuidar desde allí a todo el pueblo. La dejaron, al fin. En 1889 construyeron su iglesia, a 4.300 metros de altura, y los del pueblo —¿quiénes, si no?— la "rebautizaron" con un nombre que no puede ser más dulce, amoroso y exacto: "La Mamita".

LA VIRGEN DEL VALLE
Magia del alma

Manuel de Salazar escuchó con atención lo que aquel indio a su servicio, balbuceando un español dificultoso, le estaba contando. Al principio creyó que era un cuento, pero después decidió seguir sus instintos y le pidió al nativo que lo guiara. Lo siguió con el entrecejo fruncido y en alerta porque en aquel año de 1620 no se podía confiar mucho en nadie.

Don Manuel era dueño de una considerable cantidad de tierras en Valle Viejo, un lugar adonde se había reunido gran parte de la colonia española. Salazar era el administrador de toda la zona —en lo que hoy conocemos como Catamarca—, además de actuar como defensor de los indios. Era alguien muy apreciado y respetado por todos. Ahora, siguiendo a su hombre, tropezaba con un nuevo matorral que estuvo a punto de voltearlo, cosa nada fácil con alguien como él. Largó un insulto al aire por aquel tropiezo y unos segundos después se arrepintió, porque ya estaba en la entrada de una gruta en la zona del Ambato, muy cerca de Choya, un pueblo indígena, y lo que había frente a sus asombrados ojos era, en efecto, lo que su guía le había contado: una imagen de la Virgen tallada preciosamente en madera. En medio de su conmoción por el hallazgo, pensó tontamente que ojalá Ella no le hubiera escuchado el insulto infantil que acababa de lanzar. La imagen —de medio metro de altura— estaba en medio de la gruta, rodeada de flores y algunas ofrendas de los indios que, como tantos otros fascinados por Ella, se habían convertido al cristianismo no hacía mucho. El hombre se reunió enseguida con algunos de ellos, calchaquíes que vivían en Choya, con los que tenía muy buena relación por ser su defensor, y quiso convencerlos de que lo mejor para todos sería llevar la imagen de la Inmaculada a su casa, donde podrían visitarla cuando quisieran. Los indios se negaron, al principio. Hasta pusieron unos hombres de guardia permanente frente a la gruta para que nadie pudiera sacarles a su venerada. Pero, con un par de reuniones más, don Manuel los convenció. Cargó la estatuilla para llevarla y a mitad de camino empezó a notar que los doce kilos de la imagen se hacían sentir. Una vez ubicada en el mejor lugar de la casa, fueron varios —españoles y nativos— los que vieron a la Virgen sonreír y notaron un brillo luminoso en sus ojos. A partir de entonces comenzó a obrar milagros, uno tras otro. Entre ellos, curar a un ciego, sanar a mucha gente de sus males, salvar íntegramente los campos de algodón de su anfitrión don Manuel y —el mayor de los milagros, como siempre— la conversión de cientos de infieles, incluyendo a algunos españoles de la colonia que habían sido escépticos "para esas cosas" hasta aquel momento. Pero un día la imagen desapareció de su privilegiado altar y la hallaron, luego de una búsqueda intensa, en la misma gruta india donde fue encontrada originalmente. Don Manuel, al principio, se enojó con el cacique de los calchaquíes de esa zona, convencido de que ellos la habían robado para devolverla al lugar. Pero el jefe de los indígenas lo miró serio y juró que nadie de los suyos había hecho tal cosa. Los indios difícilmente mentían y, menos aún, en cosas que tuvieran que ver con sus creencias, cristianas o no. Don Manuel le creyó y volvió con la imagen a su casa. Más le creyó cuando la Virgen desapareció una, dos, tres, muchas veces más, para aparecer siempre en la gruta. Era como su manera de decir que quería pertenecer a todos, y no sólo a Salazar y su gente. Don Manuel, buen cristiano y hombre de ley, entendió el mensaje silencioso. Le prometió a la Inmaculada que le construiría una capilla para que absolutamente todos, a la hora que fuera del día que quisieran, pudieran visitarla. Así fue. Y la Virgen no volvió a "escaparse" más y sonreía a menudo, según el decir de quienes atestiguaron estas cosas por escrito en aquella época. La capillita estaba ubicada en el valle entre las formaciones montañosas del Ambato y el Ancasti. Don Manuel fue nombrado sacristán perpetuo de esa imagen, cosa que cumplió al pie de la letra hasta su muerte, ya muy anciano. A todo esto, ya se la llamaba "la Virgen del Valle" aunque la devoción hacía rato que había pasado las fronteras de ese lugar y Ella se había transformado en lo que sigue siendo hoy día, en la Protectora de todo el norte y centro del país, así como la segunda Patrona de la Argentina.

Sus milagros fueron, desde el principio, innumerables. Entre muchos, dos de ellos quedaron simbolizados por objetos que aún pueden verse en la Catedral de Catamarca. Uno es la cadena del milagro. Ocurrió que, a fines del siglo XVII, un poderoso caballero peruano, paralítico, tullido y contrahecho, había sido desahuciado por completo por los médicos. El hombre, que había oído mucho sobre la Virgen del Valle, se hizo llevar por sus servidores desde Perú hasta lo que es hoy Catamarca. Sanó a poco de estar frente a la imagen rezando entre llantos. Su alegría fue inmensa y, sin saber qué podía hacer, decidió dejarle a la Inmaculada una cadena de oro sólido de un metro y quince centímetros de largo, unida por grandes eslabones. La cadena sostiene la antigua figura de un pelícano, también de oro macizo y adornado con nueve esmeraldas. Actualmente se le coloca a la imagen en los actos más solemnes que la tienen como centro.

El otro objeto que aún se conserva es una jarra de plata. Sucedió que en una ocasión notaron su desaparición de la sacristía. Ya la daban por perdida o robada cuando, unos días más tarde, llegó con su vieja mula un paisano que había sido curado por la Virgen y había viajado desde La Rioja para agradecerle. Lo primero que hizo el hombre fue darle al párroco la jarra de plata. El curita, que no entendía lo que estaba ocurriendo, preguntó de dónde la había sacado. Y el paisano dijo que en aquel largo viaje hacia la Virgen sólo para agradecerle, justito cuando estaba en medio del desierto de las Salinas, advirtió que no había llevado agua suficiente y que tanto él como su cabalgadura iban a morir de sed sin remedio. Se sentó a esperar lo inevitable, cuando vio un brillo en su alforja, metió la mano y encontró la jarra de plata llena de agua. Por más que bebía y le daba de beber a su mula, el agua no se acababa nunca, y así fue como se salvó y pudo llegar hasta allí.

La catedral actual donde está entronizada la Virgen del Valle es uno de los santuarios marianos más célebres de América. Su construcción llevó unos siete años, y concluyó en 1875. Como en tantas otras ocasiones de la historia argentina, aquella era una época de penurias económicas que afectaban a todos, pese a lo cual nadie dejó de colaborar para que la basílica fuera terminada. Se dice que incluso las damas más notables de la ciudad iban a un lugar cercano a la edificación para cargar en sus lujosos mantos la arena que se iba necesitando para la construcción. Ya ven: la gente, como siempre. Los indios, don Manuel, las damas patricias. La gente, sin distinción. Los que la llaman "la Madrecita Morena".

NUESTRA SEÑORA DE LAS MERCEDES (TUCUMÁN)
Blanca y celeste

Miren, son muchos, pero muchos en serio, los próceres argentinos que han dado testimonio de fe mariana; claro que es difícil que alguno de ellos supere en potencia y acción a Manuel Belgrano.

Mucho antes que él, ya en 1687, el cabildo tucumano

nombró a Nuestra Señora de las Mercedes Patrona y Abogada de la ciudad de Tucumán.

Mucho antes de eso, en el año 1218 y en España, la Virgen de la Merced, así, en singular, pero evidentemente la que da origen a la nuestra, era una advocación venerada con un fervor enorme por una orden religiosa y militar muy brava por entonces pero que —sin embargo y debido al fervor que sus integrantes sentían por la Santísima Madre— abogaban por otorgar cierto perdón, amnistía, "merced" a sus prisioneros. Eran caballeros de la Virgen, no carniceros de la guerra.

Después del descubrimiento de América la advocación llega a estas tierras y, por alguna razón que no se conoce, estuvo siempre vinculada a lo militar desde el también sagrado concepto del honor. Así es como la llevan a Tucumán y así es como, antes de la batalla que lleva el nombre de esa actual provincia, el general Manuel Belgrano la nombra Patrona de su ejército y se pone bajo la voluntad de Dios y de Ella. El 23 de septiembre de 1812, veinticuatro horas antes de lo que hoy llamamos la batalla de Tucumán —fundamental para la suerte de las Provincias Unidas del Río de la Plata—, Belgrano emite una orden que dice textualmente:

"Para las doce de esta mañana vendrá la Compañía de Granaderos del N° 3 con la música, a sacar de casa de Carranza la imagen de nuestra Generala, María Santísima de las Mercedes, y conducirla hasta su iglesia. Concurrirán los señores oficiales a acompañarla y llevarla sobre los hombros tanto al salir de la casa como al entrar en la iglesia."

En la mañana del 24 de septiembre de 1812, Manuel Belgrano pidió que lo dejaran solo ante el altar de la Virgen de las Mercedes y allí, con la cabeza inclinada y las manos juntas, oró por su patria. Unas horas más tarde se llevaba a cabo la desigual batalla, ya que las fuerzas realistas doblaban en cantidad a los hombres de Belgrano. Sin embargo, los patriotas salieron triunfantes de esa justa. De no haber sido así (observen la fecha: 1812), la revolución y la independencia hubieran llevado mucho más tiempo y, lo que es peor, vidas de ambos bandos.

En aquella ocasión, el parte que Belgrano mandó al gobierno nacional decía exactamente:

"La Patria puede gloriarse de la completa victoria

que han obtenido sus armas el día 24 del corriente, precisamente día de Nuestra Señora de las Mercedes, bajo cuya protección nos pusimos."

Belgrano nombró oficialmente a esta Virgen Generala y Patrona del Ejército Argentino. La imagen lleva banda y cinto ancho con los colores de la Patria.

A propósito de esos colores, las versiones sobre por qué los eligió el general Manuel Belgrano como los de nuestra bandera son varias, pero la que tiene mayor respaldo histórico es precisamente que el celeste y blanco son los clásicos colores de la Virgen y en eso se inspiró el prócer. En febrero de 1812, siete meses antes de la batalla de Tucumán, Belgrano enarboló una bandera que sería la que iba a flamear protegiendo a nuestro ejército en aquella contienda y perdurar hasta hoy como el símbolo de la tierra de los padres, es decir la Patria. Cuando don Manuel se recibió de abogado en España, en 1793, hizo un solemne juramento por el cual se comprometía (sic) "a vivir y morir en nuestra Santa Religión y defender por siempre el misterio de la Inmaculada Concepción". Los colores de la Inmaculada son, precisamente, el celeste y el blanco.

Nadie pudo explicar esto
(Testimonio de hoy)

—Yo sabía que ibas a venir... —me dijo el gordo con cara de bueno, que salió de la casa extendiéndome la mano apenas estacioné y bajé del auto, después de media hora de preguntar por el barrio de Pinamar al que los árboles daban sombra y modorra aquella tarde.

—¿Y cómo sabías? —Sonreí con alivio a pesar de que mi mano y tal vez buena parte de mi brazo se perdían en la de él, y casi me pareció oír cómo crujía. Es corpulento el hombre. Igualmente sonreí con alivio, porque al buscarlos ignoraba si querrían contarme su historia y ese recibimiento era un buen síntoma.

—Cuando ocurrió todo, varios médicos, enfermeras y los policías, incluso, me dijeron que te llamara para contarte. No te llamé porque me dio un poco de pudor, qué sé yo...

Lo que decía el gordo con cara de bueno demostraba un par de cosas: una es que los médicos, las enfermeras, los policías, los astronautas, los equilibristas y cualquiera que use el alma sin importar su profesión creen en hechos que superan nuestra razón y ellos también quieren que muchos se enteren, como una forma de encender un fósforo en medio de la oscuridad de las noticias nuestras de cada día.

Y otra es que los testimoniantes deben luchar contra el mundo de granito en el que nos toca vivir y su única arma son esas gotas de miel de sus relatos. Por eso tienen pudor y, a veces, temor al ridículo. No ganan nada con contar lo suyo, e incluso se arriesgan a ser blancos de la broma fácil y tonta. Sin embargo, en cientos de historias que llevo publicadas, no hubo un solo caso en el que ocurriera algo así. Al contrario, muchos se acercaron a los protagonistas con afecto y fe, lo que nos devuelve al primer punto, confirmándolo: casi todos, de una u otra forma, creen que hay cosas que no se ven pero que ahí están. Y presienten que son las más importantes. Quienes no creen, por su parte, suelen tener unas enormes y secretas ganas de creer. Vamos a ayudarlos, si les parece bien. Entremos en la casa del gordo con cara de bueno.

"A MÍ, JESUSITO ME CUIDA."

Creo que no puedo ni quiero imaginar el momento en que Micaela, de cuatro años, fue atropellada por ese Fiat Uno que luego le pasó por encima. Ocurrió en la avenida costera que une los balnearios de Pinamar, el 12 de enero de 1999, en pleno día que de pronto se volvió noche para las decenas de testigos que gritaron un terrible silencio seguramente más aterrador que cualquier aullido. Luego, enseguida, el alboroto. Corridas, llantos, alguien se descompuso, la adolescente que manejaba el auto y sus padres en un estado de total desesperación, el papá de Micaela que la llevaba de la mano y que ahora, dos días después, está frente a mí y me cuenta lo que no pude ni quise imaginar.

—Estábamos frente al balneario del golf, Micaela, nuestro perro, Cárdenas, y yo. La llevaba de la mano, por simple precaución. De repente veo que viene hacia nosotros un auto, un Fiat Uno gris. Me detengo y el auto, en lugar de frenar, acelera a toda velocidad. Lo que yo hago instintivamente es ponerle mi cuerpo al auto, intentar pararlo con las manos, como sea. Me da de lleno, con todo, y me tira a un lado...

—¿Estás lastimado?

—Nada. Ni un dolor, Víctor, ni un dolor... Al mismo tiempo que me tira, atropella a la nena y yo veo que cae debajo del auto.

Estamos en el comedor diario de la casa, que es cálida porque así debe ser cualquier lugar que esta familia habite, hasta un iglú. Quien me habla es el gordo con cara de bueno: RAFAEL ARAYA, 43 años, robusto, ojos mansos, con aspecto de oso de peluche gigantesco. Vive con su familia en el barrio capitalino de Congreso y, además de ser músico, tiene una empresa de importación de combustible. Tomamos cafés dobles que nos trajo su esposa, María Teresa Morelli, a la que todos llamamos Techi y que también tiene ojos mansos y modos suaves. Techi es cordobesa. Rafael nació en Chile y la típica melodía de su acento se vuelve ansiosa al relatar lo ocurrido.

—Veo que la nena cae debajo del auto, y en mi locura, en mi…

—Perdón. ¿La nena cae debajo del auto?

—Sí. La golpea y enseguida la rueda delantera izquierda del auto pasa por sobre ella. La pisa con todo el peso, que serán, no sé, mil kilos… Yo, en mi desesperación, corro dando la vuelta completa al coche y en esos dos segundos terribles pienso: "La voy a encontrar reventada", pero cuando aún no la veo empiezo a oír el llanto de Micaela… Me arrojo al piso y la levanto. La tengo en brazos, llorando, y veo que tiene arena en la boca pero no sangra por el oído ni por la boca ni por la nariz. La abrazo contra mí y ella comienza a llamar a su mamá… El padre de la chica que manejaba se pone al volante y en el mismo auto llevamos a Micaela a la clínica. Mi preocupación era que respirara bien, que no se le pusieran los ojitos en blanco, que no perdiera el conocimiento. Ella lloraba y llamaba a la mamá, llamaba a la mamá, llamaba a la mamá… En la clínica Bunge la atienden de inmediato y muy bien, con el director, el doctor Beltrán, dando órdenes mientras le tomaba los reflejos y me decía: "Tranquilo, hasta aquí todo está bien"… Micaela se aferraba a mí, llorando, y seguía llamando a su mamá…

—Techi no estaba con ustedes…

—No. No sabía nada. Alguien fue a buscarla sin decirle aún detalles del accidente. Al llegar, a Micaela le estaban sacando radiografías. Yo le explicaba a Techi lo que había ocurrido, cuando en eso aparece la pediatra, diciendo: "En las placas no hay nada; no hay lesión de cráneo, ni de abdomen, ni de pelvis, ni de cadera, nada". Y enseguida el doctor Beltrán que confirma: "Nada".

Antes de eso, en la antesala de la clínica, el padre de la adolescente que manejaba el auto lloraba sin consuelo mientras esperaban los resultados de los exámenes médicos de Micaela. Y era Rafael, el papá de la nena, quien lo abrazaba y consolaba diciéndole que todo iba a estar bien, que se quedara tranquilo. Antes también de aquella palabra que en general suena a vacío y aquí fue mágica —"Nada"—, unos testigos llegaron al lugar e invitaron a Rafael a entablar demanda. El oso de peluche gigantesco les dijo, sin perder su calma: "¿Demanda? ¿Dinero? Miren, si mi hija está bien no hay demanda que hacer, y si mi hija muriera no hay dinero en el mundo que pueda importarme algo. Gracias, de todas formas", y volvió a abrazar al otro padre, que no cesaba de llorar.

—Dios mío, Rafael, ¿de dónde sacaste fuerzas para eso?

—No lo sé. Él lloraba mucho porque se sentía culpable, y yo tenía que calmarlo; era lo que se debía hacer. Además, te juro que en mi fuero interno siempre supe que Micaela no tenía nada, desde que llegué a la clínica. No me preguntes por qué, no lo sé. Pero lo sentía, sentía que la nena no tenía nada.

—¿Y vos, Techi?

—También. Simplemente sentía que todo iba a estar bien, a pesar del nerviosismo de los que nos rodeaban, de ese clima tenso. Lo sabía. Y después igual, cuando el doctor Beltrán hizo que la llevaran a Villa Gesell en ambulancia para hacerle una tomografía. Iba a estar todo bien. Micaela lloraba y decía: "Llévenme a mi casita de los picaflores" [de los Picaflores es el nombre de la calle], y esa misma noche, cuando volvimos, pasó algo muy raro: un picaflor se metió adentro de la casa, revoloteó un rato por la cocina y se fue. Esos pajaritos nunca entran en las casas y mucho menos de noche. Fue muy extraño, salvo para Micaela, que lo miraba encantada... Tal vez era un ángel...

Techi sonríe con cascabeles; ahora puede. Y tiene razón: un picaflor jamás entra en una casa y tampoco vuela de noche. Carl Jung se divertiría mucho con esto. Jung, que fue uno de los psiquiatras más importantes de la historia; el hombre que incorporó a su estricta ciencia también lo sobrenatural, lo inexplicable por la razón; el mismo que, cuando un periodista le preguntó si creía en Dios, respondió con una sonrisa: "Yo no creo. Yo sé". El profesional que estaba un día atendiendo a una paciente muy cerrada por su propio racionalismo, tercamente intelectual. Le contaba a Jung algo sobre un sueño con un escarabajo dorado y en ese mismo instante un bicho exactamente como el descripto se posó en el alféizar de la ventana. El psiquiatra lo tomó y se lo mostró a su paciente. "¿Es éste el mismo del sueño?", preguntó con voz firme y segura, aunque aquello se trataba de un intento hasta para él. Ella tuvo una gran conmoción y bajó la guardia de su tozudo racionalismo, asombrada por lo que acababa de ocurrir inexplicablemente. Jung llamaría a este tipo de fenómenos "coincidencias significativas", es decir hechos que no tienen nada que ver entre sí, al menos aparentemente, pero que suceden de manera maravillosa. Un picaflor de noche entrando en una casa y volando como un símbolo de alegría cuando todos vuelven aliviados después de pasar mucho miedo habría hecho sonreír a Jung, ya lo creo.

—Hubo muchas señales que descubrimos luego —sigue Rafael—. Dos noches antes del accidente yo siento más que nunca una impresionante necesidad de abrazarla, de estar cerca de ella. Son nuestras primeras vacaciones en siete años, estamos todos juntos, gozamos de la playa, el mar, el bosque, todo. Y, sin embargo, esa noche yo tenía una sensación de tristeza sin razón. Estaba recostado arriba y, cuando aparece, le digo: "Vení, gordita, vení, dame un abrazo y vamos a rezar"...

—¿Lo hacen habitualmente?

—No, no. Nunca lo habíamos hecho. Tiene cuatro años y recién ahora le estamos enseñando esas cosas. Pero para mí, esa noche era particular, sentía que debíamos hacerlo. Rezamos juntos. Un padrenuestro, un avemaría, el ángel de la guarda. Después ella volvió a sus juegos... Y al día siguiente, uno antes del accidente, lo que le dice a Techi...

—Micaela se escapaba por aquí cerquita —cuenta Techi—, y yo la llamé y le dije: "Por favor, no te alejes, no conocés esta zona, no andes por ahí", y ella me dice con total naturalidad y muy seria: "No te preocupes, mamá. A mí Jesusito me cuida siempre".

La miro dando vueltas a nuestro alrededor, yendo y viniendo por la vida, metiendo palabras furtivas en el grabador sobre el relato de sus padres, y no puedo creer que ese bellísimo piojo de rulos rubios y ojos celestes deslumbrantes, esa persona hermosa de cuatro años, haya sido atropellada y pisada por un auto apenas cuarenta y ocho horas atrás. Lo único que sufrió fue el asedio —bienvenido, claro está— de los médicos que no podían creer que estuviera perfecta e insistían con ecografías, rayos X, tomografías y todo el arsenal. "No me adoctoren más", se quejaba ella, que quería volver a su casita de los picaflores, donde la esperaba uno para recibirla. "No me adoctoren más", decía creando un verbo redondo. Lloraba y llamaba a la mamá insistentemente. Y creo que las dos mamás se pusieron a su lado. Techi y la Mamá de todos.

—¿Vos sabés quién es la Virgen? —le pregunté.

—Ajá —dijo Micaela.

—Contáme.

—La Virgen María es de Jesús...

—¿Y cómo es?

—Ehhh... Estaba dolorosa por su hijito, porque no tenía corazón. A su hijito lo mataron. Pero después resucitó.

(Hacía tiempo la habían llevado a una iglesia y le quedó muy grabada una imagen de la Virgen Dolorosa —similar a *La Piedad* de Miguel Ángel—, que está sentada y tiene el cuerpo inerte de Jesús sobre su regazo. De esa escultura le impactó, también, la herida de Cristo en su costado: "No tiene corazón".)

—¿Y te cuidó la Virgen en el accidente? —le pregunta Rafael.

—Sí.

—¿Cómo sabés que era la Virgen? —insisto estúpidamente.

—Lo sabí —responde, y que levante la mano el que quiera discutirle.

UN MÉDICO AQUÍ

El doctor Hugo Beltrán es el director general de la clínica Bunge, y su calidad profesional aumenta con la experiencia: por el lugar pasan unos siete mil pacientes sólo de diciembre a marzo. Es quien recibió junto a su equipo a Micaela y quien comandó los estudios que se le hicieron. Es, también, un viejo amigo con el que puedo ir al grano.

—¿Cómo fue todo?

—Era un día en el que había muchísima gente en la clínica y entró el padre desesperado con la chiquita angustiada. Me cuenta lo que ocurrió y yo le pregunto si está seguro de que pasó el auto sobre ella. No había dudas; eran muchos los testigos. La rueda la había pisado. Sin perder tiempo encaramos todos los estudios y, mientras avanzábamos, yo no lo podía creer. No tenía nada. Era un milagro eso. Una cosa de locos. Sólo tenía unos arañazos leves en la mejilla, que se ve que raspó contra la arena al caer. Nada más. Se le hicieron todos los estudios: radiografías, ecografías, tomografía en Gesell. Y nada, todo perfecto. Con los demás médicos no lo podíamos creer y decíamos que era un milagro...

—Hugo, me parece fantástico que me hables de milagro,

no sólo porque sos un hombre de ciencia sino porque, que yo sepa, sos agnóstico. ¿O ya dejaste de serlo?

Se ríe.

—Qué sé yo... Cosas que no se alcanzan a comprender hacen que uno se replantee ciertos temas...

—Eso es muy bueno, Hugo. Tener amplitud de criterio como para admitir, aun desde la ciencia, que hay cosas que no se comprenden.

—¿Y cómo vas a comprender algo así? Si un auto le pasa por encima a una nena de cuatro años frente a decenas de testigos, y luego está perfectamente bien, es un desafío al escepticismo. Después de eso, uno tiene que creer en algo. No encuentro una explicación racional.

—¿Se puede decir que en el caso de Micaela es prácticamente imposible que luego de ese accidente esté como si nada?

—Imposible, increíble y sin que exista una explicación lógica de por qué no le pasó nada. Realmente no se entiende.

Micaela es el femenino de Miguel, el arcángel que está junto a la Virgen en la Batalla Final. Su papá es Rafael, otro arcángel, aquel cuyo nombre significa "medicina de Dios". La mamá de Mica es María Teresa. María. La abuela de la nena, que estuvo en la charla, se llama Gloria. María, dos arcángeles, la Gloria y —como si fuera poco— también estaba una hermana de Micaela, una hermosa chica de 23 años llamada Cielo. Bingo con los nombres. Jung debe reírse a carcajadas. Y otros que se escriben muy con mayúsculas deben mirar para abajo y sonreír. ¿Sonreirá Dios? Bueno, no dejen que me vaya por las ramas. Volvamos a Cielo. Ella da, tal vez, la clave de lo inexplicable en lo ocurrido con su hermanita. Cuenta sin alardes que reza el rosario todos los días y que eso le dio paz, le arrancó las depresiones por las que pasó, le dio otra actitud. Recuerda a un buen cura que hace un tiempo le dijo: "Ante cualquier problema, vos ponéte en manos de la Virgen. Poné también tus proyectos en manos de la Virgen y vas a ver cómo las cosas cambian".

—Y tenía razón —dice Cielo—. Yo estoy convencida de que, estando tan cerca de la Virgen como estoy, Ella está cerca de toda mi familia. Estoy convencida de que Ella fue la que obró en mi hermana para que no le pasara nada. Sé que es así. Lo que yo siento desde que rezo el rosario, la paz que me envuelve, no la había sentido nunca en mi vida. Tenemos que abrir el corazón, abrirle el corazón a la Virgen y sentir que nos cambian las actitudes cotidianas, las pequeñas cosas que nos hacen mejores personas. La oración a María tiene una fuerza impresionante; María es impresionante. Ojalá lo entendieran todos.

Todo esto lo dijo de una sola vez, como una catarata de fe, con un tono que no admitía dudas y mostrando sin querer la llave de la puerta que condujo al milagro. Tiene 23 años, es preciosa, inteligente y con todas las cosas de una chica de su edad: cuando lean esto ella estará ya en París, adonde viajó para casarse con su novio francés. El 14 de enero de 1999, en la casa de la calle de los picaflores, decía:

—Ella salvó a Micaela. Es la mamá. Es la madre de todos.

—Vamos a la "inglesia" —dijo Micaela desde un metro del suelo mientras todos seguíamos hablando, hasta que logró hacernos callar—. Vamos ahora a la "inglesia". Le quiero dar un beso a la Virgen porque me cuidó por el auto.

Dicho esto, empezó a meter los dedos en el grabador, quiso escuchar su voz, me recitó algo que hablaba de cocodrilos y leones, le tiró de la cola al perro y volvió a insistir en que quería que la llevaran a la "inglesia" mientras su papá, Rafael, esa suerte de Papá Noel de civil, me acompañaba hasta la puerta y yo sentía que están completamente locos los que dicen que todo está perdido.

El primero en llamar para contarme lo ocurrido es un hombre de una gran espiritualidad, una buena persona: Edgardo Pérez, suboficial de la policía bonaerense que demuestra con sus actos que generalizar al acusar a cualquier grupo de algo no sólo es feo sino también injusto.

El médico a cargo es Beltrán, un agnóstico que califica el hecho como un milagro y se replantea cosas. Los padres de Micaela son más buenos que Lassie atada, y no lo cuentan: lo muestran. Su hermana, Cielo, es, con su rosario y su joven potencia de fe, la clave de todo y un ejemplo para todos. Solamente la Virgen puede armar las cosas de esta forma, para que ahora ustedes se enteren y se repitan que, en serio, muy en serio, de ninguna manera está todo perdido. Está todo por ganar, aun cuando a veces cueste creerlo al darle una miradita al mundo.

La Mamita, caramba

(Desatadora de nudos, María Auxiliadora y Schoenstatt)

La nave que capitaneó Cristóbal Colón se llamaba, cuando se la entregaron, *Marigalante*. Pero una de las primeras medidas que tomó el genovés fue cambiarle ese nombre por el de *Santa María*, ya que él era un ferviente devoto de la Virgen. Más aún: antes de partir hacia lo que ni siquiera podía imaginar por su importancia en la historia de la humanidad, Colón se encomendó de manera especial a su advocación preferida, la Virgen de Guadalupe. Curiosamente la misma que se le aparecería al indio Juan Diego en 1531 y que, mucho después, en 1877, sería declarada oficialmente Patrona de América. No me digan que es una casualidad, porque me enojo.

Juan Díaz de Solís llamó en primera instancia río Santa María al que luego se denominó río de la Plata. El buque de Sebastián Elcano era el *Santa María de la Victoria*, ya que el capitán solía repetir que "con María todo es posible" e indudablemente así fue, ya que en 1521 dio con ese barco la primera vuelta al mundo de la historia del hombre.

Una ciudad de los Estados Unidos fue fundada en 1632 por George Calvert, barón de Baltimore, un católico que quiso homenajear a la Virgen al bautizar el lugar pero se las vio en figurillas ya que la mayoría de los 200 hombres que lo acompañaban eran protestantes, así como su rey, Carlos I de Inglaterra. Sin embargo, Calvert se las ingenió para lograr su acto de amor: dijo que deseaba dedicar a la reina aquel lugar y por eso lo llamó Maryland (Tierra de María). La reina, esposa de Carlos I, era Enriqueta María y lo razonable hubiera sido usar su primer nombre y llamar Henrietteland a la ciudad, pero nadie reparó en la astuta travesura del barón y quedaron todos muy contentos, especialmente él, claro.

Ya contamos que la capital de la Argentina era apenas un asentamiento cuando en 1536 la fundó Pedro de Mendoza y lo llamó Nuestra Señora del Buen Ayre. La devoción de Mendoza por la Virgen era tan profunda que en su testamento la nombró literalmente como "Señora y Abogada de todos mis hechos".

En 1580 llegó la segunda fundación, con Juan de Garay, quien llamó al puerto Santa María de los Buenos Aires.

En 1537 otro adelantado, Juan de Salazar, descubrió y fundó una ciudad que sería la capital de Paraguay y a la que da el nombre de Asunción en honor, claro está, a la Asunción de la Virgen.

La lista sería interminable y por cierto que todos y cada uno de los tripulantes de aquellas aventuras se encomendaban a la Virgen antes de que sus naves partieran. No importaba si eran caballeros, militares, bandoleros o presos comunes reclutados con promesa de perdón. Todos ellos oraban a María por protección y amparo, lo mismo que ahora hacemos nosotros, siglos más tarde. Los primeros cristianos que llegaron a este lugar del mundo que hoy llamamos América le daban a la Virgen el nombre de "la Conquistadora", ya que los indígenas eran reacios a la nueva religión que les traían pero, por alguna razón que no es posible explicar, estaban prendados de las estampas de Ella que les mostraban y entre las primeras palabras que aprendían del español estaba "María". Pero ¿por qué sentían esa atracción extraordinaria conquistadores y conquistados, caballeros y atorrantes, santos y pecadores? ¿Por qué la Virgen era y es tan amada en Latinoamérica? Tal vez la explicación esté en una de las palabras con que los aborígenes de la Mesopotamia argentina llamaban a Nuestra Señora: Manchic, que significa "Madre". Así se la vive desde siempre, como la que nos cuida, la que sufre por nuestras torpezas espirituales, la que aboga por nosotros, la que pareciera estar siempre rogándole a Su Hijo para que nos perdone por tanta estupidez. Manchic. La Mamita.

LA VIRGEN DESATADORA DE NUDOS
La nueva, pero no mucho

¿Quién no tiene en su vida un nudo que desatar? El que levante la mano ante esta pregunta es un mentiroso o vive en un frasco. Hasta la Madre Teresa luchó toda su vida para desanudar problemas que, si bien eran ajenos, ella hizo propios y de allí su grandeza. O Juan Pablo II, peleando por lustros con sus golpes a la salud que, a pesar de no ser poca cosa, no lograron doblegar su espíritu. A menudo se comete el error de creer que hay personas que pasan por la vida sin que ésta los rasguñe sólo porque son importantes, ricos, saludables, famosos, bondadosos e incluso santos. No hay tal. En la existencia de absolutamente todas las personas hay tinieblas y dolores. Tal vez para que demostremos hasta qué punto nuestra fe no es de madera barata sino de acero, como una prueba más que nos hará sentir mejores si la superamos, ya que lo que no mata fortalece. O tal vez deba haber momentos de oscuridad para que luego podamos apreciar mucho más los que están llenos de luz. Si no existiera la noche uno no apreciaría tanto el día. Hay miles de ejemplos notables. Y nada menores, como Don Bosco, al que algunos de sus propios superiores de la Iglesia quisieron meter en un manicomio porque no entendían su cercanía a lo sobrenatural. O San Francisco de Asís, que para simbolizar su absoluta entrega a Dios, dejó todos sus bienes familiares, que eran muchos, y quedó desnudo como una lágrima en la plaza del pueblo, lo que le valió ser apaleado por otros fieles e incluso que no se le permitiera la entrada en la iglesia del lugar por considerárselo loco, ya que sólo un loco podía hacer algo como abandonar una vida de lujos para entregarse a la humildad y ayudar a los pobres, je.

O, sin ir más lejos ni tan santo, cualquiera de nosotros, cualquiera de ustedes que pueden tener en este mismo instante un problema familiar, laboral, económico, espiritual, sentimental, de salud, de fe, de angustia o los cien mil fantasmas de las tinieblas que parecen acecharnos a la vuelta de cualquier esquina. Todos tenemos nudos que quisiéramos desatar. Tal vez por eso la advocación de Nuestra Señora Desatadora de Nudos es cada día más popular. Lo que no significa, como algunos piensan, que se trata de una moda. Una moda. No puedo imaginar un desatino así. "El año que viene se va a usar mucho Nuestra Señora del Rosario, no se la pierda"; "Si usted quiere estar al día acérquese a la Virgen de Guadalupe. ¡Llame ya! Si lo hace en la siguiente media hora se lleva un santito sorpresa de regalo"; "No pierda tiempo con advocaciones que eran de nuestras abuelas. Internet le ofrece una amplia gama de vírgenes para que sepa cuál es la que mejor le cae a su alma, como hecha de medida. Compruébelo". No hay modas en esto. En primer lugar, estamos hablando siempre de María, como está dicho. Además, la advocación de la que hablamos no es nueva, no fue creada especialmente para los que tenemos nudos en esta época llena de ellos. La imagen que la representa fue pintada alrededor del 1700, hace 300 años, vaya moda. Nunca pudo saberse quién fue el autor de esa pintura, cuyo hogar original siempre fue la iglesia de San Peter am Perlach, en Augsburgo, una ciudad del sur de Alemania que tiene hoy alrededor de 300.000 habitantes y que fue cuna de personajes tan fuera de lo común como Wolfgang Amadeus Mozart, Bertolt Brecht o el ingeniero Rudolph Diesel, inventor del sistema de motores que lleva su nombre. Allí hay templos católicos bellísimos e imponentes, como la catedral de Santa María, pero el cuadro del que hablamos siempre estuvo en esa sobrecogedora pero sobria iglesia construida alrededor de 1050. Por alguna razón, nunca pudo conocerse el nombre de quien plasmó esa pintura. La reproducción perfecta que está en la Argentina es obra de la artista plástica Ana Betta.

Es una imagen de la Inmaculada rodeada de ángeles, dos de los cuales se destacan a sus pies, a izquierda y derecha. Uno le alcanza una cinta que tiene muchos nudos y embrollo. Al pasar por las manos de la Virgen, el segundo ángel recoge del otro lado la cinta, ya lisa y restaurada. Hay otras imágenes, como la serpiente a la que Nuestra Señora le pisa la cabeza mientras desata los nudos, ya que ese símbolo pertenece justamente al maligno traidor que es el especialista en embrollar vidas, cintas o lo que le pongan por delante, aunque prefiere almas. Ya que hablamos de él, es bueno contar que hay autoridades eclesiásticas que aconsejan no llamar a esta advocación con el nombre que algunos fieles lo hacen para abreviar: "la deSATANudos". Como ven, la razón está tipográficamente explicada. Mencionar a la bestia sin darnos cuenta y, lo que es peor, convencidos de que nombramos algo de la Virgen, es para algunos una trampa que nos tiende. Puede sonar exagerado pero, yo al menos, no tengo ni la menor intención de hacerle publicidad subliminal. La manera feliz y correcta es, entonces, "la Desatadora de Nudos".

Otro detalle muy importante del cuadro es que, sobre la cabeza de la Inmaculada, flota una paloma blanca con las alas abiertas: el Espíritu Santo que la asiste por siempre, desde siempre y para siempre.

El simbolismo es francamente hermoso y muy simple, siendo éste el motivo más claro de la creciente popularidad de esta advocación. Ya en el Concilio Vaticano II, realizado entre 1962 y 1965, las autoridades eclesiásticas dejaban escrito: "...así como una mujer nos trajo la muerte, una mujer le dio Luz a la Vida... El nudo de la desobediencia de Eva está desatado por medio de la obediencia de María. Eva ató el nudo del pecado por su incredulidad y María lo desató por su fe".

Algunos pueden preguntar —y es válido— por qué sólo desde 1997 comenzó a popularizarse en la Argentina la Virgen Desatadora de Nudos si en el país, históricamente, hemos tenido nudos de todo tipo como para exportar al mundo entero y planetas vecinos. La respuesta es simple: la imagen de Nuestra Señora Knotenlöserin (que significa literalmente "la que desata los nudos") es traída por primera vez a la Argentina, en forma de estampas, por un sacerdote que había viajado a Alemania en 1984. Solita, la advocación fue creciendo en todo el país, poco a poco. Hasta que fue necesario un lugar físico donde ubicar una imagen para que sus ya miles de devotos pudieran visitarla en su casa. El lugar, por iniciativa de un grupo de marianos, fue la parroquia de San José del Talar, en la calle Navarro 2460, en Buenos Aires. La fecha de entronización fue el 8 de diciembre de 1996. En los años siguientes fueron creciendo los devotos que se iban enterando de esa imagen y llegaban a orarle con sus nudos a cuestas. El 8 de diciembre de 1998 fueron unos 70.000 los visitantes. En 1999 sigue creciendo la devoción y hay muchos testimonios de gracias recibidas. También, por supuesto, crecieron negocios anexos, como la venta en las cercanías de velas con siete nudos y cintas —¿cómo perderse eso?—, que fueron denunciados públicamente por el padre Rodolfo Arroyo, párroco de San José del Talar, que puso en claro que lo único que la Virgen pide es oración y amor sincero.

Nuestra Señora Knotenlöserin (no intenten pronunciarlo a menos que se llamen Otto o Frieda) es otra forma de ver a María pero, como en todas, destaca su rol de Madre, Ayuda, Protectora, Amiga.

MARÍA AUXILIADORA
No podía faltar

Esta advocación tiene dos historias personales que se revelarán al final. Mientras tanto, vamos al principio, ya que eso se estila. Las cosas de la fe casi nunca fueron fáciles, para qué nos vamos a engañar. El padre Mascardi, un jesuita que a fines del siglo XVII llevó a la zona patagónica argentina el mensaje de Cristo, fue un mártir más, asesinado por los aborígenes. Pero antes de eso, logró instalar, en 1672, una imagen de la Inmaculada en una misión pegadita al lago Nahuel Huapi. Los indios de la zona no aceptaban graciosamente a esos hombres de mirada tierna y carácter firme. Y la única reacción que tenían cuando no aceptaban a alguien era la que pusieron en práctica: los mataban. A la imagen de la Virgen la tiraron al lago, pero, como ocurrió tantas veces que ya ni recuerdo, reapareció sin que nadie supiera cómo ni a través de quién. Cien años más tarde, a la Inmaculada se la veneraba en la zona bajo el nombre de Nuestra Señora de las Nieves. Pero allí estaba, casi olvidada, sin que se la homenajeara como es debido, pobre Mamita. Claro que aparecieron los salesianos, los hijos del gran Don Bosco que tuvieron como misión especial la evangelización de la patagonia argentina. Y no eran ni tibios ni lentos. Necesitaban mucha ayuda para pelear, a fines del siglo XIX y principios del XX, con las armas que Dios les permitía: la Cruz, el rosario, la oración, la frente alta y el corazón contento. Hoy uno no se da cuenta, siquiera, pero esos hombres eran machos en serio, nada de hacerse los guapos con cuchillo, revólver o frases dichas con un estúpido tono amenazador, sino con aquello que Dios les había dado y que tenían muy bien puesto: la fe, claro. Tanta era la ayuda que necesitaban que recrearon allí mismo la advocación que con su solo nombre ya explica aquellas necesidades: María Auxiliadora. La que auxilia a los cristianos, la que con su mención deja en claro la misión de la Virgen con respecto a todos nosotros: cuidarnos, ayudarnos, ser mediadora ante Cristo, rogarle al Padre y a su Hijo por nosotros, saltar como un animal herido para cubrirnos con su manto y defendernos cuando lo necesitamos. Es más María Madre que nunca. La que, por cada uno de sus hijos, nosotros, pide, ruega, solicita o exige. Dios mío, qué símbolo tan bello para una religión tan bella como la nuestra. Ya en el siglo XVI, y bajo la advocación de Auxiliadora de los Cristianos, se le adjudicó el triunfo contra el ejército turco, que era superior en fuerzas, en la batalla de Lepanto, pero que, a pesar de eso, fue vencido bajo el amparo de María. Se repiten triunfos similares y su nombre se hace popular, más que nada, entre los guerreros del cristianismo. Pero en el siglo XIX aparece en el panorama del misterio un personaje que oscila entre lo maravilloso y lo práctico, lo inexplicable y lo efectivo, lo milagroso y lo racional: San Juan Bosco, Don Bosco. Sería el encargado por decisión divina de la difusión de María Auxiliadora a través de los grupos que fundó y que hoy gozan de excelente salud espiritual: la orden de los salesianos; las monjitas hijas de María Auxiliadora y los cooperadores salesianos. De allí partiría esa advocación, poniéndole el pecho al viento y a la muerte misma, en la difícil pero rescatable Patagonia, en el difícil pero rescatable mundo.

Ahora sí podemos ir a esa cosa personal de la que hablaba al principio. Hay un cura joven y con aspecto de galán, según me cuentan, al que le tengo mucho cariño aun cuando nos conocemos desde hace años sólo por teléfono. Se llama Fernando Abraham y hay mucha gente que lo ama y lo sigue. Es un empecinado de María, bendito sea. Como tal, comanda la nave de su parroquia, en Avellaneda, Buenos Aires, de una manera tierna y cercana a los fieles que a menudo viajan hasta del interior del país para asistir a sus misas para los enfermos y a su entrega. Este joven tan especial tiene una secretaria, mano derecha, ayudante y casi madre suya en esta tierra que se llama Dorita Philpotts, algo así como su ángel guardián. Cuando mi querida amiga Dorita se enteró del tema de este libro me encaró telefónicamente con duro tono de "guay-de-vos-que-no-lo-hagas", diciendo: "Me imagino que en las advocaciones estará la de María Auxiliadora, ¿no?". En realidad no. No estaba. Las advocaciones son muchas y había que elegir un manojo entre las más populares. Y la Auxiliadora no estaba en esa primera selección. Pero antes que enfrentarme con la fe de Dorita prefiero hacerlo con una manada de lobos que no comen desde hace un mes. Por eso aquí está. Y me permite, en una de esas carambolas que tiene el destino, homenajear y agradecer a Fernando Abraham y a la misma Dorita por todo lo que hacen por la gente, dando su alma y no pidiendo nada a cambio, ni siquiera un agradecimiento. Que María los siga auxiliando como lo hace, en esa vocación de vivir para los demás.

Y luego apareció la segunda cosa personal. Hablando con mi hermano mayor y guía, monseñor Roque Puyelli, le conté lo que acaban de leer. "María Auxiliadora es fantástica —me dijo—. ¿Yo no te conté lo de Puga?" No. No me había contado. Pero lo hizo y lo reproduzco para ustedes, en forma breve pero contundente. Roque era capellán de la Fuerza Aérea argentina durante la guerra de Malvinas. Más aún: fue el único cura que estuvo desde el primer día hasta el mismo final. Y más: tuvieron que meterlo casi a los empujones en el último avión Hércules C-130 que salió de las islas, porque él quería estar al lado de los que se quedaban. Se defendió hasta con su corpulencia, que es la de un boxeador profesional peso pesado, pero prácticamente lo metieron entre varios en el Hércules, en parte hablándole para que entendiera que eso era lo mejor para todos y en parte a los empujones porque el cabeza dura insistía en quedarse y el avión hacía un rato que estaba con los motores bramando, su capacidad colmada y poquísimo tiempo para levantar vuelo antes de que apareciera el enemigo. Por eso Roque conoce de primera mano muchas historias que se vivieron en la guerra de Malvinas. Ésta es sólo una de ellas.

El teniente primero Luis Puga comandaba su avión y llevaba cumplidas varias misiones con éxito, pero en uno de esos vuelos solitarios en que la fe se transformaba a menudo en compañía y sostén, se encontró de pronto con un caza enemigo, una nave muchísimo más sofisticada que la suya, con rapidez superior y armamento más completo. Se enfrentaron en una desigual batalla aérea que equilibraba las cosas sólo con el coraje del teniente primero Puga, el mismo que tuvieron todos sus compañeros, al punto de ser alabados públicamente por los pilotos ingleses al terminar la contienda. El caso es que el avión argentino fue herido de muerte y su único ocupante debió "eyectarse" antes de que la nave se estrellara. Lo hizo, pero todos ellos sabían qué significaba caer en las aguas heladas del Atlántico Sur. Puga soltó el arnés del paracaídas en cuanto su cuerpo tomó contacto con el mar. En ese lugar no servía de mucho la ropa especial que llevaban los pilotos; la muerte era irremediable en algo más de un par de minutos. El teniente no ignoraba eso, por supuesto, y decidió entregar su alma al Señor después de comprobar rápidamente que la costa ni siquiera estaba a la vista. Se dejó flotar. Pensó en su familia, pensó en Dios. La modorra previa a la pérdida de conocimiento y la muerte ya lo alcanzaba. Casi no sentía su propio cuerpo que se mecía despacito en el medio de una nada helada y hostil. Cuando uno se siente cerca de la muerte a veces tiene reacciones impensadas, gestos en apariencia menores, actitudes pequeñas si se tiene en cuenta el momento. Luis Puga tuvo uno de esos gestos: levantó el brazo izquierdo pesadamente y lo elevó como pudo para mirar nada menos que el día y la hora en que iba a morir. Una manera de no sentir que se perdió el control por completo, quizá, no lo sé. Al clavar sus ojos colorados de sal y adrenalina en el cuadrante de su reloj, leyó el día: 24 de mayo de 1982. El día era 24 de mayo. Pareció despertar como si una fuerza muy superior lo sacudiera y se dijo, tal vez en voz alta: "Hoy es el día de María Auxiliadora. Es 24 de mayo. Por mi mujer y mis tres hijos, María, no me dejes morir ahora y aquí. Hoy es tu día, justo tu día, y yo soy devoto tuyo y espero tu auxilio". Pero inmediatamente se desmayó. Cuando recuperó el conocimiento estaba en tierra, boca arriba, a orillas del mar que misteriosamente lo había arrojado allí y —mucho más asombroso— aún con vida. No había nadie en ese lugar. No tenía ni idea de cómo había llegado a una costa que ni siquiera había alcanzado a ver desde su lugar en el mar, y no entendía como no había muerto congelado. Pensó en María Auxiliadora y me lo imagino desmayándose otra vez, ahora con algo parecido a una sonrisa bailándole en los labios morados por el frío. Poco después lo rescatarían para llevarlo a Puerto Argentino.

Una vez más, la Auxiliadora de los cristianos había obrado.

Y yo que pensé que no tenía suficientes datos de esta advocación. Je. Como si fuera yo el que escribe el librito, a ver si me la creo.

LA VIRGEN DE SCHOENSTATT
La *mater*

José fue muy travieso desde chiquito. Y muy cuidado por su ángel, de eso no hay duda, ya que en por lo menos tres ocasiones su vida corrió serio riesgo durante su infancia y las cosas no cambiaron al crecer. Ocurre que José siempre fue bondadoso, cálido y hasta cándido, pero apasionado por lo que amaba. Así nos quiere Dios, al fin de cuentas. A los tibios los vomita, como lo dice La Palabra; a los fríos debe de mirarlos con pena; y a los vitales que defienden con coraje las buenas causas les sonríe y seguramente los protege porque ellos a menudo no piensan en consecuencias y, bueno, Alguien tiene que hacerlo.

José tenía tres años cuando cayó en un pozo profundo, y fue rescatado de allí, luego de mucho trabajo, por su propio abuelo. No respiraba y no daba señales de vida. La enfermera que lo llevaba en brazos no sabía qué hacer, pobrecita. José no recuperaba la conciencia. La enfermera dijo en voz alta algo que pretendió alentar a todos, incluso a ella, aun cuando no creía demasiado en sus palabras: "José pronto se pondrá bien, irá al jardín de infantes otra vez y allí le regalarán un santito". Fue como si hubiera pronunciado un conjuro mágico; el pequeño abrió los ojos y dijo sin dudar: "No voy a ir a ningún jardín de infantes y no quiero ningún santito". Ya estaba otra vez en movimiento, dejando bien en claro que el colegio no le gustaba nada y que no lo convencerían ni con santitos. No podía saberlo, por supuesto, pero él estaba en el mundo para ser, tal vez, uno de esos santitos. Lo de la escuela no era una simple rebeldía sino algo más profundo que mantuvo a lo largo de toda su vida: defendió siempre la individualidad y no le gustaba nada cualquier cosa masificadora que, de por sí, despersonaliza. En 1941 lo demostró con la acción: en pleno apogeo nazi en Alemania, su país natal, se refirió pública- mente al símbolo de la cruz esvástica diciendo: "Nosotros nos mantenemos firmes, fieles a la Cruz de Cristo". Eso le costó ser enviado al campo de concentración de Dachau. Pero antes de eso, el padre José Kentenich —tal su tarea, su nombre y apellido— había dejado semilla.

Nació en 1885 en Colonia, Alemania. Su infancia no fue fácil no sólo por las veces en que estuvo a punto de dejar este mundo sino también por las dificultades económicas de su familia. Eran tan serias que la madre de José lo llevó a los nue- ve años de edad a un orfanato donde lo dejó, entregándolo y consagrándolo a la Virgen. El chiquito travieso ya sentía una inmensa atracción por la Santísima, al punto de haberle es- crito un poema tan elemental como dulce y sincero.

No vayan a creer que la gente como él no sufre el ataque de miles de preguntas sin respuesta. Son humanos y tienen crisis como el más pintado. José tuvo la suya estudiando filo- sofía, preguntándose el porqué y el para qué de muchas cosas, tratando de medir la justicia en el mundo pero haciéndolo con el centímetro humano, claro, que no sirve, ya que sólo Dios tiene la medida de las cosas y todas las respuestas. Pero José fue rescatado de esa crisis por Aquella a la que se había consagrado y que ahora le devolvía las fuerzas y la fe.

Habiendo estudiado con los palotinos, se ordenó como sacerdote en 1910. Deseaba ser misionero en África, pero parece que había otros planes para él, ya que su salud no se lo permitió y dos años después lo nombraron director espiritual del seminario de Schoenstatt. Los alumnos lo querían de manera especial. Era tan bueno, tan humilde, tan amoroso y, a la vez, tan firme, tan luchador, tan corajudo. Pero al maldito enemigo de la cola este tipo de gente le molesta mucho, así que volvió a atacar: el joven padre José Kentenich enfermó gravemente. Los médicos le dieron no más de dos meses de vida. Claro que él estaba consagrado a María, la mayor defensora que puede haber en los ataques del coludo. No murió en esa ocasión. Es que tenía aún cosas que hacer. Era 1914 y su amor inquebrantable por la Virgen hizo que le creara un pequeño santuario en una capilla del seminario de Schoenstatt. Los estudiantes lo acompañaron en aquella fundación en que nacía una advocación nueva, aunque el resultado inicial no fue ni inmediato ni explosivo. Pero fue.

El tema central de aquella devoción era —y sigue siendo— una muy fuerte alianza de amor entre la Virgen y quienes se acercan a Ella. Esas cosas no desaparecen así como así. Aunque a su fundador lo mandaran a un campo de concentración durante cuatro años, como ya está dicho. Al tiempo de su cautiverio le fue dada la posibilidad de ser liberado, pero el padre José Kentenich la rechazó con humildad. Dijo que creía que allí dentro lo necesitaban más que en cualquier otra parte, allá afuera. Y no se equivocaba. No solamente fue el faro que llenó de luz los corazones de los prisioneros sino también de unos cuantos de sus guardias. En Dachau era, simplemente, "el Padre". El hombre que, ya con 55 años cuando fue enviado a esa prisión, y a pesar de una salud que siempre flaqueaba, escribió: "Para mí, cruz y sufrimiento, desprecio, oprobio, deshonra y renuncia es lo más valioso. Son los regalos de mayor valor que el amor del Padre me envía para que me aseme al Salvador y, en Él, atraiga de manera especial la complacencia del Padre."

Es muy fácil leerlo, incluso decirlo o escribirlo, pero no llevarlo a la práctica como el padre Kentenich lo hizo. Hay que tener la sotana muy bien puesta. Y buscar fuerza en la oración, como él lo hacía.

Fue liberado de Dachau en abril de 1945, ya en el final de la guerra. Y volvió a su oratorio de Schoenstatt. Tampoco entonces las cosas fueron con finales felices como en las películas. Tuvo que luchar mucho, pero siempre cobijado por la Virgen y sin quejarse. "Yo siempre estoy alegre en las manos de la Santísima", dijo alguna vez. Y la perseverancia lo premió: la obra de Schoenstatt fue recibiendo cada vez más gente deseosa de ayudar a otra gente en nombre de María. En 1965, y después de una audiencia privada con Su Santidad Paulo VI, volvió a ponerse al frente de lo que él fundó y, una vez más, en manos de la Virgen.

Los santuarios marianos bajo esta advocación se multiplicaron no sólo en Alemania sino en el mundo entero. Nuestra Señora de Schoenstatt es conocida por todos los fieles con el cariñoso nombre de "la *Mater*", la Madre. El nombre completo es largo y descriptivo: Madre Reina y Victoriosa Tres Veces Admirable de Schoenstatt. Lo de las "tres veces" tiene una explicación. En realidad, más de una. Es Mater Admirabilis, como uno de los títulos de las letanías, en su triple condición materna: Madre de Dios, Madre del Redentor y Madre de los redimidos. También se lo interpreta como la Reina Victoriosa de las virtudes que bajo su amparo parecen crecer más aún: la fe, la esperanza y el amor.

La imagen es la de María con el Niño, pero de una manera muy especial. Si la ven, reparen en que las miradas de ambos están en un ángulo que nos abriga de frente pero que, a la vez, abarca todo a nuestro alrededor, supongo que como símbolo de estar cuidando por si hay basura cerca y, en ese caso, compactarla. Y observen que, más que sostener al Niño, la *Mater* y Él se abrazan como queriendo decirnos que son una sola fuerza, un único amor, la Alianza verdadera. Hay mucho amor en esa imagen, mucho compartir entre Ellos ese abrazo, protegerse mutuamente, hasta el ropaje que se funde y termina siendo común a ambos. Todo ese amor se dispara hacia quienes los amamos y veneramos. No es cuestión de perderlo, francamente.

El santuario principal de Schoenstatt en la Argentina está en las calles Misiones y Urquiza, de Florencio Varela, Buenos Aires. Y otro muy importante es el de San Isidro, también Buenos Aires, en las calles Elflein y Alto Perú. Ésos, como todos los del resto del mundo, están construidos a imagen y semejanza del original, representando la Alianza con María y generando una enorme cantidad de gracias para los que las requieren.

El 15 de septiembre de 1968 el padre José Kentenich dio

su última misa en la iglesia de la Adoración, del monte Schoen-statt, en Alemania. Al terminar, y estando en oración en la sacristía, se desplomó conservando un gesto de beatitud en su rostro. Entregó su alma al Señor a los 82 años de edad, 54 después de cuando le dijeron que le quedaban "como mucho, dos meses de vida". Ahora sí había cumplido la misión. Fue sepultado en el lugar donde cayó, en la sacristía. Y la placa que está sobre su tumba dice las palabras que él mismo había elegido hacía mucho como su único epitafio: *"Dilexit Ecclesiam"*. Significa, sencillamente: "Amó a la Iglesia".

Julián Ganzábal.
Siempre se puede volver a casa
(Testimonio de hoy)

La mundialmente famosa serie televisiva *La familia Ingalls* estuvo auspiciada por un grupo de iglesias evangélicas que aportó ideas y —no hay más remedio que admitirlo— sobre todo dinero verde para mostrar en la pantalla chica el fervor religioso y el alto sentido de moral de sus creencias. Lo mismo ocurrió hace unos años con una serie de televisión llamada *Petrocelli*. Esta vez quien pagaba y bajaba línea era la Iglesia católica de los Estados Unidos de Norteamérica, gente que sólo duerme a la noche y un rato no más. Petrocelli era católico, claro. De su mismo apellido se desprendía su origen itálico y su fervor vaticano. En la ficción se lo veía como un tipo común, capaz de cometer pequeños "pecados" (que a la larga lo hacían más humano), como el de engañar a un parquímetro poniéndole una bolsita que dijera "fuera de servicio" con tal de estacionar su camioneta gratis, pero absolutamente incapaz de romper normas morales establecidas: estaba casado, amaba profundamente a su esposa, ni por error se sugería que pudiera engañarla, en cada capítulo se lo veía construyendo ladrillo a ladrillo su casita con sus propias manos, a menudo ejercía gratuitamente su profesión de abogado para defender a minorías que lo necesitaran y —obviamente— de ninguna manera quebrantaría la ley de los hombres y muchísimo menos la de Dios.

En dos palabras: un ejemplo.

Los norteamericanos saben muy bien cómo manejar todo en medios de comunicación, incluyendo las religiones. Hace ya unos cuantos años había en los Estados Unidos una publicidad de televisión en la cual se veía, en treinta segundos, a un bebé llorando mientras le mojaban la cabecita en la pila bautismal. Luego, enseguida, se veía a un grupo de gente entrando un féretro en una iglesia. Después la pantalla se dividía en dos: en la mitad izquierda la escena del bautismo; en la derecha, la de la misa de cuerpo presente. Sobre esas dos imágenes clave el locutor decía con voz seria: "¿No les parece que es muy poco ir a la iglesia solamente dos veces en la vida?". Todo dicho, hermano. No hace falta agregar nada más, ni adjetivar, ni ponerse loco. El católico que veía eso entendía de qué le hablaban. Los norteamericanos saben cómo instalar una idea a través de los medios, con imaginación. Los católicos de allá ni siquiera hablaban de religión pero hacían que se viera cómo es uno de ellos con Petrocelli, una serie televisiva de éxito mundial en su momento. Aquí, el esfuerzo consistió por años en algo con menos producción, claro: cierre de transmisión, una de la mañana, un cura sumamente aburrido y con conocimiento cero en medios de comunicación que solía arrancar sus inaudibles monólogos con algo parecido a: "Amados hermanos...". Más o menos un milésimo de segundo después de dicha esa frase, el televidente ya había apretado el botón del control remoto que borraba inexorablemente al pobre cura, que quedaba más solo que Drácula en el día del Amigo. Afortunadamente ya no existe más en la tele esa pérdida de tiempo trasnochada que arrancaba con "amados hermanos" o algo similar. En lo que hace a algunas cuestiones, nuestra Iglesia está llena de especialistas en nada.

Volviendo al tema central: uno siempre creyó que los Ingalls eran el producto de una grata imaginación puesta al servicio de la tele, pero no. Los Ingalls existen, aunque con otro nombre. Esa familia impecable, moral, sanísima, pura, llenos de bondad y de fe, con verdadero amor por el prójimo, faltos de egoísmo por completo, dispuestos a dar todo lo que puedan al que lo necesite, vive en San Isidro, Buenos Aires, se llaman Ganzábal y tienen como cacique del grupo a un hombre al que sólo puede definirse como caballero: Julián.

Julián Ganzábal es, ciertamente, tan famoso como para figurar en los libros que hablan de la historia de los deportes:

fue campeón nacional de tenis, el número uno indiscutido, durante los años 1967, 1968, 1969 y 1970; reconocido mundialmente, fue —bien puede decirse— el que puso la pelota en movimiento para hacer de su deporte algo mucho más popular. Luego vendría Guillermo Vilas, que tomaría la antorcha y seguiría encendiendo con ella cada vez más corazones emocionados por el hallazgo de un entretenimiento que antes parecía reservado sólo a una elite. Y aun entonces, en los años 1971, 1972, 1973 y 1974, Julián Ganzábal fue el número dos cuando muchísima gente se había sumado a la práctica y la competencia era enorme. Un campeonísimo; eso ni se discute.

En esta charla, a mediados de 1999, Julián tiene 52 años, es un exitoso ingeniero que preside su empresa, Obras Civiles, haciéndola crecer casi tanto como su fervor religioso. Bueno, tanto no, como verán. Es muy alto y tirando a flaco, haría magníficamente el papel de Don Quijote y —ahora que lo escribo— se me ocurre que sería el ideal para él no sólo por su aspecto sino por su carácter: pureza casi inconcebible, sentido del honor, espíritu de lucha, nobleza franca y sueños centrados en mejorar el mundo aunque sea necesario enfrentarse solito con malísimos gigantes tan curiosamente parecidos a molinos de viento.

Algunos de ustedes podrán pensar que Julián Ganzábal me impactó profundamente y al hablar de él sueno medio parcial. En ese caso, tienen razón. No sé de qué lado se agarra una raqueta, así que lo mío no nace por el ídolo deportivo. Lo conocí por esto y me hice *fan* suyo, sí, pero como tipo.

Su casa es bella, no por tamaño o arquitectura, sino porque parece un nido grandote. Cuando uno entra siente que no es una casa, sino una frazadita para abrigarse el alma. Si fuera un ambiente de treinta metros cuadrados sería igual, porque esto se lo da quienes viven en ella. Claro que, en ese caso, vivirían un poquito apretados, ya que Julián y Florencia, su encantadora esposa de ocho años menos y brillitos en los ojos, tienen diez hijos. Realizo el saque o como sea que se llame eso de comenzar el partido.

—¿Cómo se dio tu devoción de hoy? ¿Cómo empezó todo? Porque algunos te imaginaban como una suerte de playboy o algo así…

Ríe mansamente.

—No, no. Playboy no fui nunca. Siempre fui de una familia de muy buena posición, campeón de tenis, esas cosas…

Tuve mi alejamiento de Dios, que se dio cuando empecé a jugar tenis profesional. El tenis es un deporte tremendamente egoísta; en un certamen, somos todos contra todos. Pero eso de playboy no. Yo me casé a los 26 años con Flopy, que tenía 18. No son cosas que haga un playboy...

—De acuerdo, pero digo "playboy" refiriéndome a un estilo de vida. San Agustín, con todo respeto y mucha admiración, era algo parecido en su época, antes de su conversión: de familia adinerada, se daba todos los gustos, una gran cultura, un hombre de mundo, bah...

—Vos sabés que nosotros nacemos en una familia de clase media media. En una casa bastante chica. Después mi padre, que es un hombre brillante, de enorme capacidad de trabajo, de honestidad, inteligencia, fue haciendo una posición y, cuando yo tenía nueve años, nos mudamos a una casa muy grande, en Martínez. Papá la había comprado para lotearla, pero se quedó con ella porque le gustó mucho. Esa casa tenía cancha de tenis, y por eso empezamos a jugar. Una casualidad... Durante el secundario se resintió mi vida religiosa hasta que conocí a una persona de quien me impactó mucho su vida y que me hizo volver a Dios. Paco García Haymes, alguien con fuertes convicciones. Por él y otros amigos comenzamos a ir a un grupo de formación religiosa, en San Isidro, que encabezaban dos curas que hoy son obispos: Justo Laguna y Jorge Casaretto...

—Me imagino que semejantes personajes ayudaron mucho.

—Sí, claro. Y algunas casualidades que recién advertimos después. Como mi casamiento, por ejemplo, que fue un 8 de diciembre pero sin planearlo nosotros. Siendo el día de la Virgen, yo creo que fue Ella la que eligió la fecha... O con los chicos. Al nacer el primero ya sabíamos que lo llamaríamos Julián y buscábamos un segundo nombre. Laguna me dijo: "¿Pero qué duda tenés? Julián María, en honor a la Virgen". Y así fue. Todos nuestros hijos tendrían luego un nombre que los ligaría a María...

—¿Todos? ¿Los diez?

Sonríe.

—Sí, los diez. Hasta hay una Mariana María. Esa vez, cuando volví del registro civil, Flopy casi me mata... Otros como homenaje: Paula, por Juan Pablo II. Y, en el caso de mi segundo hijo varón, porque yo había prometido que si el conflicto que casi nos lleva a la guerra con Chile era solucionado por la intervención del Papa, mi próximo hijo varón se llamaría como él. Y, bueno, así ocurrió...

—Decíme los nombres de todos, por favor...

—Bueno, por orden de nacimiento, mis hijos son: Julián María, que es ingeniero y tiene 24 años; María Jimena, que tiene 23; María Rosario, de 22; María Cecilia Paula, de 18; Mariana María, de 16; Juan Pablo María, que tiene 14; María Magdalena, de 12; María Agustina, de 9; María José, de 7, y Santiago María, que tiene 2 años.

—Maravilloso. Nadie puede dudar que antes del nacimiento del primero ya habías pasado la etapa de héroe deportivo alejado de Dios y se estaba dando la enorme devoción de hoy por la Virgen. En tu caso, el milagro verdadero es el de una fuerte conversión, ¿no?

—Más que nada, ¿sabés qué?... Yo pienso que hubo un cambio, pero con todo lo que nos queda por caminar, con todas las fallas que tenemos, con todo lo mejores que podríamos ser, aún falta. Siempre le digo a la Virgen: "¿Cómo me elegiste a mí, con la cantidad de defectos que tengo?".

En la casa de los Ganzábal se respira a la Virgen. Hay un montón de videos religiosos, muchos libros, cuadros de la Santísima, una paz que es difícil de contar. Flopy, su mujer, manda a hacer imágenes de la Medalla Milagrosa, las pinta, las vende a gente amiga y todo lo que recauda lo dona a quienes lo necesiten. Tanto ella como al menos tres de sus hijas van silenciosamente a ayudar a los habitantes de la villa de emergencia conocida como La Cava, un sitio donde la misma policía no se atreve a entrar, y no porque todos allí sean delincuentes sino porque los que sí lo son no son precisamente blandos. Es un "lugar prohibido" que atemoriza con su solo nombre al elegante San Isidro, en cuyo corazón está este asentamiento de miles de personas en un contraste brutal con las lujosas casas que lo rodean. Y ese temor alimentado por la realidad, pero también por una prensa impiadosa, se extiende a toda la zona norte del Gran Buenos Aires. El nombre de La Cava ya mete miedo. Sin embargo, Flopy y sus hijas entran cuando y como quieren, sin que nadie las moleste en absoluto. Por el contrario, las ayudaron a construir un oratorio con la imagen de la Virgen (obviamente) al que se acercan muchos de los que allí viven. A veces oyen algún disparo de arma de fuego o alguna pelea peligrosa, pero ellas son por completo respetadas desde que ponen un pie en los terrenos de la villa y, al minuto, son cientos los que se enteraron de su presencia y siguen en lo suyo porque saben que ellas van a ayudar porque sí. No buscan votos ni devolución alguna. Y la gente de La Cava lo sabe. Ésa es la familia que supo crear Julián Ganzábal. Aquellos con los que tuve el honor de tomarnos de las manos formando un círculo alrededor de la mesa para bendecir la comida de ese día, como todos los días. Y el jefe de esa familia, uno de los fundadores del oratorio de la Virgen de Schoenstatt en San Isidro, el que forma grupos y los lleva a San Nicolás, el hombre que vive en gracia permanente; es el que me está contando ahora que le dice a la Virgen: "¿Cómo me elegiste a mí, con la cantidad de defectos que tengo?". ¿Qué le queda a uno, entonces? ¿Llamar a un exorcista?. "¿Cómo me elegiste a mí?", le dice a María, será posible.

—Bueno, ésa es la pregunta: ¿Cómo te eligió a vos? ¿Pasó algo en tu vida para que llegaras a esto?

—Sí... En 1985 yo tenía... treinta y ocho años. Se organiza un campeonato de tenis, un campeonato de dobles, nocturno. Mirá lo que son los caminos del Señor... Yo era el número uno de la Argentina de los mayores de 35 y venía invicto, estuve invicto cinco años y medio; 155 partidos, gané 33 campeonatos seguidos, todo muy lindo, muchas copas, muy lindo. En ese campeonato que te digo me ponen de compañero con un amigo mío, Alejandro Mugica, con quien yo estaba peleado por un tema económico. Sin saber nada de eso, claro, nos ponen de compañeros en los dobles. Yo con una bronca terrible, pero no podía decir que no quería jugar con él, porque no era lógico andar ventilando nuestras cosas, así que ahí fuimos. Jugamos, pero yo evitaba hablarle. En el vestuario, Alejandro se me acerca y me dice: "Julián, no sé si sabés que la Virgen se está apareciendo en San Nicolás...". Era uno de los pocos que estaba al tanto, porque recién había pasado un año y medio desde la primera de las apariciones. ¿Pero viste que cuando uno está enojado con alguien o mal predispuesto ya ni escucha? Le dije: "Alejandro, dejáte de jorobar. ¿La Virgen se va a aparecer en San Nicolás? Vos solo te podés creer esas cosas". Y él me dice: "No, Julián. Vas a ver que esto es de Dios. El tiempo lo va a demostrar". Y me empezó a contar. Y él habla, habla y habla y no para, contándome todas las cosas que habían ocurrido hasta ese momento, los mensajes, los fenómenos, todo. Ahora, que lo veo a la distancia, me doy cuenta de que la Virgen lo que quería era que él me contara a mí todo eso, ese día, en ese lugar... Termina diciéndome: "Lo que la Virgen pide, igual que en todas las apariciones, es el rezo del rosario en familia". Yo, que seguía mal con él, le dije: "Bueno, Alejandro, ya te escuché. Me parece muy interesante todo lo que me decís, pero esto que me contás es imposible. Si con Flopy lo máximo que pude hasta hoy es rezar un padrenuestro, un avemaría y un gloria, y me parece muchísimo". Alejandro —yo no podía saberlo en ese momento— estaba lleno del Espíritu Santo. Y me dice: "Julián, me extraña mucho que me contestes así. Ponéte en las manos de Dios y vas a ver cómo todo es fácil". Me sopapeó. Me dejó tan golpeado que, al volver a la cancha ahí mismo, a jugar con una pareja a la que le íbamos a ganar por escándalo, terminamos perdiendo por escándalo nosotros... Y todo nacía de alguien con quien yo estaba muy enojado y que terminó siendo aquel al que le debo abrirme los ojos. Llegué a casa y le conté a Flopy. Me acuerdo de que, justo en esa época, teníamos una de esas etapas en las que hay esas cosas en la pareja, pequeños desencuentros, pavadas pero que hay que vivirlas. Igual le conté y le dije: "Yo, al principio creí que Alejandro estaba loco, pero cuando empezó a darme detalles, a contarme los mensajes y todo lo que estaba pasando, realmente me dejó pensando. Y encima, al final me dice que la Virgen pide el rezo del rosario en familia...". Flopy había sido siempre reacia a rezar juntos, era como que "yo quiero rezar por mi lado, ésas son cosas personales", algo así. Cuando le cuento eso, ¿sabés lo que me contesta Florencia?: "Bueno. ¿Por qué no empezamos esta noche?". Otro sopapo. Yo no esperaba eso ni por chiste. Y empezamos, no más, a rezar juntos desde esa noche.

—¿Y San Nicolás?

—Siempre en ese año, 1985, para Semana Santa, Flopy me dice: "¿Y si vamos a San Nicolás?". Bueno, allá fuimos. Participamos en una procesión en la que éramos unos sesenta apenas, y molestábamos en la ciudad, no nos querían. Hablamos con gente que estaba cercana a los hechos y escuchamos lo mismo que me había contado Alejandro Mugica. El Domingo de Gloria volvimos a Buenos Aires. Yo estaba impactado pero no convertido. —Sonríe. —Allí deben haberse reunido en el Cielo Jesús y María y deben de haber dicho: "Qué duro que es este Julián. Todavía no se da cuenta. Vamos a mandarle algún signo para ver si vuelve al redil…".

—¿Y lo mandaron, no más?

— Sí. El 23 de abril de 1985 yo voy a la oficina de un amigo mío que tenía una financiera, Miguel Ángel Prado, que fue campeón argentino de golf amateur tres años seguidos, para cerrar una operación. Yo tenía algo importante y más complicado que la oreja, pero que a último momento pude suspender y por eso nos vimos; eran días agitados los bonos, el dólar, el austral, todo eso. Pero no hay dudas de que se nos despejó el camino para que nos viéramos cuando hacía un año y medio que no ocurría. Otra casualidad… Al terminar el asunto del negocio, le digo que hay algo que quiero comentar con él y le cuento lo de San Nicolás, para saber qué pensaba. Miguel Ángel se empieza a poner pálido y a temblar. Le pregunto qué le pasa y me cuenta: "Hace más de un año y medio que no nos vemos, y vos me contás eso justo cuando esta misma mañana me pasó algo que me conmovió. Como todos los días, venía para la financiera caminando por la vereda de enfrente de la Catedral, por Diagonal, y siento que me toman del brazo, me cruzan la calle, me hacen entrar en la Catedral, me llevan directamente donde está la imagen de la Virgen de los Dolores, y siento una voz interior que me dice muy claramente 'Miguel, rezá un rosario'… Y ahora me doy cuenta de que es la Virgen que quería preparar mi corazón para esto que vos me venías a contar de San Nicolás"…

—Supongo que voy a hacer una pregunta tonta, pero ¿quién lo llevó del brazo de esa manera?

—No había nadie. No vio nunca a ninguna persona. Sólo sintió que lo tomaban del brazo y, bueno, todo lo que ya te conté. Nada humano lo llevó hasta allí justo en el mismo día en que yo le contaría a la tarde lo de San Nicolás. Miguel pasaba por esa misma vereda de Diagonal todos los días, pero solamente ése sintió lo que sintió.

—Como para no ponerse pálido…

—Pero hay más señales. Miguel cumplía años dos días más tarde, el 25 de abril. El día en que lo vi, el 23, al salir de su casa, su señora le preguntó si organizaba una reunión con amigos, algo. Y Miguel le dijo: "No. Este año quiero pasarlo de una manera especial", sin saber aún cómo sería ese manera y sin saber que estaba empleando palabras de la Virgen en sus mensajes de San Nicolás, cuando dice que "no dejemos pasar este momento tan especial"…

—Ya son muchas señales.

—Y bueno, "el momento tan especial" que eligió Miguel para pasar su cumpleaños fue viajar a San Nicolás en un micro con su familia y sus amigos. El 25 de abril de ese año, 1985, partimos con un ómnibus. Me acuerdo de que éramos veintisiete. Miguel, la señora, mi amigo Alejandro Mugica, su señora, un buen grupo. Mi hijo mayor toca la guitarra muy bien y todos veníamos cantando canciones a la Virgen. Al llegar a la entrada de San Nicolás, donde dejábamos la ruta, de golpe el ómnibus se llena de fragancia a rosas. Al principio uno es muy descreído. Les abríamos las carteras a las mujeres para ver si se había volcado un frasquito de perfume, le preguntamos al chofer si no había puesto desodorante de ambientes, mirábamos afuera para ver si había algún vivero de rosas. Y Alejandro me dijo: "No busques más. Ésta es María. Nos está diciendo que está muy feliz acá con nosotros y usa este signo para decirlo"...

—¿Todos sintieron ese aroma de rosas?

—Sí, todos. Además, ¿viste que cuando uno se pone un perfume, la fragancia es más o menos pareja? Esto aparecía, desaparecía, volvía a aparecer, de golpe no se sentía más y un segundo después inundaba todo el micro...

—Ráfagas de aroma. Todo el que lo vivió lo cuenta igual...

—De repente se iba y alguien, desde atrás del ómnibus, decía: "Acá, acá", y corríamos hacia el fondo y allí estaba. Íbamos de un lado para el otro del ómnibus, todos felices.

—Ya tenías bastantes señales, ¿no?

—Sí, cierto. Bajamos del ómnibus y entramos a la catedral de San Nicolás. En esa época aún no había santuario ni nada. Sólo alguna gente, no mucha, estaba allí ese 25. Entramos, Florencia al lado mío. Miramos hacia la imagen de la Virgen y yo... —su voz se emociona sin quebrarse, aunque es evidente que el recuerdo lo conmueve y lo hace hablar lento y pausado. —Como que sentí unas ganas enormes de reconciliarme con Dios. Al rato fui con el padre Hugo Detto, de quien desde entonces me hice muy amigo y que ahora nos está mirando desde el Cielo. Hice una confesión lindísima. Lloré mucho. También el padre Hugo, que se conmovió mucho por mi conversión. Y... Bueno, empecé una nueva vida. Con la Virgen. Una mamá tierna, que nos hace regalos, de quien experimenté muchas veces su presencia a mi lado, pero es una mamá también exigente, ¿no? Y yo hago con gusto lo que siento dentro mío que me pide, primero lograr uno mismo la gracia y después hacer lo posible para que llegue a los demás.

Francamente, admito que para muchos no es sencillo entender la absoluta entrega de Julián Ganzábal a Dios, a la Virgen, a la fe. Es cierto, no es fácil en estos tiempos oír esas palabras, sentir su corazón, pensar —como me ocurrió a mí— que uno está frente a una suerte de santo y, ya se sabe, los santos nos turban. Por la falta de costumbre, ¿vio? No hay muchos por ahí, no entregan, venga la semana que viene que voy a ver si le consigo uno, pero le va a salir un poquito más caro. Cuando le digo lo de santo, él se ríe y me dice que está lleno de tentaciones. Sí, pero la diferencia con la mayoría es que él las rechaza. La parte difícil es ésa, claro; si no, cualquiera. Lo que tiene este hombre es que te hace pensar. Contándote su vida hace que te replantees la tuya. La macana es que uno se compara con él y se siente poco menos que una porquería. Tal vez allí esté su apostolado: en que nos deja ganas de mejorar.

Con respecto a su estilo de vida fuertemente religioso, la explicación me la dio él mismo cuando se lo pregunté de una manera muy directa, casi atrevida, pero necesaria para escuchar su respuesta. Íbamos en su auto los dos solos. Me llevaba a la cena en su casa. Algo dijo con respecto a lo de la misa de esa mañana, un día de semana que no era fiesta de guardar. Hubo una pausita y el breve diálogo:

—¿Vos vas a misa todos los días, Julián?

—Sí —contestó con naturalidad mientras gambeteaba el tránsito con una envidiable paciencia—. Voy a misa y comulgo todos los días… —Otra pausa, un poco más larga, en la que yo pensaba: "Ingeniero civil, presidente de su empresa, visita las obras, tiene diez hijos, se ocupa de mil negocios, juega al tenis, viaja muy seguido a San Nicolás, todos los jueves a las diez y media de la noche se reúne con un grupo de oración que formó en el oratorio de Schoenstatt de San Isidro, y encima tiene tiempo y ganas para ir a misa y comulgar todos los días". —También rezo el rosario todos los días —agregó, metiéndose en mis pensamientos para complicarme aún un poco más—. Cuando puedo, incluso muchas veces cuando voy manejando solo…

—Voy a hacerte una pregunta algo desubicada, pero necesito escuchar tu respuesta, Julián. Disculpáme pero… ¿no es mucho ir a misa todos los días, comulgar todos los días, rezar el rosario todos los días?

Esquivó con suavidad a un Peugeot que frenó de golpe y al que yo le hubiera gritado alguna cosa, y respondió sin molestarse por mi pregunta, con su tono de voz absolutamente invariable, sin un mínimo agudo de más que suele aparecer cuando uno miente o se enoja:

—A mí no me obliga nadie. Lo hago porque lo deseo y soy muy feliz en la misa, al sentirme en gracia, al rezar. Si por alguna razón un día no puedo ir a misa, para mí a ese día le falta algo. Y algo importante. No soy un fanático. Trato de cumplir con lo que debo lo mejor posible y no me cuesta hacerlo, porque me da placer. Es una de las cosas que la Virgen te va enseñando: lo tenés a Jesús; ¿cómo no lo vas a aprovechar? Lo podés recibir a Él cada día. Es un regalo inmenso. Hay veces en que no tengo muchas ganas de ir, pero pienso: "¿Me lo voy a perder hoy a Jesús?". No, no puedo, no puedo perdérmelo…

—Tenés razón, pero yo lo siento a Jesús siempre conmigo, es mi amigo, y no voy a misa ni comulgo todos los días… ¿Lo mío no sirve?

—Sí que sirve. Hay una presencia espiritual de Jesús. Ahora está aquí, por ejemplo. En la Biblia, Jesús dice: "Mientras dos de ustedes se reúnan en mi nombre, allí estaré también yo". Vos y yo estamos haciendo esto por amor a Jesús y a María. Él está aquí, entonces. Pero hay otro tipo de presencia, más fuerte. En la misa no está sólo en espíritu sino también en cuerpo, sangre, alma y divinidad. Eso te da fuerzas, te inspira para ejercer mejor aún la fe. Es como el piloto, ¿viste? Cuantas más horas de vuelo tiene, mejor hará lo suyo. Aquí son horas de adoración que te van mejorando… Yo siempre digo que la Mamá que tenemos en el Cielo no hace más que pedirnos oración y que nos acerquemos a la Eucaristía. Bueno, la Virgen nunca pediría algo que no fuera bueno. ¿Cómo vamos a decirle que no? Cualquier cosa que nos pida la Virgen, aunque no comprendamos por qué lo hace, es buenísima para nosotros, buenísima para la humanidad. No se le puede decir que no a la Mamá.

—Yo te entiendo, te entiendo perfectamente, pero me imagino a alguien leyendo esto y preguntándose cómo es posible vivir así en estos tiempos. A unos meses no más del 2000, en un mundo donde a cualquiera de nosotros que dice públicamente que tiene fe ya hay quienes nos miran como a un bicho extraño, y ni te cuento si hablamos de milagros.

Nosotros, en general, los que tenemos fe, ya somos, para algunos, pájaros raros. Si encima, dentro del grupo de pájaros raros, aparece alguien como vos, de misa diaria, comunión diaria, rosario diario y que dice las cosas que decís, para algunos va a ser como si vinieras de otro planeta... Se van a preguntar, quizá, cómo podés ser así en un mundo como éste.

—Mirá, te doy vuelta la pregunta. Precisamente porque hoy es difícil vivir en el mundo, yo siempre me pregunto qué sería de mí sin la Eucaristía, ¿no?...

Listo. Punto. Terminado. No va más. Podríamos seguir hablando un millón de horas, pero el final de la entrevista era ése, la frase clave, poderosa, redonda, última y perfecta para terminar la primera parte de este librito. La segunda ahí espera para sorprenderlos como nunca antes.

SEGUNDA PARTE

LA NOVELA DE MARÍA
Una biografía muy autorizada

Nunca han leído algo como esto.
Nunca imaginaron tantos detalles.
Nunca se habrán sentido tan acompañados.

1

En el comienzo siempre fue el amor.
En el comienzo siempre fue el milagro.

Ana y Joaquín se amaban con una ternura tan simple
como la vida que llevaban. Vivían en Nazaret y no tenían
hijos. En una ocasión, Joaquín fue al templo de Jerusalén para
prometerle a Dios que, si les daba descendencia, Ana y él
consagrarían ese hijo o hija al Señor. En aquel tiempo era
importante aquello de aclarar —aun a Dios, que no necesita
aclaraciones— que daba igual si era varón o hembra, ya que
un hijo era altamente considerado mientras que una bebita
tenía marcado de antemano el duro camino de la relegación
que seguían todas las mujeres de la época en Israel. En todas
las casas judías había un lugar especial para los hombres y otro
para las mujeres. También en el templo ellas debían perma-
necer en un sitio en penumbras que habitualmente estaba
separado de la nave central por un enrejado de rombos o, en
el mejor de los casos, unos cortinados que marcaban la fron-
tera con los hombres. Ellos ocupaban el centro del templo,
desplegaban los rollos de la Sagrada Escritura, leían el legado
de los profetas y hasta opinaban o recomendaban conductas a
algún miembro de la comunidad. Porque aquel libro sagrado
no sólo era la base de la religión sino también la ley que los
regía en sus actos. Los hombres, entonces, eran quienes tomaban las decisiones. Ellas no. Por eso era importante que
Joaquín aclarara en su ruego que a Ana y a él les daba lo

mismo el sexo de su descendencia. Simplemente ansiaban ser padres por puro amor, con la sencillez de las cosas buenas. Ni siquiera habían pensado en que la Escritura condenaba con una maldición a quien no engendraba hijos para Israel. Ley dura, aquélla. Injusta. No pensaba en eso Joaquín, pero el sumo sacerdote de Jerusalén llamado Isachar sí que lo pensó, lamentablemente. Al ver al marido de Ana entre los hombres y llevando una ofrenda, lo detuvo con un gesto severo y lo increpó con cierta crueldad. Le dijo al pobre de Joaquín que sus presentes no serían aceptados y que él no debía estar allí, entre hombres capaces de fecundar, ya que Dios lo había considerado indigno de hacerlo y que por algo sería. Ley dura. Basura de ley. Nadie podía estar hablando en nombre de un Dios que castigaba al que ya tenía el castigo de penar por la falta de hijos. Isachar, por su parte, no iba a ganar ese año ningún premio a la simpatía y menos aún a la misericordia. No importa la religión ni el tiempo en que se viva, siempre hay sacerdotes magníficos y otros despreciables. Isachar no era magnífico.

Joaquín se sintió muy avergonzado de ser reprendido de esa manera frente al resto de los hombres, muchos de los cuales eran sus amigos o al menos conocidos. No volvió a su casa. Se escondió entre pastores con sus rebaños para llorar a solas su dolor, para no enfrentar la vida. Hoy se diría que Joaquín sufría una profunda depresión, pero como en aquel tiempo nadie tenía ni la menor idea de lo que significaba la palabra "depresión", sencillamente dijeron que huyó.

Al tiempo, y ante su sorpresa —y también su miedo, por qué negarlo—, se le apareció de pronto un ángel. No vayan a pensar que la cosa era sencilla, no, ni siquiera en esas épocas de un misticismo mucho mayor que el actual. Imaginen el momento: Joaquín está tranquilo, reposando, con la mente limpia como una lágrima. De pronto estalla un silencio absoluto. No más berridos de los animales ni cantos de los pájaros, ni el rozar apenas de la túnica de Joaquín cuando se da vuelta como para acomodarse pero advierte que su inquietud no es por la posición sino justamente por ese silencio denso y completo. Abre los ojos y una luz muy brillante supera la del día y, en medio de ella, una figura hermosa que se le acerca deslizándose apenas. Pocos mortales han tenido la gracia de ver algo como aquello, una imagen bellísima, rodeada de una luz dorada que parece contener todos los colores. Un ser espléndido, único, magnífico en su porte, extraordinario en su...

—Eh, eh, eh. Sin exagerar, Mariano.

Mariano es mi ángel, sepan disculpar. Tal vez algunos de ustedes ya lo saben, porque me ayudó en un par de libritos. Somos amigos, lo amo, me ayuda, me guía y lo necesito. Claro que me pongo un pelín nervioso cuando se mete en mis textos sin pedir permiso. Esta vez, como el tema es María, su ansiedad superó mis cálculos y tuve que acceder a su pedido: él sería el que se enfundaría mis dedos y escribiría lo relativo a la vida de la Virgen. Al fin de cuentas Mariano —que significa precisamente "de María"— la ama como sólo los ángeles pueden hacerlo y, además, por ser inmortal, vivió esa época y conoce a otros seres de luz que estuvieron allí. Tan cerca como para contarnos datos que casi nunca se cuentan. Buena idea eso de que Mariano encare esta parte del librito, pero debo seguirlo de cerca para evitar desbordes como el de recién, eso de meterle tantos adjetivos a un ángel. Será por espíritu de cuerpo, por sentido corporativo, por compañerismo, no sé. Pero me pareció exagerada semejante descripción.

—*Perdón. ¿Vos viste un ángel alguna vez?*

—No, claro. Ni siquiera a vos. A vos te siento dentro de mí o jugueteando alrededor, pero no me dejás que te vea. Nunca vi un ángel.

—*¿Y entonces cómo sabés que la descripción es exagerada?*

—Bueno, mejor continuemos, ¿eh? Quedamos en el momento en que a Joaquín, escondido por pudor, se le apareció un ángel.

Un ángel bien lindo, sí señor. Muy bello y lleno de luz, aunque a algunos les pueda molestar. Joaquín se turbó mucho y, como es de rigor en estos casos, lo primero que le dijo el ángel fue: "No temas". Por viejos secretos que nunca revelaremos, esas dos palabras —como siempre— fueron suficientes para que el hombre perdiera el miedo y sintiera una gran paz. Entonces el ángel le dijo que era un enviado del Señor para anunciarle que sus súplicas habían sido escuchadas. Aquello era muy justo, como no podía ser de otra manera viniendo de Dios, ya que Joaquín y Ana eran tan simplemente buenos que inspiraban ternura. No tenían fortuna, pero habían dividido todos sus bienes en tres partes: una para el templo, otra para los pobres del lugar y la tercera para vivir ellos. Bien merecido tuvieron ser Santa Ana y San Joaquín, tal como hoy los honramos, ya que su actitud ante las...

—¿Podrías no irte por las ramas, por favor?

—*Mirá quien habla.*

—Hoy no voy a discutir. Sigamos. ¿Qué le dice tu amigo?

—*Está bien. Fito le dice...*

—Perdón. ¿El ángel se llama Fito?

—*Sí. ¿Cuál es el problema? Es muy amigo mío.*

—No, no, no hay problema. Sólo me parece un nombre muy de entrecasa.

—*Seguramente te gustarían más los nombres que suelen inventar en sus libros algunos colegas tuyos norteamericanos: Azismael, Pedorreus o algo así. Pero no. Nosotros no somos esotéricos ni personajes de ciencia ficción. Estamos en las Escrituras. Y a los de la guarda, el nombre nos lo ponen ustedes. ¿El de tu amigo monseñor Puyelli no se llama Manolito?*

—Bueno, sí.

—*No parece muy sobrenatural el nombre Manolito. Suena más a cadete de farmacia que a ángel.*

—¡Eh! ¡No te permito!

—*Calma, calma. Vos sabés que Manolito y yo somos muy amigos desde hace siglos. Literalmente hablando, claro.*

—Ya sé, ya sé. Volvamos al texto. ¿Qué le dice el ángel a Joaquín?

Le dice algo que hace que me ponga serio. Sus palabras son:

"Tu esposa Ana parirá una niña y la llamarás María. De acuerdo con vuestro voto se consagrará al Señor desde su niñez y estará llena del Espíritu Santo desde el vientre de su madre. Y no comerá ni beberá nada impuro, ni vivirá en medio de las agitaciones populares del exterior... Y con el curso de la edad, bien como ella nació milagrosamente de una mujer estéril, de igual modo, por un prodigio incomparable y permaneciendo virgen, traerá al mundo al Hijo del Altísimo, que será llamado Jesús, el salvador de todas las naciones. Ahora vuelve a tu casa y te encontrarás en la puerta de Jerusalén con Ana, tu esposa, la cual está inquieta por tu retraso y se regocijará mucho al verte".

Y, una vez que dijo esto, el ángel se fue de junto a Joaquín, pero sólo para aparecerse a Ana, a quien también le dijo:

"No temas, no imagines que ves un fantasma. Soy el ángel que ha llevado vuestras oraciones a Dios y ahora he sido enviado por Él para anunciaros el nacimiento de una hija que se llamará María y que será bendita entre todas las mujeres..."

Le explicó lo mismo que a Joaquín y le dijo que fuera a la puerta de Jerusalén, donde, como una señal, encontraría a su esposo para que su alma ya no estuviera inquieta. Y así fue. Ambos corrieron con la esperanza y el misterio danzándoles en el alma. Se encontraron en la puerta dorada de Jerusalén y sintieron un vacío en el estómago y las manos húmedas. Se abrazaron con ternura, Joaquín puso luego esas manos en las mejillas de Ana y se miraron a los ojos, que estaban brillantes por las gotas de emoción que en ellos destellaban. Los que fueron testigos de la escena dulcificaron sus rostros al verlos irse, tomados de la mano, caminando despacio, metiéndose en la vida.

Pasado el tiempo, les nació una hija, a la que llamaron María tal como lo había indicado el ángel. Una hija que sería la única persona en la historia de la humanidad nacida sin pecado original. Lo que llamamos la Inmaculada Concepción. El motivo por el cual, cuando alguien saluda con el tradicional: "Ave María Purísima", se le contesta: "Sin pecado concebida". Lo que ocurre es que, muy a menudo, ustedes, los mortales, rezan mecánicamente, sin saber qué están diciendo. Les cuento que no sirve, si es que no se dieron cuenta. Más vale una palabra que sale del corazón que diez horas de rezo con piloto automático.

—Bueno, bueno, sin proselitismo.

—*Eh, nada de estar retándome a cada momento. Yo soy tu ángel, no el genio de la lámpara que está aquí para cumplir tus deseos. Sigo.*

Y María creció. Y fue llevada al templo para consagrarla a Dios. En el lugar había que subir quince gradas en una suerte de tribuna que llevaba al altar de sacrificios, y no era un fácil ascenso. Sin embargo, mientras sus padres se distraían por un instante, María —de sólo tres años de edad— subió por esas gradas sin ayuda de nadie y ante el asombro de muchos.

◆ ◆ ◆

Mis padres estaban cambiando sus ropas por otras más lujosas, adecuadas para honrar aquel momento. Pobres, mis amores, fueron los primeros en quedar paralizados, mirándome con sus bellos ojos muy abiertos mientras yo subía tramo a tramo. En ese momento sentía una fuerza que nunca pudo haber sido mía, era como si una mano gigantesca, cómoda pero firme, me empujara blandamente hacia arriba. Sin que aún nadie me lo hubiera dicho, yo ya sabía que sólo la mano del Señor podía ser así. Por eso subía sonriendo, por eso me sentía tan feliz. Desde entonces me crié en el templo y recibía a diario la visita de muchos ángeles que llenaban de mieles mi vida, cantaban melodías muy dulces y me guiaban en sueños por caminos brotados de flores.

◆ ◆ ◆

—¿Qué fue eso?
—No sé. No preguntes.
—Yo no escribí nada, Mariano.
— Yo tampoco. No preguntes. Creo que voy a llorar. Sigo.

La niña, a esa edad de tres años, lucía en su rostro un resplandor que algunos —los caritativos, los sensibles, las buenas gentes— sentían como una bendición, que los llenaba de paz, mientras que a otros —los envidiosos, los egoístas, los malintencionados— los enceguecía y, en la mayoría de los casos, les impedía mirar de frente a la pequeña. María oraba varias veces en el día con un lenguaje inusitado para alguien de su edad, adorando a Dios, a quien sentía como su Creador y también como su compañero. Luego, a pesar de no haber cumplido los cuatro, dedicaba una parte del día a trabajar la lana tejiendo mantas y chales que las mujeres adultas no lograban confeccionar con tal perfección. Y así fue creciendo, en cuerpo y alma. Mientras lo hacía, puede decirse de ella que nunca se la vio enojada con nadie, ni se la oyó murmurar chismes sobre otros, algo muy común, casi inevitable, en aquellos tiempos. Y no vayan a creer que era cosa de mujeres, como suele pensar la mayoría. Los hombres practicaban la vieja y repudiable artesanía del chisme susurrando rumores en cuanta oreja hallaban en el camino de sus bocas. También las mujeres, claro. Pero María no. Su charla estaba tan llena de dulzura desde siempre que se reconocía la presencia de Dios en sus labios. Como lo prometieran Ana y Joaquín, fue entregada al templo para su crianza y educación desde los tres años hasta los catorce. Tal era su devoción por la fe que no cesaba de alabar al Señor ni en las actitudes más cotidianas. Honraba al Creador en cuanta ocasión fuera posible. Bendecía al Señor todo el tiempo y, para no distraerse de esa misión, cuando alguien simplemente la saludaba ella decía como respuesta: "Gracias sean dadas a Dios". De aquellas palabras suyas se origina la costumbre aún vigente de usar la frase "Deo gracia" o "Gracias a Dios". Suele decirse con alivio porque algo bueno se ha dado o algo malo ha huido, siendo razonable ese alivio que los hace sentir a ustedes nuevamente amparados ya que la autora de esas palabras es el amparo mismo.

María tenía catorce años cuando el gran sacerdote del templo dijo públicamente que todas las vírgenes de esa edad que habían sido educadas allí debían volver a sus casas para desposarse. María se negó y recordó a todos que su virginidad estaba ofrendada para siempre a Dios. El gran sacerdote no sabía muy bien qué hacer, ya que no podía obligar a romper una promesa como aquélla ni tampoco olvidar la ley que ordenaba que Ella debía desposarse. Decidió que fuera el mismísimo Dios quien hablara a través de una señal. Recordando una antigua profecía, dijo que María debía ser desposada por aquel hombre cuyo cayado, aquellos altos bastones de mango curvo usados por los pastores, floreciera de golpe. Todos los varones en condiciones de formar familia se reunieron frente al altar, salvo uno llamado José, que creyó que él no merecía tanto. Y no floreció ninguna vara. Pero el gran sacerdote descubrió a José que intentaba esconderse y lo llamó ante el altar. Apenas llegó allí, el cayado de José floreció de inmediato y en su extremidad se posó una paloma venida del cielo. Era, entonces, el elegido para desposar a María. José ben Jacob, descendiente de la tribu de David pero hombre de pocos recursos económicos, ya que su familia se había enfrentado con Herodes —el gobernante que regía los destinos de Israel nombrado por el invasor Imperio romano— y todos sus bienes habían sido confiscados. Le quedaba su oficio de ebanista y carpintero. Era un buen hombre.

◆ ◆ ◆

Yo no podía comprender aún cuántos son los caminos del Señor. Solamente sabía que le pertenecía en cuerpo y alma y por eso me negaba a ser desposada por alguien, sin que importara quién. *No imaginaba lo que luego vendría; era imposible pensar en que sería elegida para algo tan maravilloso. Hoy ustedes conocen toda la historia; yo la estaba viviendo sin comprenderla todavía. Es extraño: ustedes, que viven en una época tan duramente material, pueden aceptar como natural lo sobrenatural que iba a ocurrirme, mientras que esa adolescente que yo era estaba ciega de tanto amor a Dios y no advertía que cada paso no era otra cosa que Su voluntad. También a ustedes les ocurre a veces algo similar, ¿verdad? No aceptan algo, se rebelan, se enojan, se resisten. Y olvidan que hay un plan divino, que hay cosas mucho más importantes que el motivo de ese enojo y que sus almas gozan de absoluta libertad para elegir. Dios nos extiende siempre la mano. Lo único que debemos hacer es tomarla. Pero a veces no nos damos cuenta, yo los entiendo.*

◆ ◆ ◆

—Mariano…
—*Ni una palabra, gallego.*
—Mariano…
—*Silencio, te dije. Voy a seguir con la historia. Tomá en tu mano el rosario que está sobre tu escritorio, vamos, vamos.*

EL HOMBRE QUE INVENTÓ EL ROSARIO

Domingo de Guzmán estaba enojado.

Domingo de Guzmán fue un sacerdote, teólogo y filósofo español que nació en 1170 y, a los 21 años de edad, decidió repartir sus bienes entre los pobres para dedicarse de lleno a la vida espiritual. Sería, con los años, el fundador de una de las órdenes religiosas católicas más importantes, aquella que en homenaje a su nombre se llamó y se llama "de los dominicos". Pero poco después del año 1200 el hombre estaba enojado. Advirtió que ciertos sectores de la Iglesia eran francamente repulsivos en sus actitudes, que el dinero parecía mandar, que la herejía estaba a la orden del día y que el cristianismo parecía perder terreno en cuanto se lo miraba con un poco de detenimiento. Los hombres que lo practicaban —muchos de ellos, al menos— no eran precisamente el mejor ejemplo de conducta. Santo Domingo (que aún no era santo, claro, al menos de manera oficial) buscó una solución desesperadamente. Le rogó a la Virgen que le diera la luz necesaria para ganar nuevos y buenos cristianos. En eso estaba cuando se produjo, ante su embeleso y sorpresa, una aparición de Nuestra Señora, que le dijo: "Estas tierras no darán buenos frutos si no se las riega con abundante lluvia de oración". Al principio Domingo hacía rezar mucho a los fieles, pero algo desordenadamente; luego comenzó a agrupar las oraciones y a pedir a la gente que meditara sobre los misterios de la vida, pasión y muerte de Nuestro Señor. Parece ser que finalmente advirtió que en la religión musulmana, nacida 600 años después de la cristiana, usaban de manera habitual en sus propios rezos un cordel que ataba varias cuentas o bolitas. Y entonces armó algo similar, enseñó a usarlo y comenzó a cosechar muchísimas conversiones. Había conseguido un objeto material que simbolizaba la oración en grupos o privadamente. Había inventado el rosario.

Con el paso del tiempo y hasta nuestros días, el santo rosario no sólo fue adoptado por todo católico sino recomendado de manera especial por la mayoría de los papas como un arma magnífica de defensa, una forma de acercarse más a la Virgen y al Señor, una manera de repasar la historia misma de la cristiandad. No sirve de nada rezarlo "por compromiso", de manera mecánica, como algunos hacen a veces con cualquier oración. Lo que importa no es terminarlo como una obligación sino rezar con él amorosamente, sintiendo cada palabra que se dice o se piensa, disfrutándolo y sufriéndolo.

En el santo rosario se medita mientras se avanza sobre tres misterios. Los gozosos, con cinco hechos clave de la vida de Jesús; los dolorosos, con cinco más, y los gloriosos, con otros tantos. La historia misma del origen del cristianismo está allí.

—Ya está aclarado. Seguí con la vida de Ella, vamos...
—*Hay un aroma a rosas. ¿No lo sentís?*
—Seguí, Mariano. Por favor.

La vida se vuelve fiesta

—Está todo tan silencioso, ahora... Lo único que oímos en medio de esta noche en que escribimos es una brisa suave. ¿Te das cuenta, galle?

—¿De qué?

—De lo que significa. El viento es también Ella; el viento es uno de los signos del Espíritu Santo, ¿lo sabías?

—Tenía una idea.

—Bueno, si vos lo decís, te creo. Ya era hora de que tuvieras una idea. Festejemos. Vamos a...

—Mariano... Quise decir otra cosa.

—Lo sé, lo sé. No pongas esa cara de nalga.

—¿Cómo?

—No dije nada malo. ¿Tu sentido del humor está en coma? Mejor, sigo. Lo que viene ahora lo van a disfrutar. Palabra.

PRIMER MISTERIO GOZOSO
La Anunciación

La casa de María no era grande. Como todas las de la época, tenía un único ambiente amplio y un sector cubierto por gruesos cortinados que de manera tradicional era el lugar del matrimonio y, a la vez, el sitio en el que el hombre de la casa se separaba del resto de la familia cuando deseaba estar solo. Joaquín ya había muerto cuando María salió del templo para ser desposada. Ese lugar, entonces, era el sitio elegido por Ana para refugiarse y muchas veces llorar a solas por la ausencia física de su esposo. No había muchos muebles: una mesa de piedra, unos bancos de madera rústica, almohadones y mantas. No había camas sino un par de colchones rellenos de paja, unos jergones. La casa era de piedra y las ventanas eran irregulares, ya que simplemente se trataba de huecos dejados para ese fin durante la construcción. La puerta de entrada era chica, como todas las de los labriegos de la zona. Una tradición decía que eran tan bajas para que los invitados, al entrar, tuvieran que inclinarse como en una reverencia respetuosa y, al mismo tiempo, para lograr que los dueños del lugar hicieran lo mismo como un agradecimiento a Dios por tener ese techo donde cobijarse. No había puerta. En su lugar una cortina oscura se mecía suave con el viento. No era necesaria una protección especial, ya que en Nazaret prácticamente no había ladrones. La ley de los invasores romanos era muy severa con ellos y más aún lo era la de los judíos, pero, sobre todo, no había ladrones porque no había casi nada que mereciera ser robado. Ciertas zonas eran de uso público para toda la comunidad, como el enorme olivar que estaba pegado a la casa de Ana. También había allí, como en casi todos los hogares judíos, una huerta y un pequeño corral. Al igual que en todas las casas, la primera tarea de la mañana era alimentar a los animales, ya que al hacerlo garantizaban su propio sustento.

LA FIESTA

Y llegó el día del desposorio de María. Ser desposada significaba pertenecer desde ese mismo momento al hombre que se le había asignado pero no tener relación matrimonial con él hasta pasado un año. Incluso en ese lapso los desposados seguían viviendo separados, cada uno en su casa. La ceremonia fue sencilla pero hermosa. Tal como lo indicaba la tradición, la gente del lugar no necesitaba estar invitada para ir a la casa de María. Más aún, si algún forastero pasaba por allí y deseaba sumarse al festejo, era también bienvenido. María y José estaban sentados a la cabecera de la mesa bajita, con las piernas recogidas y recibiendo a los que llegaban. Ella, como debía ser, demostraba de manera pública su pureza total a través de su túnica blanca y de su pelo completamente suelto, que caía en sus hombros como una caricia. La gente se acercaba y les llevaba algún presente, pero lo más importante era cumplir con otro ritual de las costumbres de entonces: era fundamental halagar a la novia en voz bien alta para que todos, en especial el novio, escucharan con atención. Cuanto más se alababa la simpatía, la belleza y la pureza de la desposada, más serían las bendiciones que la pareja recibiría. Nadie alababa la inteligencia, claro. Por esos tiempos a ninguna persona se le ocurría atribuirle semejante cosa a una mujer. Luego comían. Había verduras, almendras, higos, miel, hojaldre. Algunos chicos correteaban por el lugar, especialmente por el corral, que era su lugar preferido aunque tuvieran uno similar en sus casas. Los mayores usaban sus mejores ropas. Las mujeres vestían casi siempre de negro; los varones, túnicas amplias. Predominaban las blancas y las marrones, estas últimas sumamente populares porque ocultaban mejor el abundante polvo de aquellos caminos que por lo general sólo eran mojados por las escasas lluvias. Algunas personas calzaban sandalias, otras iban sencillamente descalzas. La mayoría llevaba, además de su presente, un ramo de flores silvestres —lirios, especialmente— que habían recogizdo en el campo y ahora usaban para adornar el lugar. El aroma de las flores se mezclaba gratamente con el de los aceites elegidos para la ocasión, que se consumían ahora en las lámparas colocadas junto a las paredes, y también con el de los ungüentos con que los hombres hacían relucir sus barbas y cabellos. Ellos demostraban su autoridad e importancia por el tipo de tela de sus ropas pero, más que nada, por los bordados y dibujos que lucían en los bordes de sus túnicas y por la forma en que cubrían sus cabezas: la mayoría con un manto y los destacados con sombreros a veces altos, con adornos. Allí, en la fiesta, el clima era más distendido que en cualquier otro tipo de reunión, pero las diferencias sociales o religiosas se mantenían a rajatabla. Alguien contaba una historia graciosa y, enseguida, aunque todos rieran, miraba el rostro del rabino buscando su aprobación. Otro cometía una involuntaria torpeza, como olvidar el pequeño protocolo, o simplemente tropezar o dejar caer una vasija de barro, e inclinaba la cabeza como esperando un reproche de la autoridad, que en realidad le clavaba una severa mirada que hubiera amedrentado al más valiente.

Quebrar la norma de casarse con alguien del mismo linaje habría sido una terrible imprudencia y, puede decirse, un delito. Eran muy rigurosos al respecto. Si un hombre de una familia de cierta alcurnia tribal decidía casarse con una mujer que no pertenecía al mismo rango, sus parientes llamaban a reunión a todos los de su grupo con sus hijos, aun los más pequeños, y les recomendaban que desde ese momento nadie debía volver a considerar al transgresor como uno más entre ellos. Por lo tanto, se prohibía para siempre que los descendientes del rebelde mezclaran su sangre con cualquiera de ellos. Ni hablar si uno en la pareja era descendiente de la casa de David. Como de allí nacería el Mesías, era impensable que el otro no lo fuera. En el caso de María y José se cumplían las normas; por eso no había tensiones entre los asistentes ni alguien que pudiera sentirse molesto por aquella unión. Salvo, claro está, más de cuatro jóvenes que miraban a la novia con ojos lánguidos de enamorados pero que debían aceptar las circunstancias aunque habían soñado con ocupar ellos el lugar de José, siendo María tan bella, tan buena, tan dulce.

El día fue avanzando, las alabanzas repitiéndose y las luces de las antorchas encajadas en las paredes de la casa fueron encendiéndose mientras el sol huía lentamente. Risas pequeñas y murmullos gratos eran otra música que se sumaba a la de las cítaras o al canto de algún salmo. La felicidad podía respirarse.

Así fue el día y el lugar en que se desposaron María y José. Luego se saludaron con una leve reverencia y una más leve sonrisa y cada uno siguió viviendo en su casa. Los desposorios eran una suerte de compromiso inquebrantable que tenía, para la ley hebrea, mucho más peso aún que la misma boda que se celebraría un año después. Ese compromiso sólo podía romperse con el divorcio. Solamente el hombre podía decidir divorciarse y no necesitaba excusas ni testigos; bastaba con decir a los jueces que su esposa había dejado de agradarle porque había descubierto en ella una fealdad que hasta entonces no había visto. Fácil. Claro que peor para las mujeres era la antigua ley de Babilonia según la cual el hombre debía cumplir un único trámite para divorciarse: simplemente decirle a ella la frase "tú has dejado de ser mi esposa", con lo cual la pobre tenía que irse de la casa en ese mismo instante y sin llevarse otra cosa que lo puesto. De allí que en Babilonia las mujeres fueran noche y día cargadas de joyas ya que, si su marido les decía la maldita frase de repudio, debían irse en el acto y al menos se llevarían con ellas el oro de sus collares, aros, pulseras y anillos, lo que venderían para vivir hasta conseguir una vida mejor.

—Perdón, yo aún estoy emocionado pero eso no me impide advertir, con todo cariño, que te has ido por las ramas de una manera impresionante.

—*Es verdad. Lo borramos.*

—No, me gustó. Pero seguí con el hilo central, por favor.

EL HILO CENTRAL

—Poner ese subtítulo no era necesario, Mariano.

—*Yo cumplo con lo que me pedís. Sigo.*

Lo cierto es que, tiempo después del desposorio, María estaba orando a solas en un rincón de su casa cuando se le apareció el arcángel Gabriel. Algunos creen que se asustó al principio por la visión, pero no es así, ya que María estaba acostumbrada desde chiquita a los ángeles. Es curioso, pero el único de los cuatro evangelistas que cuenta esta escena es Lucas, un médico que no conoció a Jesús pero que fue cristiano de los primeros años, aquellos en los cuales serlo podía pagarse con la vida. Lucas —muy meticuloso, cuidadoso de los detalles— investigó la vida de Nuestro Señor yendo a los lugares donde Él predicó y escuchando a muchos testigos oculares. Un muy antiguo relato afirma que Lucas, que también era pintor, hizo un cuadro con la figura de la Virgen y en aquellas sesiones en las que le pidió que posara, María, ya anciana, le contó los detalles más íntimos que luego adornarían su Evangelio. Ese mismo relato dice que Lucas usaba como soporte para su pintura una tabla que había sido cortada para esos fines por el carpintero Jesús. Yo, como ángel, sé si aquel relato es real o sólo un mito, pero no diré nada porque podría alterar el curso de la historia al corregir algo del pasado, y eso no me está permitido de ninguna manera.

—¿Y para qué lo contás, entonces?

—*Porque me gusta. Sigo.*

Lucas, decía, fue el único que cuenta la escena de la Anunciación. Y fue tal como él lo escribió. Gabriel apareció envuelto en luz ante la joven que lo miró de manera diferente porque el arcángel es diferente. Miró a la Virgen con dulzura y le dijo: "Dios te salve, María, llena eres de gracia. El Señor es contigo". Allí, recién allí, y no por la aparición en sí, Ella se sobresaltó o, como dice Lucas, "...se turbó al oír estas palabras". No al verlo, sino al escuchar el mensaje divino.

✦ ✦ ✦

Sentía que estaba sucediendo algo muy importante, pero aún no sabía qué quería decirme el ángel, y se lo pregunté. Gabriel, al verme tan turbada, me dijo que no temiera, que concebiría en mi seno y daría a luz a un hijo y que le pondría por nombre Jesús. También que sería Hijo del Altísimo y que el Señor Dios le daría el trono de David, que reinaría eternamente y que su reino no tendría fin. "¿De qué modo se hará? Porque no conozco varón", le pregunté. Y contestó: "El Espíritu Santo descenderá sobre ti y el poder del Altísimo te cubrirá con su sombra. Por eso el que nacerá será llamado santo, Hijo de Dios". Tal vez yo lo miraba aún con demasiado asombro por lo que estaba oyendo. Quizá por eso agregó para refirmar sus palabras: "Ahí tienes a tu prima Isabel, que era estéril y ha concebido un hijo en su ancianidad y ya está en el sexto mes". Hizo una pausa para que su siguiente frase estuviera muy remarcada: "Porque no hay nada imposible para Dios". Fue entonces cuando sentí un vacío en mi interior y una gran paz que me cubría como si me hubiera sumergido en una tina. "He aquí la esclava del Señor —le dije—. Hágase en mí según tu palabra." Y el amor llenó mi vientre.

✦ ✦ ✦

—Mariano, es demasiado esto que…
—Shhh, no quiebres el encanto. Sigo.

José llegó a Nazaret con la idea de casarse con María tal como habían acordado en el desposorio, pero enterado de que Ella sería madre, no quiso escucharla. Como era un buen hombre, no quería difamarla en público pero tampoco podía casarse, ya que pensaba que María había conocido a otro varón. Decidió dejarla e irse en silencio, sin repudiarla. Pero la noche anterior a su partida, un ángel se le apareció en sueños. También sólo uno de los cuatro evangelistas menciona este hecho, pero no es el mismo, el de Lucas, sino el de quien fue uno de los doce apóstoles y el primero en escribir la buena nueva, Mateo. Dice: "…se le apareció un ángel del Señor y le dijo: 'José, hijo de David, no temas recibir a María, tu esposa, pues lo concebido en ella es obra del Espíritu Santo'". Le anunció que la Virgen, sin perder su condición de tal, daría a luz un hijo varón al que llamarían Jesús, que significa "el Salvador", y que así debía ser porque salvaría a su pueblo de sus pecados.

José no dudó y enseguida tomó a María por esposa aunque, entendiendo ya lo que ocurría, mantuvo en Ella su castidad. Era realmente un buen hombre. Soportó, por ejemplo, que en el pueblo todos respetaran a María, de quien no tenían dudas por conocerla bien, pero le gastaran bromas a él o lo eludieran porque se decía que el pobre José no había sabido cumplir la promesa de esperar un año desde el desposorio y había forzado a la joven a la que ahora veían embarazada. El carpintero masticó sus silencios y se acostumbró a la soledad como lo hace la gente que tiene una enfermedad crónica. Sus amigos y vecinos lo evitaban con excusas, el pueblo lo miraba con reproches y él vivía en casa de María pero dormía en un lecho separado. A Ana, la mamá de la joven, al principio le llamó la atención ese hecho, pero luego lo atribuyó a que José debía de sentirse culpable por su presunto incumplimiento de promesa y ésa era la forma de autocastigarse. También ella dudó de él. Y no se le podía reprochar. Pobre José, mirando a su esposa con callado respeto, sabiendo que era la Elegida y sintiéndola como fuera de su alcance humano a pesar del amor que lo embargaba.

◆ ◆ ◆

Pobre José, es cierto. Más de una vez sentí el alma apretada al verlo sufrir los chismes y maledicencias de algunas gentes. Lo culpaban de no haber sabido esperar como la ley lo indicaba, pero aunque Dios, él y yo sabíamos que no era así, nada se podía hacer. En una ocasión me sentía muy conmovida por su humildad y su coraje, y me disculpé con él por su sufrimiento. José me miró con los ojos llenos de lágrimas y me dijo: "María, debería besar el suelo que pisas, alimentarme del aire que respiras, honrar lo que tocas, besar lo que miras. Este tonto dolor me engrandece. En tu nombre y en el del que vendrá a salvar el mundo y que ahora duerme en tu vientre. Nada puede ser más bello que cuidarte, ningún oficio ni ningún logro tienen tanto premio". Al oír esas palabras mis ojos se llenaron de lágrimas, sentí una inmensa ternura por José y di gracias a Dios por él.

◆ ◆ ◆

Luego viene el segundo misterio, gallego, y ni siquiera abras la boca para decir algo sobre esto. Hay cosas que no se explican y que sólo se deben sufrir o disfrutar. Nos tocó esto último, alégrate. Sigo.

SEGUNDO MISTERIO GOZOSO
La Visitación

Isabel, prima de María, era una mujer de edad avanzada que había sido estéril durante toda su vida. Su esposo era Zacarías, un hombre muy virtuoso, un viejo sacerdote que aceptaba la decisión divina. Pero también a ellos se les había aparecido un ángel para decirles que tendrían descendencia. Su sorpresa fue enorme y aumentó más aún cuando el enviado celestial les adelantó que aquel hijo sería recibido por todos con regocijo y que iba a traer gozo y alegría porque sería un grande a los ojos del Señor. Así fue, ya que el bebé que llevaba Isabel en su vientre sería conocido al crecer como Juan, el que recorrió pueblos anticipando la llegada del Mesías, el que invitaba a sumársele, el que mojaba la cabeza de los nuevos creyentes en el río para purificarlos. Los bautizaba. Y por eso se le llamaría Juan, el Bautista.

El arcángel Gabriel le había dicho a María que su prima Isabel, anciana y estéril, llevaba ya un embarazo de seis meses. La Virgen se puso en camino hacia la montaña para visitar a su pariente y ver con sus propios ojos lo que le parecía increíble. Su prima había buscado tener hijos durante los últimos veinte años, siempre sin éxito. Pero, como Gabriel había dicho, "no hay nada imposible para Dios".

Apenas ingresó en el patio de entrada, Isabel salió a su encuentro con las manos extendidas hacia ella y en el momento en que lo hacía sintió un salto de regocijo en su vientre. Isabel se detuvo con los ojos húmedos, sonrió quedamente, puso una mano sobre su abdomen redondeado y saludó a María con palabras que quedarían para siempre como un homenaje: "Bendita tú eres entre todas las mujeres y bendito es el fruto de tu vientre". Y enseguida le pregunta con emoción cómo es posible que la Madre del Señor la haya visitado a ella. Luego agrega todo un acto de fe resumido en una sola frase que dos mil años más tarde sigue siendo ejemplo para la vida cotidiana: "Feliz quien ha creído que se cumplirán las cosas que se le han dicho de parte del Señor". Feliz quien ha creído, feliz quien cree. La Virgen estuvo junto a su prima un par de meses, hasta poco antes del nacimiento de Juan el Bautista, y volvió a casa, ya que su propio embarazo estaba avanzado. No faltaba mucho para que diera a luz a quien sería el Verbo hecho hombre, la persona más importante en la historia de la humanidad, el Hijo de Dios. Pero los detalles de ese nacimiento, algunos muy poco conocidos y asombrosos, forman parte de otro misterio.

TERCER MISTERIO GOZOSO
El Nacimiento

Seguramente, si yo les preguntara a muchos qué recuerdan del romano Julio César, algunos me dirían la frase que él dijo al conquistar Britania: "Vini, vidi, vinci". Hay que reconocer que en latín suena gracioso e inolvidable ese "Vine, vi y vencí", pero Cayo Julio César merece ser recordado por muchas otras cosas que...

—Bajando de las ramitas, Mariano...

Bueno, vayamos a lo esencial: Julio César murió 43 años antes de nacer Cristo, pero, entre otras cosas, ya había sentado las bases del calendario actual. Por eso podemos saber, por ejemplo, que la boda de María y José fue un miércoles. Mucho después, en el siglo XVI, el papa Gregorio XIII ajustó los tiempos hasta llegar al calendario llamado gregoriano o cristiano, que es el que hoy se usa. Hasta Julio César, el año tenía diez meses. Fíjense que septiembre, en su raíz, significa "el séptimo"; octubre, "el octavo"; noviembre, "el noveno", y diciembre, "el décimo". César agregó dos meses en medio del año, llamando a uno de ellos Julio, como no podía ser de otra manera. El otro mes infiltrado fue bautizado con el nombre del sobrino nieto de César, Augusto. El mes de agosto, entonces aún lo recuerda.

—Perdón, Mariano. Todo es muy ilustrativo, pero...

—*Ya sé, ya sé. Ahí voy. Cuando está por nacer Nuestro Señor, Augusto era el emperador de Roma y de todas las tierras conquistadas, incluyendo por supuesto, a Israel.*

—¿Todo ese prólogo para eso? ¿Puedo saber por qué?

—*Perché mi piace. El que escribe soy yo, con tu permiso. Sigo.*

Augusto quiere saber cuánta gente responde, al fin de cuentas, a sus órdenes imperiales, así que decreta un censo general. Para cumplir con esa ley que no admitía discusión, todo ciudadano de cada sitio conquistado por los romanos debía viajar a la ciudad que le tocara para ser censado. A José, que, como María, era de la rama pobre de la familia más importante —la de David— le tocó la ciudad a la que éste había pertenecido, Belén. Y allá fueron. Los conquistadores no eran precisamente los más amados en Israel, aunque —como siempre fue y será— muchos de los conquistados les sonreían y hacían tratos con ellos para no perder poder o dinero. Otros se rebelaban pero debían huir a las montañas a seguir su inútil lucha; muchos de ellos se unían al líder de la guerrilla en Galilea, llamado Yehuda, quien con sus hombres atacaba aquí y allá; pero eran como los mordiscos de un perrito faldero a un elefante. El Imperio romano era muy poderoso, y sus ejércitos, muy bien armados y entrenados. Herodes, llamado el Grande, era el gobernador de Judea y, aunque pertenecía al pueblo hebreo, era uno de los que habían decidido convivir alegremente con los romanos, no fuera cosa de perder lo que tenía. Perdía la vergüenza, la dignidad, el honor y otras minucias, pero ésos eran detalles. Lo que ganaba, sí, era el odio del pueblo hebreo, que lo llamaba traidor. En voz baja, por las dudas, pero lo llamaba así.

Con semejante situación social y política, la idea del Mesías crecía de manera irrefrenable. Lo que hoy llamamos Antiguo Testamento era ya el libro sagrado de los judíos, y allí se anunciaba que el Mesías (del hebreo *Meshiah*: el elegido, el bendito, el ungido) iba a nacer de una virgen perteneciente a la casa de David, el más glorioso rey, y llevaría consigo la justicia y la luz divina a todo el pueblo judío. Muchos esperaban a ese enviado ser celestial hecho hombre, creyendo que encabezaría ejércitos que vencerían y expulsarían a los romanos. No veían en él al redentor de almas sino al vengador de cuerpos.

María montaba su burrito, que la llevaba, bamboleante, por aquellos áridos terrenos que separaban Nazaret de Belén. Unos 150 kilómetros de un viaje agotador y polvoriento. María, al igual que José, era descendiente de la casa de David; también era virgen y estaba a punto de dar a luz. Más aún, si se molestan en leer en el Antiguo Testamento el libro del profeta Miqueas (5, 2) se asombrarán de ver que, siglos antes de Jesús, la Sagrada Escritura de los hebreos dice, poniéndolo en boca de Dios: "Pero tú, Belén, aunque pequeña entre las familias de Judá, de ti me saldrá el que será Señor en Israel". Y era otro signo, ya que hacia ese pequeño pueblo se dirigía la pareja. Pero pocos conocían todos esos detalles. Apenas prestaban atención a lo que veían, una joven embarazada que entraba en Belén sobre un burrito que era llevado de las riendas por un hombre que tenía el paso lento, cansado, y un gesto preocupado que a ninguno importaba, ya que cada uno atendía a sus propios problemas, que se habían agudizado con eso del censo. El pueblo se estaba llenando de gente. Eran muchos los que, como ellos dos, habían viajado desde otros lugares para ser censados allí, y por eso las calles rebosaban de personas que iban de un lado al otro en medio del griterío de los chicos y los vendedores que voceaban sus mercancías.

María comenzó a tener los primeros síntomas que anunciaban que el bebé estaba por nacer. José buscó refugio, al principio, en la casa de sus familiares, pero sin suerte. Algunos dijeron, con el paso de los siglos, que fue rechazado malamente, pero eso no es cierto, ya que era casi una ley la hospitalidad entre miembros de la familia, y además nada tenían contra José. Lo que ocurrió también se debió a otra ley, aquella que indicaba que las casas debían contar con una sala separada unos cuantos metros de la construcción central, que tenía dos fines fundamentales: uno era el de albergar allí a los huéspedes, y otro, el de destinar ese cuarto a que las parturientas dieran a luz. Tenía sentido para aquellos que se ajustaran a las leyes judías de la época —casi todos, en realidad—, ya que ellas dejaban en claro que, después de parir y debido al flujo de su propia sangre, una hembra quedaba en estado impuro durante siete días. Está muy claro y con todas las letras en otro libro del Antiguo Testamento, el Levítico (15, 19-24). Esta peculiar "impureza" hacía que nadie pudiera tocarla porque quedaría contagiado de esa situación y, aún más, los muebles u objetos que tocara la mujer en esos siete días también perderían su pureza. Nos guste o no, ésa era la ley. Lo cierto es que en casa de los familiares de José tenían ya ocupado ese cuarto apartado con otros parientes que habían llegado antes. No es que no hayan querido; simplemente no pudieron hacer nada por él y por María. Tal vez todas esas coincidencias que complicaban la situación de la pareja formaban parte del plan divino. Quizás el Hijo de Dios debía diferenciarse del resto naciendo donde nació, todo un símbolo. El próximo intento de José, mientras se abría paso con esfuerzo entre la marea humana que se apretaba en las calles donde se oían improperios, risas, gritos de reencuentro y ofertas comerciales de todo tipo, fue dirigirse a la única posada del pueblo. María quedó esperando en la puerta de entrada, mareada con esa gente que no dejaba de fluir, por los camellos de los más ricos y los asnos de los más pobres, todos llegados desde lejos y hablando al mismo tiempo. La posada no daba abasto; se mezclaban los olores de comida asada con aromas de vino, y el dueño del lugar con su mujer e hijas llevaba sus pedidos de un lado a otro, halagando a los poderosos y pidiendo paciencia por la espera a los que menos tenían. José pronto confirmó sus sospechas: allí no había lugar para ellos, ya que todas las habitaciones estaban tomadas. Alguien, al pasar con un trozo humeante de cordero, le indicó que atrás del lugar, en una gruta natural, había un establo que podía servirle si es que otros no habían tenido ya la misma idea.

El pobre carpintero salió de la posada desolado y le informó a su esposa de la situación. María acarició la mejilla de José, le sonrió y le dijo que tal vez Dios quería que así fueran las cosas y que un establo era un lugar tan bueno como cualquier otro. Él la miró con sus ojos habitualmente húmedos por el cansancio y las desventuras, se quitó su manto, se lo puso sobre la espalda a su joven esposa y tomándola por los hombros la guió hasta el establo. Allí no había nadie; sólo los animales. José preparó un mullido montón de paja, hizo que María se acostara y le acarició el pelo. Ella estaba anhelante pero sin tensiones. Se dejó llevar mansamente hasta el improvisado colchón y se apoyó en él, tomando con una mano su latiente panza mientras con la otra se aferraba al cuello de José, que la iba ayudando a deslizarse. Apenas estuvo recostada, María alzó los ojos y musitó un leve "gracias" que ni siquiera nosotros, los ángeles, supimos si lo dirigía al Creador o, sencillamente, al bueno de José, que intentaba sonreír para mejorar aquel momento, pero estaba mucho más ansioso que Ella. Se inclinó y la besó en la frente con ternura. Luego salió a buscar ayuda y, guiado por algunos vecinos del lugar, halló dos comadronas que accedieron a acompañarlo a la caverna. Una de ellas se llamaba Zelomi, y la otra, Salomé.

Apenas llegaron al establo quedaron paralizadas por el desconcierto, ya que una luz brillante y hermosa inundaba el lugar. José las dejó afuera con su miedo y apuró el paso entrando en la gruta, que parecía ser la morada del sol, tanta luz era la que mordía las tinieblas. María le sonreía y él le decía con mucha seriedad que no debía sonreír hasta no estar seguros de que no necesitaba algún remedio. Se lanzó fuera del lugar e instó a pasar a las comadronas con un gesto algo severo y poco común en él. Sólo Zelomi se atrevió a entrar, y la siguiente sorpresa fue ver que la joven ya había parido y que sonreía con mucha paz mirando al niño, al que había envuelto en telas de color blanco. Había olor a rosas en el aire y ningún rastro de sangre. La comadrona le pidió permiso a María para revisarla y, al hacerlo, dio un salto hacia atrás mientras con evidente pánico decía en voz bien alta y algo chillona: "¿Señor, Señor! Ten piedad de mí, que no puedo entender esto que jamás vi antes. Sus pechos están llenos de leche, ha parido un hijo y sin embargo permanece virgen. No hay mácula de sangre y el parto se produjo sin dolor. Virgen ha concebido, virgen ha parido y virgen permanece". Al oír sus gritos, la otra comadrona, Salomé, entró tropezándose, llevada por la curiosidad. Le dio un vistazo apenas a su colega y, llena de dudas, le pidió permiso a María para revisarla también ella. La Virgen asintió con un gesto suave y la mujer adelantó la mano, pero, apenas la tocó, dio un grito y retiró esa mano, ahora seca y crispada como la rama caída de un pino en otoño. Salomé rompió en llanto y le hablaba a Dios hipando de angustia, muy alterada, recordándole que siempre le había sido fiel, que en toda su vida había ayudado al que lo necesitaba y que ahora se sentía muy vil por su incredulidad y por haber dudado de la Virgen. Uno de nosotros, un ángel bello y calmo, dio un paso adelante conmovido por el arrepentimiento de aquella mujer, y precisamente en ese momento —mientras María elevaba sus ojos, seguramente sintiendo lo mismo— el ángel recibió la orden de aparecerse junto a la dolorida comadrona. "Acércate al niño —le dijo—. Adóralo, tócalo con tu mano, y Él te sanará, porque es el Salvador del mundo y de todos los que esperan algo de Él". Salomé, sin dudas ya de ningún tipo, acercó su mano marchita al recién nacido, y apenas había rozado el lienzo que lo cubría, cuando ya estaba curada. Con sus ojos agrandados por el asombro, Salomé salió a gritar la buena nueva y contar lo que había ocurrido a quien la escuchara.

La luz inmensa y pura seguía resplandeciendo. Muchos de nosotros, los ángeles, estábamos allí rodeando la escena y muy emocionados porque sabíamos mejor que nadie lo que estaba ocurriendo. Otro de nosotros no aguantó tanta dicha en silencio y salió a contarle la buena nueva a quien fuera; todo era cosa de compartir con alguien la maravilla del nacimiento del Hijo de Dios. Los primeros que encontró fueron unos pastores de las cercanías y, ante el asombro de ellos al ver un ángel que les hablaba como si fuera lo más normal, les dijo lo que ocurría. Los pastores, temerosos y sorprendidos pero siempre humildes, entraron en el establo lleno de luz, con ojos muy abiertos y manos temblorosas. Al recién nacido ya lo habían puesto en una de esas cajas donde se guarda la comida de los animales, un pesebre, rodeándolo con amor. La noche estaba quieta, serena y dulce. Una estrella mucho más brillante que las demás se había detenido exactamente sobre el establo. Fue en ese instante cuando todos nosotros, los seres angélicos, cantamos una música muy bella que nos llenaba los espíritus y parecía inundar cada rincón del mundo. Y dijimos luego: "Gloria a Dios en las alturas y en la Tierra paz a los hombres que ama el Señor".

Ni siquiera los ángeles podemos describir ese nacimiento como lo merece.

◆ ◆ ◆

¿Cómo explicar con palabras la gloria de esa noche? Una madre, en cualquier época de la historia del mundo, olvida todo lo malo ante el nacimiento de su hijo. No hay afrentas, dolores, pena ni sufrimiento que puedan ser tan fuertes como parir, sentir que una nueva persona salió de nuestro seno para vivir la vida. Vivir la vida. ¿Se dan cuenta de eso? ¿Y acaso pueden imaginar una milésima parte de lo que yo sentía al saber que aquel hijo que me ha dado el Espíritu Santo era el Salvador? La vieja profecía de los libros sagrados hebreos decía que nacería de una virgen y que debería llamarse Emmanuel, lo que significa "Dios con nosotros". El arcángel me había dicho, en nombre del Creador, que mi hijo debía ser llamado Joshua, es decir, Jesús, lo que significa "el Salvador". ¿Cómo debía yo amarlo? ¿Como a un hijo, lo que ya es mucho, o como a mi Dios, lo cual no se puede explicar? ¿Debería decirle "mi Señor" o "hijo mío"? ¿Besar sus pequeñas manitas o postrarme a sus pies de bebé? ¿Ser su dueña o su esclava, su madre o su hija, su guía o su discípula? Nadie, pero nadie en la historia del mundo podría comprender en realidad lo que yo sentía. Pero todos, todos en la historia del mundo, pueden comprender que el amor me inundaba, aun ahogándome en el miedo.

◆ ◆ ◆

—Mariano, si esto es tuyo, no sé... Yo te diría...
—*No me dirías nada. Silencio. Eso no es mío. Gózalo.*
—Van a decir que...

—¿Qué te importa lo que digan? ¿Lo que diga quién, además? Esto es demasiado bello como para ensuciarlo con temores. Sigo.

—Por favor.

Después vino lo de los reyes magos, que no eran ni reyes ni magos. Eran unos sumos sacerdotes persas, hombres de una notable percepción, lo que hoy ustedes llamarían videntes, psíquicos, dotados. Vestían ropas como las de los reyes porque su jerarquía en Persia era enorme y merecían esas vestiduras. La confusión vino por lo de "magos", palabra que deriva de *"magís"*, que significa "sacerdotes". La religión de los persas era, en esas épocas, muy importante. Se llamaba "zoroastrismo", por su profeta, Zoroastro, y la clave de toda aquella creencia era la verdad. La mentira, sin importar el grado, era castigada severamente. Creían en el honor y el amor, la justicia y el destino, la moral y la esperanza. Tenía muchos puntos en común con el cristianismo: todo lo moral, honrar el día domingo, el bautismo, la comunión, la humildad, el trato fraterno al semejante, la creencia en la vida después de la muerte, el paraíso y el infierno. Hermosa religión que también nos honraba a nosotros, los ángeles, que no tuvimos manera de explicarles que toda aquella belleza de creencia podía aplicarse al verdadero y único Dios, el Creador. Por esas cosas de la libertad que Dios les dio a ustedes, los humanos, nosotros no podemos tener influencia en lo que hacen o piensan. Nos parece bien, claro, pero a veces es una pena ver cómo se destruyen solitos, y nosotros nos cansamos ya de mandarles señales.

—No pases avisos, Mariano.

—*Nunca están de más. Sigo.*

Para ser francos, ya que estamos en un librito de confidencias, debo decirles —yo, que lo viví—, que los reyes no eran Gaspar, Melchor y Baltasar, esos que los chicos esperan para el 6 de enero dejándoles agua y comida para los camellos. Los reyes eran muchos más que tres. Los magís, los sacerdotes persas, eran alrededor de diez que venían —eso es cierto— con sus cansados camellos desde la noble Persia. La tradición los dejó luego en tres por las ofrendas que dejaron al Niño Dios: oro, símbolo del rey de reyes que había nacido; incienso, perfume sagrado; mirra, la más preciosa hierba de Oriente. Lo cierto es que siguieron desde sus tierras hasta las de Judea a aquella estrella que tanto brillaba, y ni siquiera sabían quién era la madre humana de aquel bebé pero sí sabían que era el Hijo de Dios. Apenas llegados, se presentaron ante Herodes, como dignatarios extranjeros que eran, y le preguntaron dónde estaba el rey de los judíos que acababa de nacer. Herodes apenas pudo disimular su paranoia. Entendió que, si había nacido el Mesías, sus días de poder y fortuna —así como los de su descendencia— tenían pronto límite. Pero se hizo el interesado en el tema y con un falso tono de simpatía les pidió a los magís —los reyes magos— que le avisaran en cuanto lo encontraran. Los sacerdotes se fueron y, gracias a la estrella que permanecía quieta sobre el establo, ubicaron a Jesús y entraron para adorarlo. No tuvieron tiempo de pensar en avisarle al falso de Herodes, ya que uno de nosotros, un ángel, les advirtió de la traición que el gobernador de Judea había preparado. Los magís volvieron a su tierra por otro camino. El rito del amor ya estaba cumplido.

—Debo admitir, Mariano, que es una hermosa descripción de aquel 25 de diciembre y los días siguientes…

—*Error. No fue el 25 de diciembre el nacimiento de Jesús. En realidad fue en mayo. Tus colegas investigadores no son tontos. Hace años que descubrieron que los pastores —como los que fueron al establo— sólo cuidaban sus rebaños en las noches durante la primavera. Diciembre es, en aquellas tierras, pleno invierno.*

—¿Y por qué a los cristianos nos llega la fecha 25 de diciembre?

—*Hay dos razones poderosas. Una de ellas fue que, como los Evangelios no mencionan en ningún momento la fecha de la Natividad, la polémica fue creciendo con los años y varios estudiosos señalaron distintos días, sin ponerse de acuerdo, por lo cual había que decidirse por uno. Y el 25 de diciembre es fecha del solsticio de invierno en el calendario juliano. El Sol siempre tuvo mucho peso en las religiones de la antigüedad, y era razonable, ya que el Sol es vida. Ese astro también tiene mucho que ver en la segunda razón poderosa: en aquellos tiempos la religión persa tenía como uno de sus dioses principales a Mitra, soberano del Sol. El mitraísmo era una muy fuerte competencia religiosa en el mundo de entonces, en especial en la misma Roma imperial, donde sumaban seguidores. Los cristianos de aquellas épocas, muy astutos porque jugarse la vida hace a los mortales mucho más vivos, entendieron que era muy difícil enfrentar el mitraísmo y decidieron sacar algo de él para acercar a la gente al cristianismo. El dios Mitra había* nacido, según la tradición persa, un 25 de diciembre. Esta fecha la festejaban con mucha pompa. ¿Hace falta que siga? Los cristianos de los primeros siglos no dudaron en adjudicarle a Jesús esa fecha de nacimiento, para que los festejos se confundieran. Tal vez pienses que era una locura, pero no te equivoques: en esos tiempos no tenía mayor importancia la fecha en que se nacía, sino aquella en que se moría. Casi nadie festejaba su cumpleaños. No era grave, entonces, elegir un día que ya era de fiesta para celebrar el nacimiento del Hijo de Dios. No era grave, pero no era cierto. Ese día fue oficializado por la Iglesia en el año 336. De todas formas, ¿realmente importa?

—Si yo supiera tanto como vos, escribiría un libro.

—Algún día te vas a animar, gallego.

—¿Y ahora qué sigue?

—Palpá el rosario. El cuarto misterio.

CUARTO MISTERIO GOZOSO
La Presentación

El niño fue llamado Joshuá en hebreo —Jesús en el idioma griego en que fue escrito el Nuevo Testamento—, tal como el ángel lo había indicado. Significa "el Salvador", como ya está dicho, pero no era de manera alguna ningún tipo de advertencia mística para los pobladores del lugar. No representaba nada especial para la gente, ya que por entonces era un nombre muy común. Como los que hoy se llaman, entre ustedes, Salvador. A nadie se le ocurriría que Dalí, el pintor, o Bilardo, el director técnico de fútbol, tengan algo que ver con un mesías por el solo hecho de llevar el nombre de Salvador. Muchos nombres actuales tienen que ver, de alguna manera, con lo religioso: los apostólicos, como Pablo, Pedro, Juan, Tomás, Lucas y todos los que ustedes saben; Manuel, que, como ya dije, significa "Dios con nosotros"; Rafael, que es "medicina de Dios", e incluso un nombre que a mí me parece muy bello, Ángel, que es "mensajero de Dios" y cuyas connotaciones en la historia de las...

—¡Eh! No empecemos otra vez. Basta con eso, Mariano.

—A mí no me grites.

—Dios mío... ¿Cómo puedo gritarte, si sólo estoy escribiendo?

—Me doy cuenta por el tono. Sigo.

Al llevar a Jesús al templo para consagrarlo al Creador,

fueron recibidos por un anciano venerable, de nombre Simeón. De acuerdo con la tradición y a lo que él mismo aseguraba, este hombre, en el que habitaba el Espíritu Santo, no moriría hasta ver al Cristo, palabra ésta que significa en griego lo mismo que Mesías: ungido, bendecido, elegido. Al serle entregado el niño Jesús, lo tomó en sus brazos amorosamente y luego de mirarlo un rato dijo: "Ahora, Señor, puedes decir que yo, tu siervo, se vaya en paz según tu palabra, porque mis ojos han visto Tu Salvación, la que has preparado ante la faz de todos los pueblos...". María y José escuchaban con admiración lo que el anciano decía. Y Ella se sintió afectada de manera directa cuando Simeón —obviamente un profeta vidente— le dijo: "Mira, éste ha sido destinado para ser caída y resurrección de muchos en Israel. Y te digo que a ti misma una espada te atravesará el alma para que se descubran los pensamientos de muchos corazones". Una muy dura y a la vez dulce advertencia de algo que ya no podía cambiar, porque la suerte estaba echada. Simeón lo sabía y era para él muy difícil elegir entre regocijarse o llorar. También para María.

◆ ◆ ◆

No podía saber yo hasta qué punto era cierto aquello de la espada que atravesaría mi alma. Imposible imaginar con mi pobre razón humana el terrible dolor que me esperaría cuando mi hijo, mi Padre, sufriera lo que le tocó sufrir. Redención de la humanidad, decían sus seguidores más fervorosos. Dolor, decía yo. Dolor profundo, inexplicable, implacable. ¿Acaso alguien puede creer que yo elegí ser la Madre del Hijo de Dios? Eso no se sabe, no se desea, no se espera, no se elige. Eso ocurrió por decisión divina y es necesario aceptarlo con placer, con honor, con amor y también con dolor. Casi diría que es como se debe aceptar la vida de cada día. Aunque tengas muchas piedras en el camino, sigue habiendo al menos ese camino que transitar. Las piedras se ocultan, se tapan, se patean, se apartan. El camino es siempre el mismo. Está ahí. Y eso no es poco.

◆ ◆ ◆

—No digo nada, Mariano.
—*Es lo mejor que podés hacer. Sigo.*

En medio de todo esto, Herodes, angustiado por la idea de que había nacido el verdadero rey de Israel y no sabiendo quién era, decidió mandar a matar a todos los bebés de dos años para abajo. El único de los cuatro evangelistas que relata este hecho es Mateo, quien dice "mandó matar" pero no da él mismo ningún detalle de una real masacre de bebitos. Simplemente se remite a una cita del Antiguo Testamento, libro de Jeremías, que —basta con leerlo— no tiene que ver en absoluto con la muerte de chiquitos. La leyenda, sin embargo, creció por su propio peso dramático y suele contarse que fueron muchas las pequeñas víctimas de las hordas salvajes, pero no fue así. Un solo niño había nacido en esa fecha, y era Jesús, pero un ángel —como es habitual, sin que quiera agrandarme por esto— había anunciado a José que debían huir a Egipto para evitar la matanza de Herodes. María y José así lo hicieron y salvaron a Jesús del sacrificio. Tampoco había bebés de dos años para abajo, cosa curiosa pero bastante razonable si lo pensás desde el punto de vista del mismo cristianismo: un Dios que es todo misericordia no salvaría sólo a Su Hijo hecho hombre despreocupándose por los demás; cuidaría de todos, ya que lo contrario sería una terrible contradicción. No existió tal matanza, no había niños de esa edad que debieron ser sacrificados, nadie murió en nombre de Jesús, ante el desconcierto —y el alivio— de la brigada de dieciocho soldados que tenía a su cargo la presunta e inexistente masacre de bebés.

—Si vos lo decís…

—*Yo lo digo. Nos queda un misterio gozoso.*

—Adelante, estás en tu casa. Yo pongo los dedos, no más.

QUINTO MISTERIO GOZOSO
Perdido y hallado

Así fue como María y José partieron a Egipto llevando al Niño Jesús. En el camino, ya en tierra egipcia, llegaron a una ciudad llamada Sotina. Allí no conocían a nadie que hubiera podido darles hospitalidad, así que entraron a descansar en un templo al que llamaban "capitolio". En ese lugar había estatuas ubicadas a lo largo y ancho de la enorme nave central. Eran trescientos sesenta y cinco ídolos egipcios a los que se adoraba día a día. No había nadie en aquel templo cuando la Sagrada Familia entró en él en busca de un poco de reposo luego de un viaje tan largo. La soledad del sitio, las paredes de mármol, los techos altísimos y las anchas galerías hacían rebotar el eco de sonidos tan leves como el de las sandalias de la pareja, que apenas rozaban el piso. Pero, apenas traspusieron la puerta de entrada, todos los ídolos cayeron al suelo desde los altares y columnas y se rompieron en mil pedazos, sin salvarse ni uno solo de ellos. El profeta Isaías había escrito que algo así ocurriría en ese lugar cuando el Señor llegara a él. María y José, aún aturdidos por el estruendo, quedaron azorados ante lo que acababan de vivir.

—Eh, eh… No seré yo quien te contradiga, Mariano, pero ¿de dónde sacaste ese hecho, que jamás oí antes?

—*Yo estuve allí, pero es cierto que sólo puedo contar cosas que alguien ya haya contado antes. No puedo dar detalles que cambien el curso de la historia, por supuesto, pero sí puedo relatar situaciones que ya estén escritas a través de los siglos.*

—Y, en este caso, ¿escritas dónde?

—*En uno de los evangelios apócrifos. Tienen muchas cosas bellas allí.*

—Perdón… ¿apócrifo no es sinónimo de falso?

—*Sí, pero erróneamente. La palabrita viene del griego y, en sus principios, significaba exactamente "ocultos". Nada de falsos. En los primeros años del cristianismo muchos han escrito con toda nobleza y amor sobre Jesús, el Redentor del mundo. Los llamados "evangelios apócrifos" —es decir, evangelios ocultos— llevaban ese nombre porque unos pocos tenían permitido el acceso a esos textos y se vedaba su lectura a lo que llamaban el vulgo. Si bien el cristianismo oficializó los que ustedes frecuentan hoy, los llamados "canónicos", no prohíbe de ninguna manera los apócrifos. Por el contrario, escritos como el Protoevangelio de Santiago, por ejemplo, han sido clave para la devoción mariana, la idea de la Inmaculada Concepción, el festejo mismo de la Navidad, la presentación de Jesús en el templo… Unos evangelios apócrifos editados en tu idioma tienen un prólogo de tu compatriota Jorge Luis Borgia…*

—Borges.

—*Bueno, Borges. Es igual. Aquí lo llamamos Georgie, como le gusta a él…*

—¿Está ahí? No era muy religioso, que yo recuerde.

—*Más de lo que ustedes creen. Hay muchos que en tu mundo son muy religiosos y, sin embargo, por las cosas que hacen no van a pasar por aquí ni por la vereda de enfrente.*

—¿Tienen veredas, allí?

—*Bueno, como praderitas, bulevares, canteros, esas cosas. Pero no me hagas hablar de lo que no debo. Tu amigo Borgia…*

—Borges. Y, lamentablemente, no era mi amigo.

—Bueno, Georgie, cuando supo que podía tener lo que quisiera, porque estaba en el Paraíso, al principio se sorprendió.

—Porque podía elegir cualquier cosa.

—No. Porque creía que el Paraíso no existía.

—Ah, claro.

—Pidió volver para contarles a todos, pero hubo que explicarle que eso no era posible. No podemos alterar la armonía. La fe vale porque los que la tienen creen sin tener pruebas. Si no, ¿dónde estaría el mérito? Georgie lo entendió; es bastante rápido. Después pidió que le dieran algunos espejos y unos tigres amarillos para jugar, ya que podía pedir lo que quisiera. Se los dieron. Jugaba con los tigres y terminó todo arañado. Se metía en los espejos y nos costaba un trabajo bárbaro sacarlo de ahí adentro. Al principio se reía, pero después se aburrió de hacer siempre lo mismo. Entonces fue cuando dijo que quería ser vigía…

—¿Vigía? ¿Vigía de qué?

—Del Cielo. A él le gustaban las historias de aventuras, parece. Y, en el fondo, habría amado ser un pirata. Por eso pidió ser vigía. Es como un chico. Si hubo que armarle un mirador, hacerle ropa de bucanero de medida y conseguirle un catalejo.

—Pero ve poquito. Nada, diría yo.

—Aquí no hay ciegos ni miopes ni paralíticos, ni sordos, ni gente con caspa siquiera. Se supone que eso ya lo sabías.

—Bueno, no se puede recordar todo. Pero… ¿de qué sirve ser vigía en el Cielo? No hay quien pueda atacar el Paraíso… Y Borges no es tonto.

—No, claro que no. Al contrario. Georgie sabe eso, pero pidió estar en ese puesto porque es, justamente, uno de los pocos lugares en el Cielo donde puede haber una sorpresa, donde se puede dar lo imposible. Si alguien o algo atacara el Paraíso, se estarían rompiendo en mil pedazos las leyes naturales y sobrenaturales. Y parece que a él siempre le gustó eso. Todos sabemos que nunca nadie ni nada va a atacar al Cielo. Pero eso es lo que a él parece gustarle: esperar lo que nadie espera.

—Sí, ése es Borges. Mirá vos.

—Sí, ya miré yo, y por eso lo cuento: porque lo vi. Sigo.

Luego de pasar un tiempo en Egipto, y enterados de la muerte de Herodes, la Sagrada Familia volvió a su tierra. Eligieron Nazaret, con lo cual cumplían sin proponérselo siquiera con otro anuncio del Antiguo Testamento referente al Mesías: "Serás llamado el Nazareno". Allí fue creciendo Jesús, y se fortalecía, llenándose de sabiduría y de la gracia de Dios. Muchas historias poco conocidas vivió al entrar en la infancia, como aquella en que modeló con barro doce gorriones y, al ser acusado por un hombre del pecado de trabajar en sábado —tal era el día—, José lo retó por su acción frente al denunciante, pero Jesús sencillamente dio una palmada y los doce gorriones de barro se transformaron en verdaderos y volaron de allí con gran alboroto ante la mirada estupefacta del alcahuete y las demás personas.

—"Alcahuete" no es una palabra muy digna de un ángel que digamos.

—*Tal vez, pero me indigna recordar cómo buscaban perjudicarlo desde muy chiquito. Allí tenía apenas cinco años, y los prodigios que lo rodeaban molestaban a muchos, que terminaban hostigando al Niño.*

—En ese caso, el tipo era un alcahuete de...

—*¡No! No te pases.*

—La cosa es que lo misterioso apareció desde su infancia...

◆ ◆ ◆

¡Cuántos prodigios hubo alrededor de mi niño! Hechos que mi boca debe mantener ocultos bajo una sonrisa pero que mi alma recuerda con una ternura indecible, e incluso a veces rememorando el temor que me asaltaba por esos sucesos. Me preguntaba qué le esperaba en el futuro y a menudo el miedo me daba congoja que desataba a solas, caminando entre las vides, sin poder compartir la angustia. Aún no sabía yo cuál sería el destino como hombre de aquel Niño Dios, pero algo me hacía sentir un vacío muy grande en mi interior cuando pensaba en eso. Sensaciones como las de muchas madres, tal vez, miedos por el futuro que no dejan vivir bien el presente. Gorriones de barro que toman vida y revolotean por el alma sin que podamos entenderlos ni detenerlos.

◆ ◆ ◆

—Me da una cosa, Mariano.

—*¿A quién no, gallego?... Sigo.*

Mientras tanto, Jesús crecía también en sabiduría. Un primer maestro, llamado Zaqueo, le pidió a José que le permitiera instruirlo, ya que notó en él una inteligencia superior. Pensó que podría lucirse diciendo que era su instructor, pero de inmediato, apenas el primer día, llamó a José, desesperado, y le pidió que se llevara a Jesús porque se sentía avergonzado en su presencia. "No puedo soportar la severidad de su mirada, ni penetrar de modo alguno el sentido de sus palabras", le dijo casi lloriqueando a José. Y agregó, mientras retrocedía hacia el interior de su propia casa: "Me doy cuenta de mi oprobio porque yo, que soy un viejo, he sido derrotado por un niño... No conozco, amigos míos, ni el comienzo ni el fin de este pequeño. Por eso te ruego, hermano José, que lo lleves contigo. Es algo muy grande, sin duda: un dios, un ángel o algo parecido".

Hubo un par de hombres más que pretendieron ser los maestros de alguien dotado de una inteligencia que asombraba a todos, pero también fracasaron. El último dijo: "Quise un discípulo y me he encontrado con un maestro". Así se desarrolló su infancia, entre juegos, prodigios y una sabiduría que crecía para el asombro. Tenía doce años cuando la Sagrada Familia fue a Jerusalén para las Pascuas, lo cual era costumbre. Después de las fiestas, María y José se unieron a la caravana que regresaba a Nazaret. Ya estaban en camino, convencidos de que Jesús andaría como siempre correteando por allí con algunos familiares, cuando de pronto advirtieron que no era así. Angustiados, volvieron solos a Jerusalén y por tres días lo buscaron en varias casas, en las ferias y allí donde había grupos de chicos, pero sin suerte. Por último, avisados por alguien, fueron al templo, el lugar de Jerusalén donde se reunían los más grandes intérpretes de la ley judía, los hombres que más sabían sobre la religión y también sobre los otros hombres, los ancianos y sabios que hablaban poderosamente con la verdad o, como en aquel momento, callaban humildemente con la admiración. Al entrar María y José en el imponente templo de Jerusalén, Jesús estaba en medio de aquellos hombres hablando sobre la Ley de Dios, explicando las parábolas de los profetas y pariendo en ellos un silencio que asustaba.

◆ ◆ ◆

¿Cómo explicar mis sensaciones de ese momento? Al fin y al cabo, yo no era más que otra mortal, una persona, una humana que había sufrido lo que cualquier otra madre al perder de pronto a su hijo y ahora encontrarlo. Pero allí me di cuenta de que la palabra "perder" no era la más adecuada. Comprendí que no me pertenecía, y no se puede perder lo que no se posee. Me acerqué y le dije: "¿Por qué nos has hecho esto, hijo mío? Mira cómo tu

padre y yo estábamos afligidos y te buscábamos". Y mi niño que-
rido contestó: "¿Por qué me buscaban? ¿No saben que debo
ocuparme de las cosas de mi Padre?". Cada día iba quedando más
y más claro quién era mi niño. Lo tomé de la mano y apenas si
escuchaba a los sacerdotes y doctores del templo, que me decían
que nunca habían visto ni oído tanta gloria, tanta virtud, tanta
sabiduría. Yo nunca había sentido tanto miedo. No por aquellos
tres días sino por los que aún estaban por llegar y yo ya presentía.

◆ ◆ ◆

—Siento el alma borracha, Mariano.
— *Ustedes lo llaman amor, galle.*

(3)

Alguien debe abrir las puertas del Cielo

Si Dios durmiera, María sería su mejor sueño.

—*Lindo para empezar, pero un poco cursi. Además, Dios no duerme* —me dice mi ángel, Mariano, mientras vuelve a enfundarse mis dedos para seguir con el relato de la vida de María, cosa que —debo admitir— está haciendo de manera apasionante y detallada. Él estuvo allí, claro.

PRIMER MISTERIO DOLOROSO
Jesús en el huerto

Cuando María sabe que Jesús parte al Monte de los Olivos...

—Momentito.

—*¿Y ahora qué pasa?*

—Lo dejamos a Jesús a los doce años, en el templo. Y ahora pasamos de repente a los treinta y tres. No hagas lo de todo el mundo. No arrugues, hombre...

—*No soy hombre; soy ángel.*

—Bueno, no arrugues, ángel.

—*¿Vos querés la historia completa, por lo visto?*

—No es por lo visto, es por lo escrito. Y, sí, quiero la historia completa. No hay quien cuente oficialmente qué pasó en esos años. Vos estuviste allí; por eso estás escribiendo esta parte. Quiero detalles.

—Está bien. Continúo.

Después del episodio del templo en Jerusalén, la Sagrada Familia volvió a Nazaret. José había construido su taller de ebanista y carpintero en la parte de atrás de la casa, en la que no había mayores cambios. Jesús lo ayudaba en esas tareas, pero lo suyo era todo voluntad, ya que no le gustaban demasiado. Se interesaba mucho, sí, ya en su adolescencia, en el estudio de la Torá. La Torá es el Pentateuco, los cinco primeros libros del Antiguo Testamento y los que establecen la base de la ley mosaica. Comienza con el principio del mundo, el Génesis, y termina con la muerte de Moisés, no sin antes dejar establecidas una gran cantidad de leyes (no sólo los Diez Mandamientos) que indicaban incluso lo que se podía comer y lo que no, así como muchísimas bendiciones y otras tantas maldiciones y penalidades para los que no obedecieran esos escritos. Jesús conocía la Torá de punta a punta siendo apenas un adolescente. Era delgado, a pesar de que le gustaba comer, y especialmente lo que María preparaba para él. Sus ojos eran profundos y ya tenía esa mirada dulce y abrazadora que lo acompañaría en todo su paso por la Tierra. El cabello era oscuro. Sus manos, delicadas a pesar de trabajar la madera, tenían dedos finos y largos. Su boca, delineada suavemente, aún sonreía más a menudo de lo que lo haría ya de adulto. No parecía ser fuerte pero no podía evitar que se lo viera poderoso.

◆ ◆ ◆

Mi bello niño, mi Señor. A esa edad era tan hermoso por fuera como por dentro. En cada gesto, cada mirada, regalaba dulzuras y paz. Parecía que estuviera prometiendo esperanzas todo el tiempo aunque no abriera la boca para hablar.

◆ ◆ ◆

Las ropas que vestía eran las usuales de la época. María tejía primorosamente para el niño y luego para el joven. De chiquito le hacía unas camisolas de hilo que llegaban poco más abajo de las rodillas y eran siempre de color blanco. Ya adolescente, le hacía túnicas más acordes a su edad, algo más largas y alternando el hilo con el lino. También las consabidas ropas especiales para el día sagrado, el sábado. En esa ocasión tanto Ella como José y Jesús vestían prendas de colores vivos, las más lujosas y atractivas que tenían. En el invierno los colores eran más oscuros y la tela era de lana, algo abundante en el lugar. Si bien el negro (y a veces el blanco y el negro combinados) eran los colores de diario más habituales en las mujeres, no era así para María. Ella usaba muy a menudo túnicas celestes, sus preferidas.

A lo largo de los Evangelios canónicos no hay una sola vez en que Jesús le diga "madre" a María. Usa la palabra sólo desde la cruz, al dirigirse a Juan, a quien sí le dice de manera simbólica y abarcadora aun para nosotros hoy en día: "Ahí tienes a tu madre". A la Virgen le dice: "Mujer, ahí tienes a tu hijo". Ése es el término que aparece en el Nuevo Testamento en más de una ocasión, cada vez que Nuestro Señor se refería a la Virgen: "mujer". El porqué lo voy a explicar más adelante. Lo que quería decir ahora es que, cuando niño, sí le decía a María "emi", que en hebreo es "mamá" o, tal vez, más cariñoso aún, "mamita". Cuando se dirigía a Ella en arameo, la lengua que hablaba Jesús corrientemente, le decía "ema", que significa lo mismo. María, a su vez, solía llamarlo "tinoki", que es en hebreo algo así como "pequeñuelo" o "chiquitín". La ternura era mutua y permanente.

Un respetuoso asombro rodeó siempre la infancia del Señor. En una ocasión, estando en Jericó y yendo hacia el río Jordán, la gente le avisó a la Sagrada Familia que no tomaran el camino más corto porque, casi al llegar, había una gruta inevitable en la que vivía una pareja de leones con sus cachorros. Nadie se atrevía a acercarse, sabiendo cómo eran los leones, y sobre todo muy especialmente, cuando cuidaban a sus crías. Pero Jesús le pidió a María y José que fueran por esa senda. El niño tenía ocho años y ellos ya estaban acostumbrados a confiar en lo que sugería, habiendo pocas cosas que los asombraran, así es que agradecieron los consejos y allá fueron. Un grupo de personas, al ver que iniciaban el recorrido prohibido, fueron detrás de ellos, a una prudente distancia y seguramente temiendo lo peor pero deseando ser testigos. Después de todo, serían privilegiados si pudieran contar que habían visto con sus propios ojos cómo los leones destrozaban a ese niño al que rondaban los milagros y del que se decían tantas cosas en las que ellos no creían. Tendrían tema de conversación por largo tiempo y hasta era posible que llegara gente de otros pueblos para oír la historia de sus bocas. Finalmente llegaron al lugar. Jesús, sin dar tiempo a nada, se separó de un azorado José y una asustada María, que lo vieron entrar en la caverna y perderse en la oscuridad. Pudo oírse una aspiración súbita del grupo de los mirones y el murmullo que siguió luego, presagiando un desastre. Ninguno de ellos se movía, ya que no querían perderse aquel momento. Algunos se habían puesto en cuclillas detrás de unas rocas, otros se escondían en unos arbustos y todos entrecerraban los párpados para intentar ver mejor allá, a una buena distancia, donde se suponía que todo iba a ocurrir. Y ocurrió. Pero no lo que esperaban. María y José, olvidando sus propias vidas, corrieron hasta la entrada misma de la cueva y se estaban inclinando para entrar cuando la oscuridad del interior se hizo luz —uno de nosotros, claro— y vieron con alivio y sorpresa a Jesús riendo con sonido de pequeñas campanitas, sentado en el suelo, mientras los cachorros jugueteaban con Él alegremente y la pareja de leones adultos estaban uno junto al otro, las panzas contra el suelo y las patas delanteras sirviéndoles de almohada en la que apoyaban la cabeza, mirando mansamente al niño y a los cachorros. María y José retrocedieron tranquilos. Los que los venían siguiendo hicieron un silencio expectante y, casi de inmediato, la pareja de leones adultos salió de la cueva caminando lentamente. El macho mostró los dientes al lanzar un breve pero profundo rugido y algunos de los mirones ensuciaron sus ropas, atacados de pánico. En ese instante salió Jesús de la caverna, seguido por los cachorros, que saltaban a su alrededor y parecían reir tanto como Él. Los leones adultos, padre y madre, quedaron uno a cada lado del niño; parecían custodiarlo. Jesús acarició sus testas, la calva y sedosa de la mamá leona y la melena imponente del león macho. Ellos lamieron sus manos e inclinaron sus cabezas hasta tocar el suelo, en un gesto indudable de adoración. Allí fue donde el Niño habló, dirigiéndose a los mirones, que lo escucharon con absoluta claridad a pesar de la distancia que los separaba. Les dijo: "¡Cuánto más valen las bestias feroces que reconocen a su Maestro y que lo glorifican, que vosotros, hombres, que habéis sido creados a imagen y semejanza de Dios y sin embargo lo ignoráis! Las bestias me reconocen y se amansan. Los hombres me ven y no me conocen". Luego caminó hasta la orilla misma del río Jordán, siempre acompañado por los leones. Allí les dijo algo que no se oyó y los animales inclinaron otra vez sus regias cabezas y dieron la vuelta para regresar a su caverna. La gente los había seguido y de pronto advirtieron que ahora los leones iban hacia ellos, que, en medio del asombro, estaban más cerca de lo que habrían querido. Todo ocurrió tan de repente que quedaron literalmente aterrados, es decir, pegados a la tierra, paralizados por completo y resignados a su suerte. A su mala suerte, en realidad. Sin embargo, los leones pasaron junto a ellos tan cerca que rozaron a algunos, pero ignoraron absolutamente a todos, siguiendo las instrucciones de Jesús, que ya estaba junto a María y José para seguir en lo de todos los días, como todos los días.

"Los hombres me ven y no me conocen", dijo. ¿No sigue ocurriendo casi lo mismo con algunas personas, dos milenios después?

—Bue, ya sabía yo que aquí vendría la parte publicitaria...

—*¿Podrías dejarme seguir solo, sin interrupciones, galleguito?*

—No pienso.

—*Eso es muy cierto.*

Y así fueron pasando los años en los cuales María veía a su hijo crecer en amor y sabiduría. Por otra parte, el hijo de Isabel —la prima de la Virgen, la de la Visitación— también fue creciendo en la fe. Juan era un joven místico que anunciaba la llegada del Señor. Fue el precursor, sin duda. Predicaba de pueblo en pueblo, cruzando el desierto y soportando que en algunas partes lo llamaran loco. Su aspecto no ayudaba, en realidad. Vestía con cueros de camello y llevaba una soga atada a la cintura; sus cabellos y barba parecían receptores del polvo del camino, y en verdad así era; hablaba en voz alta y a menudo mirando al cielo; tenía los ojos cansados y el gesto serio. Juan bautizaba a la gente pero les decía que eso no bastaba. "¿Qué más debemos hacer?", preguntaban los que temían sus profecías. Y Juan les decía que si tenían dos túnicas debían dar una al que no la poseyera, y si tenían comida, debían compartirla con el que no la tuviera. Algunos creían que él podría ser el Cristo, y se lo preguntaron. Lo negó y agregó luego: "Viene en pos de mí aquel de quien no somos dignos de desatarle el calzado".

Así fue como una tarde, mientras Juan bautizaba a sus seguidores en las orillas del río Jordán, un murmullo fue creciendo como el ruido que produce un panal cuando amanece. Jesús estaba allí, avanzando lentamente hasta el Bautista sin quitarle los ojos de encima. Al llegar a su lado, el murmullo cesó por completo, como si hiciera una reverencia para dejar entrar un pesado silencio donde la leve brisa parecía ensordecedora.

—Eh, eso me gustó.

—*Gracias, pero no interrumpas. Sigo.*

Juan quedó mirando a Jesús y la escena se mantuvo así por un instante. Luego lo tomó de los hombros, lo ayudó a inclinarse sobre el río, que les cubría a ambos hasta la cintura, y sumergió en las aguas del Jordán la amada cabeza del Señor. Enseguida, con las gotas chorreando sobre su rostro lleno de paz, se abrió el cielo para asombro de todos y de allí surgió una paloma que bajó sobre Él al mismo tiempo que se oía una voz imposible de desoír que decía: "Tú eres mi Hijo bienamado, en quien he puesto todas mis complacencias". Juan sólo dijo, hablando a todos los que allí estaban, pero sin quitar los ojos de los de Jesús: "He aquí al Cordero de Dios, que quita los pecados del mundo".

Ese mismo día, al irse el Señor, dos de los seguidores de Juan allí presentes fueron tras él, llamándolo maestro; fueron sus dos primeros discípulos, los hermanos Andrés y Simón. Este último sería llamado Pedro por Jesús, ya que sobre esa piedra humana que era Él construiría su Iglesia. María, por entonces, ya sabía que lo que estaba por llegar sería inexorable y doloroso, pero nada podía hacer más que llorar a veces a escondidas y rezar aceptando el plan divino. Pero no era Ella una mujer débil que se entregara a la lágrima con esa espantosa palabra que es "resignación". Lo hacía con fe, con entereza, con entrega y también con un carácter que dejaba en claro que Ella seguía siendo la madre. El episodio de las bodas de Caná lo deja bien claro. Fue el primer milagro realizado por Jesús, de acuerdo con lo escrito en los Evangelios. Caná, un pequeño pueblo de labriegos, quedaba a un día de viaje desde Nazaret. La pareja que celebraría su boda estaba formada por un artesano del lugar y una bonita muchacha que ya andaba por los 24 años, una edad que, allá y entonces, era muy avanzada como para seguir soltera. La familia de la joven era muy humilde y hacía años que se habían hecho amigos de María; de allí el empeño de Ella para que todo les saliera bien, más aún sabiendo que los recursos de esa gente no eran muchos. La ceremonia fue sencilla pero llena de la gracia que da el amor y la frescura de lo simple. Como era costumbre, había una pequeña dote y regalos de los que hasta allí llegaron. Y no había un padrino sino que, de acuerdo con la tradición, todos los hombres asistentes lo eran y celebraban con gran regocijo y como propia aquella boda por el hecho de celebrar la vida; una unión de ese tipo auguraba descendencia, lo que era realmente vida para el pueblo todo. Ya Jesús iba acompañado a todas partes con sus discípulos, y todos ellos fueron invitados a esa boda en Caná, Galilea. María era invitada especial. Era una jornada muy grata para todos, que disfrutaban junto a la pareja, su familia y sus amigos. Al cabo de varias horas de festejo, compartiendo mesa y tragos con los notables del pueblo, comenzó a sentirse un movimiento desacostumbrado y algunos, los más chismosos, susurraban algo a los oídos de sus vecinos. Algo estaba ocurriendo y no era grato. La Virgen se acercó con discreción a los padres de la novia, escuchó lo que le decían compungidos y quedó pensativa. De pronto, María fue con Jesús, lo llevó aparte, y los dos a solas, le dijo: "No tienen vino. Se les ha acabado". Si bien la cosa no era grave, es cierto que parecía descortés para los invitados, un signo demasiado evidente de pobreza para los recién casados y, lo que era peor, una suerte de mal presagio para su futuro. "No tienen vino. Se les ha acabado", apuró María. Jesús le dijo: "¿Y en qué nos va a ti y a mí, mujer?". Como María se quedó mirándolo fijamente, el Señor insistió, respondiendo al tácito y silencioso pedido de su madre: "Mi hora aún no ha llegado", queriendo expresar que todavía no era el momento de los milagros. Sin embargo, y por eso que contaba sobre el carácter de María, Ella ni siquiera agregó nada más. Sencillamente se dirigió a los sirvientes y les dijo, convencida: "Haced lo que él os diga". Lejos de ofuscarse, Jesús se entregó a los deseos de la Virgen y pidió a los criados que llenaran seis enormes tinajas con agua, que transformó en vino de inmediato. Cuando lo sirvieron, el maestresala —algo así como el encargado principal de la fiesta— lo probó y dijo a la pareja de recién casados: "Todos sirven primero el vino bueno y cuando han bebido bastante sacan el de peor calidad, porque ya nadie pareciera advertir la diferencia, pero ustedes han dejado el mejor vino para el final". María sonreía complacida y miraba a su hijo, que lucía un aspecto de infinita paciencia. Había realizado el primer milagro público, sus discípulos lo rodeaban admirándolo y quien lo había empujado a adelantar sus tiempos había sido María, su madre, por entonces de 46 años de edad y dueña de una fuerza interior que no admitía excusas ni siquiera de Él.

El resto está en los Evangelios: los apóstoles, los muchos milagros que siguieron, el sermón de la montaña, los que se unían a Jesús, el temor de los sacerdotes judíos a verse eclipsados, el miedo de los romanos de que ese hombre siguiera creciendo, la última cena y sigo.

Cuando María sabe que Jesús parte al Monte de los Olivos...

—Perdón.

—*Bueno, parece que esto no será fácil. ¿Ahora qué?*

—Ya que estamos, y antes de pasar al Huerto, me gustaría saber, con todo respeto, si en esos años alguna mujer se enamoró de Jesús.

—*Curiosamente, no me suena como una impertinencia.*

—Porque no lo es, Mariano. Jesús era el Cristo, pero como hombre era también bello, inteligente, joven, santo, piadoso. ¿Por qué una mujer no habría de enamorarse de alguien así?

—*Está bien, pero vamos a hacerla corta.*

María era un nombre muy común. Además de su madre, en la vida de Jesús hubo tres Marías que a veces algunos confunden en una sola, pero no es así. Una de ellas aparece en el Evangelio de Lucas (7, 36), donde se relata la historia de una mujer pecadora que, sabiendo que Jesús comía en casa de un fariseo, logró entrar y, arrodillada, mojó con sus lágrimas los pies del Señor, los ungió con perfume y los besó. El dueño de casa, fariseo intrigado por lo que había oído sobre Jesús, pero también muy desconfiado, pensó: "Si éste fuera profeta, sabría que esa mujer que está a sus pies es una pecadora y no permitiría que lo tocara". No lo dijo en voz alta pero, por supuesto, eso no era necesario para Jesús, que le dijo: "Simón", en un tono entre retador y comprensivo. "Sí, maestro", contestó con cierta hipocresía el aludido. Y Jesús: "Había dos hombres que le debían a un prestamista. Uno de ellos, 50 denarios y el otro, 500. Como ninguno de los dos podía pagarle, el prestamista los perdonó a ambos. ¿Cuál de los dos lo querrá más?". Simón, el fariseo, respondió: "Supongo que el que más le debía", aunque, como era un poco bruto, no entendía aún el mensaje. "Has respondido bien —dijo el Mesías—. Esta mujer cometió muchos pecados porque ha amado mucho. A quien poco se le perdona, poco amor muestra". Y le dijo a ella: "Tus pecados quedan perdonados. Tu fe te ha salvado. Vete en paz". Esa mujer amó a Jesús hombre desde entonces y para siempre, pero nunca más se atrevió a acercarse a él.

Hubo otra María, una mujer que estaba poseída por siete demonios y que había llegado a verlo viajando desde un pueblo cercano llamado Magdala; de allí que ella era conocida como María la Magdalena. A menudo ustedes la confunden y le atribuyen el carácter y profesión de la anterior, la de la casa del fariseo, diciendo que María Magdalena era una prostituta del lugar, cosa que no fue así. En ningún punto de los Evangelios dice semejante cosa, pero el error se mantiene, como tantos. Ella fue despojada de sus siete demonios por Jesús —eso sí está en la Biblia— y se quedó junto a él y sus discípulos como lo hicieron otras mujeres sanadas y agradecidas, para ayudar en los quehaceres a ese grupo de hombres. También la Magdalena amó en silencio y con una pureza cristalina a Nuestro Señor. Fue la primera persona a la que Él se apareció al resucitar.

La tercera María es María de Betania. Ella y Marta son las hermanas de Lázaro. Como todos saben, Lázaro era el amigo de Jesús que murió y al que el Señor resucitó. Este acto fue, puede decirse, lo que decidió a los miembros del Sanedrín, el máximo tribunal judío, a enfrentarlo de manera definitiva porque, al hacerse público aquel milagro, ya muchos decían que era el Mesías y el poder de los 71 miembros del Sanedrín, sacerdotes y laicos, corría serio peligro. Pero ésa es otra historia. La nuestra es hablar de María de Betania, hermana de Lázaro. Aunque no está dicho con todas las letras en los Evangelios, hay detalles que dejan en claro para ustedes que ella amaba a Jesús hombre profundamente pero, al igual que las anteriores, en silencio. Cuando el Salvador va a Betania le ofrecen una cena a la que asisten Lázaro y sus hermanas. Marta es la que sirve, y María lleva una vasija de la que saca un perfume de nardo puro, muy valioso, que unge en la cabeza y los pies del Señor como gesto de bienvenida. La casa se llenó del bello aroma. Al ver eso, Judas Iscariote (sí, ese mismo) critica a la joven y le pregunta por qué no se había vendido ese perfume en 300 denarios para dárselos a los pobres. En esta parte, San Juan —que siempre ha sido de los que no se callan nada— dice en su Evangelio que, como Judas era el que llevaba la bolsa, el tesorero del grupo, digamos, lo que le importaba era que le dieran los 300 denarios para poder meter mano en ellos y llevarse lo suyo. Con todas las letras, incluso, dice que "era ladrón". Como todos los evangelistas, al escribir estaba bajo la inspiración del Espíritu Santo, pero no sé si esa frase fue una de las suyas que logró meter sin permiso. Este Juan era terrible. Por algo a él y a su hermano Santiago Jesús los llamaba "hijos del trueno". Arremetían con todo, con una pasión enorme; había que verlos.

—¿Te importaría retomar el relato?

—*En absoluto, galleguito; es un placer. Me entusiasmo recordando los viejos tiempos, sabrás comprender.*

—Seguro. A mí me pasa con los años sesenta.

—*Sí, claro, pero ahí Juan todavía no había escrito su Evangelio.*

—Mil novecientos sesenta.

—*Ah, cierto, cierto. Mejor, sigo.*

Cuando Judas Iscariote habló despectivamente del gesto de María de Betania, Jesús le paró el carro.

—¿Perdón?

Bueno, digamos que lo amonesta con lo que le dice: "No la incomodes, que buena obra me ha hecho. Porque siempre tendréis pobres para hacerles el bien, pero a mí no me tendréis para siempre. Ella ha ungido mi cuerpo para la sepultura". Y Judas se la tiene que morfar.

—¿Mariano! ¿Te volviste loco?

—*¡Y bueno! Los ángeles no somos de madera. Yo también me entusiasmo.*

—Te recuerdo que la palabra "entusiasmo" significa "en theos", es decir "en Dios".

—*Dios vive entusiasmado, gallego. Si todavía cree en ustedes...*

—¿Cómo es Dios, Mariano? Te lo vengo preguntando desde que nos conocemos, y siempre parece que hubiera secreto de sumario.

—*No seas hereje. Sigo.*

Aquella comida fue muy especial, ya que Jesús compartía la mesa con su amigo Lázaro, al que había resucitado, sabiendo que aquello sería fuerte detonante para los jerarcas. A tal punto lo sabía que lo deja muy en claro al decir que esa unción con el perfume fue "para su sepultura". Anuncia a todos lo que ya está cerca, pues apenas faltan seis días para su crucifixión. Esa María de Betania era la misma que, cuando Jesús visitaba a la familia, se sentaba a los pies del Señor mirándolo con arrobamiento, sin pronunciar palabra.

Supongo que ya puedo abordar el primer misterio doloroso, finalmente.

—No seré yo quien te lo impida. Y gracias.

—*Es un placer. Sigo.*

PRIMER MISTERIO DOLOROSO
Jesús en el huerto

Cuando María sabe que Jesús parte al Monte de los Olivos, sabe también que aquella vez no es como otras tantas en las que su hijo se reunió allí con sus discípulos. El monte tiene 823 metros de altura en su punto máximo, pero el lugar preferido de Nuestro Señor era mucho más abajo, sobre la ladera oeste, en un olivar llamado Getsemaní, que en arameo significa precisamente Huerto de los Olivos.

❖ ❖ ❖

Nada me dijo, y no hacía falta. Era la semana de la Pascua judía y algo dentro de mí me daba, a un tiempo, ansiedad y fuerzas. Ansiedad por lo que iba a ocurrir, aunque yo no supiera exactamente qué sería y no podía imaginar la crueldad que los hombres habían preparado. Fuerzas para poder soportar aquello. Era mi Dios, pero también mi hijo. El del pelo ensortijado cuando era pequeño, el de los ojos mansos pero la mirada firme, el que no hacía mucho había estado correteando en la huerta de nuestra chiquita y querida casa de Nazaret. Y ahora, mi Dios Hombre, sabiendo adónde iba, apenas me miró por dos segundos antes de partir, sin decir nada e instalando la ansiedad y las fuerzas en mi alma. Dos segundos. Tal vez no quiso más, tal vez no pudo.

❖ ❖ ❖

—Mariano…

—*Tranquilo, tranquilo. Hay música en el viento.*

—Y un aroma a rosas en el aire.

—*Y un aroma a rosas en el aire. Sigo, galle.*

La Última Cena se llevó a cabo en la casa de la madre de Marcos, más específicamente en lo que en aquellos hogares se llamaba "el cenáculo", un sitio construido en la parte superior de la casa y al que se llegaba por una escalera externa. Se usaba tanto para orar como para comer en situaciones especiales. Y aquélla lo era. Esa noche y en ese lugar, el Mesías nos dejaría para siempre nada menos que el sacramento de la Eucaristía, la forma de entrar en comunión con Él.

En la Última Cena, en la sala prestada a Jesús y sus apóstoles, el Señor dejó en claro un mandamiento que abarcaba todos los otros: "Amarás a tu prójimo". Repartió el pan y el vino, que simbolizaban su cuerpo y su sangre. De ésta dijo, anunciando lo que ya estaba en camino: "Ésta es mi sangre, la sangre de la Nueva Alianza, que va a ser derramada por muchos, por la remisión de los pecados". Más de uno de ustedes se ha preguntado por qué, siendo el Hijo de Dios, debió morir de manera tan cruel. Ocurre que, en aquellos tiempos, los pactos y los compromisos importantes exigían un sacrificio de sangre. Siempre fue sangre de animales, pero Jesús daba la suya propia para que quedara firme y para siempre lo que Él mismo llamó la Nueva Alianza. Una unión nueva y total entre Dios y los hombres. Los judíos tenían su Arca de la Alianza, una urna de madera recubierta con joyas que tenía dentro, entre otros símbolos, las piedras donde estaban escritos los diez mandamientos de la Ley de Dios. Ese arcón medía sólo un metro y quince centímetros de largo, 69 centímetros de alto y otro tanto de ancho, pero guardaba los símbolos del Pacto con Dios. En la Última Cena, Jesús establecía un nuevo pacto y daba su propia sangre para sellarlo, por decisión divina. Por eso Juan Bautista lo había saludado como "el Cordero de Dios que quita los pecados del mundo". No sería la sangre de un cordero, como era habitual, la que confirmara el compromiso, sino la del Cristo, y justamente para quitar los pecados del mundo. ¿Ves cómo todo va encajando?

—Sí. Incluso María, de la que desde hace siglos se dice que es el Arca de la Nueva Alianza.

—*Exacto. El Arca viva que nos une a Dios como Mediadora, como Madre. Veo que no sos tan bruto.*

—No sé cómo agradecer tus conceptos…

—*No te preocupes, fue un placer. Sigo.*

Después de la cena, Jesús va con sus discípulos al Huerto de los Olivos. Elige a sus tres más amados para que lo acompañen a orar, separándose del resto. Ellos eran Pedro, Juan y Santiago. Jesús les dice: "Mi alma está triste hasta la muerte". ¿Comprenden qué frase? Dicha, como en este caso, hace dos mil años, o hace diez minutos, es de una potencia que marea, una fuerza que aturde. Ustedes casi nunca se detienen a ver a Jesús como lo que también es, un poeta. Piénsenlo también así. Imagínenlo en aquel terrible momento. El peso del dolor que ya llega angustia al Dios Hombre. Cae boca abajo sobre la tierra y dice: "Padre mío, si es posible, aparta de mí este cáliz. Pero no se haga mi voluntad sino la Tuya". La aceptación plena y total con la voluntad del Padre es lo que mantiene a Jesús superando el dolor que ahora lo embarga y sabe que ese dolor y su muerte serán la salvación de muchos. Después de orar por tres ocasiones, se pone en pie y dice con calma a sus discípulos: "Levantaos, vamos, que ya llega el que me entrega".

Apenas terminó de decir esa última palabra cuando un murmullo violento y creciente se acercaba al lugar, lo mismo que el parpadeo de fuego de varias antorchas que lastimaban la noche. Judas Iscariote y un gran grupo de guardias armados irrumpieron de entre las sombras, que era, seguramente, el lugar donde moraban sus almas. Las caras de todos se ven rojizas y negras, con raros tonos, debido a la luz espectral de las antorchas. Jesús ya está calmo, mirando de frente a su destino con los ojos mansos. Judas lo besa, como ya saben, y Él pregunta a los guardias a quién buscan. "A Jesús Nazareno", dicen ellos. "Yo soy", responde el Señor, y pide que lo lleven sólo a Él y dejen marchar a sus discípulos. Recuerdo que fue un momento muy tenso cuando uno de ellos, Pedro, sacó una espada y con inusitada velocidad le cortó la oreja derecha a un tal Malco, criado de uno de los sacerdotes del Sanedrín. Las sombras de la turba se movieron inquietas y hubo ruido de aceros al ser desenvainados y alientos contenidos; podía palparse el miedo y olerse la adrenalina. Aquello podía ser el umbral de una masacre. Los puños se apretaron en el pomo de espadas y en palos; los ojos de todos se abrieron desmesuradamente para poder cortar las tinieblas y, además, porque el miedo abre los ojos. Pero Jesús toma la oreja del suelo y la vuelve a poner en su lugar mientras dice a Pedro: "Mete la espada en su vaina. ¿Es que acaso no voy a beber del cáliz que me ha dado mi Padre?". Y se dejó llevar.

SEGUNDO MISTERIO DOLOROSO
La flagelación

Apenas fue aprehendido, llevaron al Cristo ante Caifás, sumo sacerdote del Sanedrín. Ese cargo era sagrado y había estado cubierto de honor desde épocas muy remotas, pero Caifás no era precisamente un gran ejemplo de eso. Los judíos sabían que su sumo sacerdote los estaba traicionando a ellos mismos, al entrar en arreglos oscuros con el gobernador impuesto por Roma, Poncio Pilato. Familiares de Caifás obtenían cargos con una asombrosa facilidad y las relaciones de éste con la autoridad invasora eran más que cordiales. Si había sido capaz de semejante actitud con su propio pueblo, ustedes pueden imaginar que no se iba a detener ante nada para sacar de en medio a alguien que hablaba de Dios, de moral, de amar al prójimo y todas esas cosas que decía el tal Jesús de Nazaret. Ante ese nefasto personaje fue llevado el Salvador, ya que fue él quien más había presionado para su captura. Lo enfrentaron con falsos testigos, pero ni siquiera así podían encontrar algo para condenarlo. Jesús no decía una sola palabra; llevaba la cabeza erguida pero no altanera, la mirada firme, el rostro como esculpido por un ángel. Sus discípulos Pedro y Juan, que lo habían seguido hasta el templo, se mezclaron entre los criados para ver qué pasaba. Pedro sí tenía miedo; no era muy audaz a pesar de aquel rapto de locura que tuvo en el Huerto de los Olivos cuando con una espada quiso defender al Señor, como ya conté. Fue entonces, mezclado con los sirvientes del templo, cuando negó por dos veces a Jesús cuando le preguntaron sin mayor interés si él era uno de sus discípulos. Juan, todo fuego, tenía la cara encendida y los puños apretados hasta blanquear los nudillos. La tensión era grande. Caifás, ante ese muro de silencio y dignidad que era el Señor, comenzó a ser ganado por la ira. Lo encaró y gritó: "¡Te conjuro por el Dios vivo que nos digas si tú eres el Cristo, el Hijo de Dios!". Jesús lo miró de frente, con esos ojos mansos pero a los que nadie podía sostener la mirada. Hubo un segundo de pausa y dijo con voz firme: "Tú lo has dicho". Caifás enloqueció. "¡Ha blasfemado!", gritó con el rostro desencajado el sumo sacerdote mientras se rasgaba las vestiduras, lo cual era signo muy claro de duelo por una pérdida o de dolor ante lo inevitable, pero —más que nada— era una forma de expresar públicamente un enorme descontento. Caifás exageraba, claro, pero le dio resultado, ya que los otros ancianos, doctores y escribas se conmovieron ante su actitud. El sumo sacerdote, que era muy astuto, miró a su audiencia y preguntó, excitado: "¿Qué necesidad tenemos ya de testigos? Acabáis de oír la blasfemia. ¿Qué os parece?". Los otros se movieron, empujándose. "¡Es reo de muerte!", respondieron a los gritos, contagiados de ira, los demás miembros del Sanedrín allí reunidos. Y, tan azuzados estaban por la chillona voz de su líder, que actuaron como lo hacen las masas, con eso de sentirse protegidos por otros y esconder así una gigantesca cobardía. Muchos, borrachos de furia, le escupían en la cara a Jesús y lo abofeteaban uno tras otro mientras reían y le decían: "Adivina, ya que eres el Cristo, ¿quién es el que te ha pegado?". Caifás ya había conseguido lo que quería, así que derivó a Nuestro Señor de inmediato.

Jesús fue llevado, entonces, frente al gobernador Poncio Pilatos, representante de Roma, timorato, corrupto, soberbio y con una sola certeza: no le interesaba en lo más mínimo la suerte de aquellos a quienes el imperio le ordenaba gobernar. Por compromiso interrogó a Jesús y se dio cuenta de que, en realidad, no tenía cargos en su contra. No quería mandarlo a morir, pero estaba muy presionado por los hombres del Sanedrín. Las aberraciones de la política no son cosa de la época de ustedes solamente, no vayan a creer. A pesar de eso Pilatos, sin embargo, se resistía y creyó encontrar una salida. Como para esas fiestas era posible dar la libertad a un reo sin que importara su delito, presentó ante la turba a Jesús y a un prisionero llamado Barrabás. A Jesús lo acusaban de decirse hijo de Dios, y a Barrabás lo habían condenado como famoso ladrón y homicida. Pilatos le presentó la opción al pueblo, y al preguntar a quién debía liberar, todos ellos, que habían sido hablados por los del Sanedrín, gritaron "¡A Barrabás!". El patético gobernador hizo otro intento, preguntando qué debía hacer en ese caso con Jesús. Y la turba gritó: "¡Sea crucificado!". Admito que en esos momentos dudé mucho de lo que los griegos y luego ustedes llamarían democracia, ya que fue unánime y popular la decisión de los que habían sido convencidos por los sacerdotes, ancianos y escribas. A lo largo de toda la historia de la humanidad se ha visto muchas veces —y seguirá viéndose, me temo— que es muy fácil para alguien medianamente hábil manejar a su antojo a los grupos masivos, hacer que le crean cualquier cosa, recibir apoyo sólo con usar los tonos correctamente gritados, sin que siquiera importe lo que se dice sino cómo se lo vocifera. La masa no tiene personalidad y los que la forman se contagian entre sí de un fervor inventado que se esparce como una peste del alma. Así ocurrió esa noche con Jesús. Nosotros, los ángeles, queríamos ir a salvarlo, pero el Padre nos paralizó con sólo un gesto, y sabíamos que aquello debía ocurrir por la humanidad toda, por siempre y para siempre. Algunos de nosotros lloramos, pero eso no servía de mucho. Pilatos entró en el palacio nuevamente y le dijo a Jesús: "Tu gente y los pontífices te han entregado a mí. ¿Qué has hecho?" y le preguntó si en verdad Él decía ser el rey de los judíos, que de eso se lo acusaba. "Mi reino no es de este mundo", dijo Jesús. Pilatos creyó que tal vez con un castigo duro la turba se daría por conforme. Mandó azotar a Jesús, lo que hicieron con terrible crueldad, humillándolo mientras el látigo arrancaba lonjas de su cuerpo. Cristo apretaba los ojos, sufriendo sin palabras.

TERCER MISTERIO DOLOROSO
La coronación de espinas

Los verdugos llevaron a Jesús al patio, lo abofetearon y escupieron, le quitaron toda la ropa y le echaron por encima un manto de púrpura. Una planta del lugar se caracterizaba por sus gruesos tallos y sus grandes y afiladas espinas. Alguien sugirió que sería algo digno de un rey.

Hicieron una corona de espinas y se la colocaron en la frente, que empezó a sangrar marcando surcos rojos en su rostro. Las púas se clavaban en su frente, sus sienes, su nuca, haciendo que el dolor fuera una suerte de monstruo insaciable que mordía su cabeza mientras el mareo lo invadía, la náusea lo abombaba, el llanto se negaba. Sentía asco y mucha tristeza, pero no por Él, que sabía que aquello iba a servir a todos; Él tenía un motivo. ¿Cuál era el de los hombres del Sanedrín? ¿Envidia? ¿Celos? ¿Temor? ¿Y qué movía a los del Imperio romano a permitir aquello? ¿Indiferencia? ¿Crueldad? ¿Despreocupación? Ninguna de esas razones eran buenas ni sanas. Él tenía un motivo que se llama amor, y eso le daba fuerzas, pero no podía reprimir el asco y la tristeza por sus verdugos, no tanto por los que lo flagelaban y coronaban con espinas, sino por los que demostraban qué débiles eran al gritar que crucificaran a un hombre semidesnudo, sangrante y humillado. Los que lo mantenían en ese infame sitio, trastabillando agónicamente sin una queja, le dieron una caña como si fuera un cetro y así, con falsos cetro, corona y manto real, se burlaron de Él, azotándolo sin piedad y llamándolo "rey" mientras reían a carcajadas. Algunos se inclinaban ante Él en una fingida reverencia que los demás festejaban con aplausos y gritos, todos borrachos no de licor sino de sangre, mareados de un odio insensato que hacía que descargaran en Jesús las frustraciones de sus miserables vidas. Poncio Pilatos volvió a llevarlo al balcón, frente a la turba, y les dijo que él no lo encontraba culpable de nada, pero los del Sanedrín gritaron: "¡Crucifícalo, crucifícalo!". Fue entonces cuando el gobernador tomó una fuente con agua y se lavó las manos ante el pueblo, diciéndoles: "Soy inocente de esta sangre. ¡Vosotros veréis!". Y todo el pueblo respondió que ellos se harían cargo de esa sangre. Pilatos se lo entregó y el Hombre Dios fue, con mucho dolor pero sin miedo alguno, en pos de su fin terrenal. El Cordero de Dios iba a ser sacrificado, para darnos un ejemplo de entrega y coraje.

◆ ◆ ◆

Alguien vino a avisarme, no sé quién. Tampoco supe, por un largo rato, de qué me hablaban, dónde estábamos, cómo habíamos llegado a ese punto, quién tenía a mi niño, quién tenía a mi Dios. Pasaron frente a mí como una ráfaga nítida y cruel las imágenes de mi hijo en el pesebre, sus primeros pasos, sus primeras sonrisas, José, que ya había muerto, el taller de la parte trasera de la casita de Nazaret, los gorriones de barro a los que hizo volar, su palabra ante los asombrados ancianos del templo de Jerusalén, su luz, Padre mío, su Luz. Y corrí guiada por no sé quién hasta el lugar donde estaban sacrificando a mi Cordero.

◆ ◆ ◆

—Me duele, Mariano.
—*Nos duele, gallego.*

CUARTO MISTERIO DOLOROSO
El camino al calvario

Ya era el viernes cuando lo hacen cargar su propia cruz camino a su propia muerte. A menudo a ustedes se les dice que deben saber soportar cargar su cruz en esta Tierra porque el triunfo no está allí sino en un reino mucho más poderoso e importante, además de eterno. ¿Qué conocen ustedes en el mundo que sea eterno? ¿Las rocas? No, nada de eso; las rocas se van desintegrando año a año, década a década, siglo a siglo, y van perdiendo pequeñas partículas que forman lo que ustedes llaman arena. Las rocas, tan fuertes, tan poderosas, no son eternas. ¿La misma tierra? No. La tierra se transforma en polvo en la sequía, en barro con el agua, en nada con el tiempo aunque en medio haya servido para ser la cuna de una flor o de un árbol. Polvo, eso es la tierra. ¿Tal vez lo eterno sea la inteligencia? No sean tontos. Hace apenas algo más de un siglo se cortaba a la gente para desangrarla creyendo con eso que se la curaría de ciertos males. El alemán Federico Nietzsche, en un rapto de esos que ustedes llaman inteligencia, aseguró que la fe era para los rebaños de hombres y agregó, para definir sus teorías: "Dios ha muerto". En realidad el que murió fue Nietzsche, el 25 de agosto de 1900. Y Dios está bastante bien de salud, gracias a Él. Otro ejemplo de enorme inteligencia, Albert Einstein, terminó sus días diciendo que si hubiera sabido para qué se usarían sus conocimientos —se refería a la bomba que se conoció como "atómica"—, mucho mejor habría sido dedicarse a la relojería, que era su hobby. Otro, Albert Schweitzer, médico, hombre de ciencia indiscutible e indiscutido que ayudó a los africanos desde su exilio voluntario en Lambarené, escribió una frase clave: "Cuanto más se aprende, lo que aumenta no es el conocimiento sino el misterio". No, la inteligencia no es eterna. Cambia, muta, se disfraza, coquetea, brilla y muere. No es eterna. Nada es eterno en la Tierra de ustedes, porque son justamente ustedes los que se encargan de que así sea. No soportan la rutina del amor, cuando no hay nada más apasionante que seguir queriendo mañana igual o más que hoy. Por eso es que, a veces, hay tropiezos en la vida de ustedes y deben llevar su cruz. Cárguenla, más que con fuerza, con fe. Piensen en lo eterno, si pueden.

—No quiero ponerme pesado, pero ¿no te disparaste a lo loco para cualquier lado? Me sonó a campaña religiosa, ya que estabas.

—*No voy a hacer declaraciones. Sigo.*

El hecho es que cuando a ustedes se les dice de cargar su cruz como una dura metáfora, tratan de esconder el bulto y olvidar que hubo Uno que no lo hizo como metáfora sino muy en serio y no por Él precisamente. Jesús llevó su cruz sobre los hombros desde el llano de Jerusalén, camino arriba hasta el Gólgota. Gólgota significa "cráneo" en arameo y se llama así por la forma de ese monte y por la enorme cantidad de cráneos humanos que por ahí quedaban luego de las ejecuciones. También de allí —"*calveri*", calavera en latín— les llega a ustedes la palabra Calvario. Apenas salió Jesús con su cruz a cuestas, azotado, escupido, humillado, con su corona de espinas, dolorido en el cuerpo y en el alma, cayó en un par de ocasiones y luchó por levantarse. Un hombre, Simón el Cireneo, fue elegido de entre la multitud para ayudarlo. Cómo envidiamos a ese anónimo fortachón que ni siquiera sabía qué estaba haciendo y por quién.

Una mujer piadosa se acercó a él a pesar de la guardia pretoriana y le secó el rostro sudoroso y sangriento con un paño. Se le ha dado el nombre de Verónica, que, por otro lado, une el *"vero"* latino (verdadero) con el *"eikon"* griego (imagen). Aquella tela parece haber guardado la vera imagen de Cristo en su camino al calvario.

—¿Y María, mientras tanto?

—*María...*

♦ ♦ ♦

Yo estaba mezclada con la gente, mi gente, Su gente. Mi piel estaba blanca como si toda mi sangre estuviera sumándose a la Suya. No podía creer que fuera cierto lo que estaba viendo mientras Juan y algunas otras personas piadosas me sostenían en mi estupor. Lo veía llevando su cruz con inmenso dolor pero con la mayor dignidad. Sudando sangre y agua como un torrente de pureza que pretendía salvarnos a todos ya, allí, en ese mismo instante. Pero era mi niño, mi hijo querido. Y el corazón me estallaba y las lágrimas cubrían mi rostro y una angustia profunda como un abismo negro se instalaba en la boca de mi estómago, y el dolor, Dios mío, el dolor enorme de verlo allí sufriendo. Mi niño, mi hijo Dios, mi Señor, mi pequeño, mi pelo ensortijado, mi bebé, mi Mesías.

♦ ♦ ♦

—Marianito...

—*No digas nada, galle, no digas nada. El dolor es mudo.*

QUINTO MISTERIO DOLOROSO
La crucifixión

Lo acostaron sobre la cruz, aún en tierra. Metieron unos clavos a la altura de sus muñecas. En la palma de las manos habría sido imposible porque su propio peso habría desgarrado la carne dejándolo caer. A la altura de las muñecas los clavos quedaban fijos entre dos huesos y el dolor era mucho mayor aún. Cruzaron sus pies y con un solo clavo enorme y filoso los atravesaron ciñéndolos a una cuña en la madera. Y allí estaba, el Hijo de Dios, el Todopoderoso, con los brazos abiertos, la piel desgarrada, la frente quebrada por espinas, sus propias lágrimas como único refresco, los brazos traspasados, los pies horadados, en una agonía irrepetible y cruel. Los monstruos que oficiaban de custodios de aquella cruenta escena eran dueños de toda la ignorancia y el desdén de los que nada saben ni sienten. Levantaron la cruz con Él en ella y la metieron en el tosco suelo. Ya estaba hecho, ya lo habían crucificado. Pero no bastaba. En un palo envolvieron un trapo embebido en vinagre y se lo alargaron hasta su boca. Cristo apenas volvió la cabeza, con sus pocas fuerzas, para rechazarlo. Sobre Él habían puesto un cartel hecho a mano desprolijamente que decía que era "el rey de los judíos". En latín se lo tradujo hasta estos días de ustedes como INRI (Iesus Nazarenus Rei Iudeus, Jesús Nazareno Rey de los Judíos). Una estúpida ironía que se quedaba corta. Mientras Él agonizaba, a los pies de la cruz unos monstruos con uniformes del imperio se jugaban a los dados su manto. Jesús ya había dicho: "Perdónalos, Señor, porque no saben lo que hacen". Allí estaban sus discípulos mezclados con la gente, sufriendo en silencio y temiendo por sus propias vidas. Y estaban, más cerca de la cruz y sin miedo alguno, María Magdalena, María de Cleofás —prima de la Virgen— y María, su madre. Las tres Marías. Y Juan, que tenía poco más de veinte años y hundía su mentón en el pecho llorando apretadamente por el que tanto amaba. Jesús, agonizante, nos representó a todos en la figura de su discípulo más joven y amado, Juan. Y nos señaló con sentido eterno el destino de Mediadora y Protectora que tendría la Virgen. A Ella le dijo en su última mirada: "Mujer, ahí tienes a tu hijo", que no era sólo Juan sino la humanidad toda. Y a él, que era como hablarnos a nosotros, dos mil años más tarde: "Ahí tienes a tu madre". Con esas palabras nos estaba dejando a todos, ángeles y humanos, la más grande herencia de amor.

◆ ◆ ◆

El cielo estaba gris y se tornaba negro. El aire era casi irrespirable, los sonidos eran cosas metálicas de espadas o de vainas, suspiros de otra gente, sollozos de los menos. Yo tenía el corazón desgarrado; puede decirse que lo sostenía en mi mano, sangrante y fugaz. Podía oír el latido en medio de mi pecho aunque no sabía muy bien si no era el del pecho de Él, porque se mezclaban, juegue-

teaban, se hacían arrumacos y se negaban a ser uno aunque yo quería que fuera uno, darle a Él un respiro, cambiar mi lugar por el Suyo y pedir a gritos que me crucificaran a mí y no a Él. ¡Cómo explicar, mi Dios, tanto dolor! ¡Cómo contar con tontas palabras lo que ni siquiera se puede contar con silencios! Cualquiera de ustedes que sea madre, que sea padre, imagine a la carne de su carne atravesada por clavos, con la sangre cubriéndole la cara, espinas en la frente, la espalda flagelada, los ojos moribundos, la boca seca, yerma, la lengua hinchada, muerta. No se puede contar tanta desgracia, ni transmitir un poco de un dolor tan profundo. Tal vez sea, lo siento, un dolor muy ajeno para ustedes. Algo que sucedió hace veinte siglos, una cosa de otros, vieja historia. Pero fue por ustedes, lo aseguro. Yo no juro, claro que yo no juro. No se debe jurar, está vedado. Pero les aseguro que aquella muerte cruenta, ese dolor terrible, esa agonía inmensa, fue por ustedes, gente, por todos, cada uno, no importa lo que sean, no importa lo que hagan, no importa lo que piensen, no importa lo que digan, no importa si no creen ahora en lo que cuento, no importa, no, no importa. Mi hijo, mi bebé, mi hombre, mi Dios, nunca jugó a vivir, Él se jugó la vida, que no es lo mismo, les digo yo que no, que no es lo mismo. La carne de su cuerpo que se rompía casi con sonido. ¿Pueden imaginar que algo así pase con un hijo de ustedes? No, no pueden, por más que así lo afirmen. El ruido de la carne que se rompe, la sangre que es vertiente en su cuerpito, el dolor que me llena el alma toda, quiero ya no estar más, dejar el mundo, ir junto a Él, restarle su agonía y el cielo que se empeña en ponerse más negro y más, más negro, y los truenos que rompen la coraza de una tarde que sólo era una tarde y ahora era el tiempo entero. Todo se oscureció, más que nada las almas, y mi corazón tenso, detenido en el tiempo, gritó por qué, por qué seguir viviendo, si lo que más quería se me iba, mi pequeño de pelo ensortijado, mi bebé de Belén, mi Dios, mi dueño. Yo no entendía aún lo que ahora entiendo. Jesús tenía fuerzas, todavía, para pedirle a Dios que perdonara a esos hombres, diciéndole: "No saben lo que hacen". Luego, mientras el cielo era un mar negro profético y temible, volvió a decir, quebrado y dolorido, y sin embargo muy claro para que oyeran todos: "Padre, en tus manos encomiendo mi espíritu". Y grité un solo grito nacido en mis entrañas. Era como un sollozo, creo, un gemido animal, no estoy segura. Tapó las otras voces, los ruidos de metal, todo sonido. Salvo uno, más débil y sin embargo, Dios, más poderoso: el grito de mi hijo, su último suspiro. Y su grito y el mío se abrazaron mimosos, siendo uno solo al fin, mientras un trueno hizo temblar la tierra y yo lloré la muerte y agradecí la vida que Él nos estaba dando en ese instante mismo y por primera vez sentí al alivio y supe, en verdad supe como si la estuvieran mostrando frente a mí, qué era la eternidad; pude palparla casi, lo aseguro. Allí, en lo Eterno, por siempre y para siempre, con Dios, con el Espíritu, en la Gloria, estaba ya mi hijito, Jesús, el carpintero.

◆ ◆ ◆

—Dios te salve, María.
—*Dios te salve.*

Mientras tanto, en el instante en que Jesús moría, el velo del templo de Jerusalén que caía desde lo más alto del cielo raso hasta el suelo, se desgarró rompiéndose en dos partes. Era la señal divina que anunciaba que con aquel sacrificio comenzaba la Nueva Alianza. También con el último suspiro del Señor tembló la tierra, las rocas se quebraron y muchos sepulcros se abrieron y dejaron salir a hombres santos que allí reposaban y que se aparecerían luego a muchos en el pueblo.

El momento exacto de su muerte física fue a la hora sexta romana, lo que equivale puntualmente a las tres de la tarde del viernes. Para asegurar su muerte, un soldado elevó su lanza y la clavó con fuerza en el costado del Misericordioso. Todos pudieron ver que de esa herida de inmediato comenzó a manar sangre y agua, pasión y purificación. Un trueno, que se sintió en la boca del estómago de los que allí estaban, sacudió hasta el dolor, hizo temblar los huesos, abrazó con un miedo gigantesco tal vez el mundo entero, nunca podrá saberse. Los que habían ido a ver el espectáculo huían alborotados, tropezándose unos con otros y bajando del monte mientras se golpeaban el pecho al sentirse culpables. Al pie de la cruz quedaban Juan y las mujeres, todos rodeando a María. Nada había dado fin en aquel día; por el contrario, todo estaba por nacer.

4

Nunca la gloria fue tanta

Hay un relato que me gusta mucho.

Una vez, en una de esas tantas guerras que en el mundo han sido, hay un combate fiero y un soldado cae herido de muerte a unos cuantos metros del sitio donde están poniéndose a cubierto sus compañeros. Juan, otro soldado, le pide al capitán a cargo que lo deje ir en busca del herido, que es su mejor amigo. "Ni lo sueñe —dice el capitán—. ¿No ve que casi ha muerto? Lo único que lograríamos sería perder otra vida más: la suya." No hay forma de que Juan, en medio de aquel estruendo y caos, pueda convencer al capitán. Sin embargo, desobedece y sale del refugio, arrastrándose hacia su amigo mientras las balas silban y rebotan en el suelo, cada mez más cerca de él. Llega hasta el herido, le levanta la cabeza y lo abraza. Unos segundos después también Juan recibe una terrible descarga que lo deja inmóvil. Una arremetida de sus compañeros permite que recuperen terreno y lleguen a los dos, Juan moribundo y su amigo ya muerto. El capitán, con una mezcla de enojo y emoción, levanta un poco a Juan y le reprocha: "¿No le dije, soldado, que iba a perder también usted la vida? ¿Para qué sirvió esto, si él ha muerto?". Y el muchacho, en un último esfuerzo, murmura: "Sirvió, mi capitán. Cuando yo me arrastré hasta él y levanté su cabeza, mi amigo, un segundo antes de morir, abrió los ojos y sonriendo apenas me dijo: 'Juan… Yo sabía que ibas a venir'".

Es el más bello relato que yo haya oído de todos los que intentan contar qué es la amistad. La Biblia dice en alguna parte que "no hay amor más grande que el que da la vida por sus amigos". Y aquí se debe entender algo que amplía el espectro: amigos son aquellos a los que amamos, el prójimo mismo. No hay amor más grande que el que da la vida por el prójimo; ésa es la idea.

¿Aún alguien puede preguntar, entonces, por qué Jesús tenía que morir en la cruz? ¿Por qué tanto dolor, tanta humillación, tanta sangre? Nosotros estábamos heridos en el medio del campo de batalla, no sólo hace dos mil años sino siempre, ahora mismo. Y Él aceptó su sacrificio cruento para venir a buscarnos. Golpeados, tiroteados por la vida, sangrantes y confusos, ya débiles de angustia, mareados de problemas, sería buena cosa, sin embargo, pensar en ese Cristo, sonreírle un poquito y, sin siquiera pronunciar la palabra "gracias", decirle simplemente que sabíamos que Él iba a venir.

—*Francamente me gustó, gallego. ¿Pero no era yo el encargado de escribir toda esta parte?*

—Bueno, yo pensé…

—*¿Pensaste? Ciencia ficción no, galle.*

—Muchas gracias. Tu apoyo me reconforta, Mariano.

—*No refunfuñes. Sigo con lo mío.*

—Lo tuyo. Qué bien… Como usted diga, bwana. Sí, mi amo. Lo escucho con atención, alteza. Adelante, sahib. A sus órdenes, efendi.

—*Vos ves demasiado cine de aventuras. Sigo.*

PRIMER MISTERIO GLORIOSO
La Resurrección

No todos en el Sanedrín, el máximo tribunal judío, eran enemigos de Jesús. Algunos miraron para otro lado, al mejor estilo de Pilatos pero sin lavarse las manos, que —por supuesto— también les quedaron teñidas en sangre muy a pesar de ellos. A menudo la indiferencia mata más que el odio, y de una manera cobarde. Otros hicieron conocer su desacuerdo con lo que iba ocurriendo, pero eran muy pocos y de nada sirvió. Uno de los sacerdotes del Sanedrín que más se opuso fue José, natural de Arimatea. Era un hombre de inteligencia y también de fortuna. Estuvo a los pies de la cruz durante la agonía y allí…

—Guardó en el copón la sangre de Cristo que manaba de su costado.

—*Si querés, podés seguir vos con el relato.*

—¿Qué? ¿No puedo decir nada?

—*¿Vos estuviste allí?*

—No soy tan viejo. Pero sé lo del copón.

—*El copón es aquel con el que Jesús bebió en la Última Cena, el mismo en el que consagró el vino como su sangre. El Santo Grial.*

—Me encantaría saber más sobre el Grial. No te interrumpo más. ¿Podrías contarme qué pasó con aquel copón, Marianito?

—*Con gusto.*

—Sos un ángel.

—*Lo sé.*

José de Arimatea tenía consigo el cáliz sagrado porque creía en Jesús y le había pedido a un servidor suyo que le consiguiera aquella copa en la que Él bebió por última vez. No costó mucho obtenerla, ya que, en ese momento, eran más importantes los acontecimientos y a nadie —salvo a José, claro— se le ocurrió reclamarla. Con ella en sus manos recogió al pie de la cruz parte de la sangre que manaba de la herida que Cristo tenía en el pecho. Con ese gesto, que se cuenta apenas como algo meramente anecdótico, se estaba cerrando un círculo impresionante por su significado: el copón había contenido el vino que Jesús consagró como su propia sangre redentora y ahora era esa sangre la que ocupaba el cuenco. José fue un personaje más simbólico de lo que ustedes creen.

—¿Qué pasó con él?

—*Interrumpía mucho a su ángel y lo fulminó un rayo.*

—En serio, dale.

Poco después se convirtió al cristianismo y al tiempo se fue a Britania, donde fundó un monasterio y dedicó su vida a difundir su nueva fe. No se separó jamás del Santo Grial, el bueno de José.

—¿Cómo era?

—*No muy alto, con barba canosa, cejas espesas...*

—Me refiero al Santo Grial, Mariano.

—*Ya lo sé. Sigo.*

Muchos lo imaginaron como una joya de oro revestida de piedras preciosas, ya que el Rey de Reyes bebió en ella, pero no. Ocurre que el Rey de Reyes no pertenecía a una familia pobre pero tampoco de fortuna, como creo que está claro para todos. Hoy ustedes dirían que eran de clase media trabajadora. Y la mayoría de los apóstoles eran aún más humildes en cuanto a recursos: varios eran pescadores, Mateo había sido recaudador de impuestos; otros eran labriegos. No podían darse el lujo de copas de oro con piedras preciosas. El Grial era un copón común, de metal fuerte pero barato. José de Arimatea lo guardó toda su vida, y luego fue pasando de generación en generación como el mayor tesoro al que se debía cuidar. Posee, desde siempre, propiedades milagrosas.

—Eso me interesa.

—*Por supuesto, tu costado misterioso te domina. Si hubieras sido el quinto evangelista habrías escrito un seguramente famoso evangelio amarillo, con intrigas y personajes extraños...*

—No te vayas a ofender, Mariano, pero no me necesitaron a mí. El Nuevo Testamento abunda en mentirosos, prostitutas, iracundos, hipócritas, traidores, vengativos, asesinos. Y no hablemos del Antiguo Testamento: a todo lo anterior súmale ángeles milagrosos, serpientes que hablan y ofrecen manzanas a precios módicos, un pueblo entero de homosexuales, como Sodoma, mujeres que se transforman en estatuas de sal por puro curiosas, carros de fuego que...

—*Bueno, ya está bien.*

—Te dije que no te ofendieras. Yo no estoy criticando, al contrario. Intento decir que esas historias son atractivas. Uno quedaría encantado aun leyendo la Biblia como un mero relato histórico. Es apasionante, asombrosa, inspirada, insuperable. Y, como si fuera poco, es sagrada... Los milagros, además, siempre son algo que fascina.

—*De acuerdo, de acuerdo, pero por algo Jesús era muy prudente con eso y pedía a los apóstoles que no insistieran contándolos.*

—Pero los contaban.

—*Sí, porque, aunque fueran apóstoles del Señor, eran libres de elegir lo que harían. Y eligieron contar los milagros de Jesús porque ellos mismos estaban asombrados y porque sabían que eso atraería a otros que se convencerían de que Él era el Mesías.*

—Y bueno, está bien. ¿Acaso no ocurrió? Es lícito, ¿no?

—*Sí, lo es. Pero Jesús sabía que esos milagros podrían opacar su misión mesiánica. Que muchos quedarían deslumbrados por la luz hasta tal punto que no repararían ni en el farol ni en el farolero. Quería que entendieran que lo más importante era el mensaje y no los milagros.*

—Pero sirven.

—*¿Y quién dijo lo contrario, se puede saber?*

—Vos. Subestimás el milagro.

—*Bueno, viejo, si no entendés...*

—Viejo serás vos, que tenés miles de años.

—*Lo dije afectuosamente, gallego, no me vuelvas loco.*

—Los ángeles no enloquecen.

—*Hasta hoy. No sé qué hacer con vos, aparato.*

—Yo también te quiero... Contáme lo de las propiedades del Santo Grial, dale.

Está bien. El Grial daba alimento sin límites a los que estaban libres de pecado. Si un impuro de corazón se atrevía a observarlo, quedaba ciego de inmediato. Los humildes de espíritu podían ver el fondo de la copa y encontrar allí, iluminada, la imagen del rostro del Señor; pero si lo hacían los soberbios quedaban paralizados para siempre. A los que se acercaban con irreverencia los dejaba mudos. Y a los que lo defendían les daba el don de lenguas con el que podían hablar cualquier idioma o dialecto del mundo a la perfección sin haberlo aprendido. En algún momento de la Edad Media se le perdió el rastro al Santo Grial y desde entonces fueron muchos los que intentaron encontrarlo, pero sin éxito.

—Por supuesto, vos sabés dónde está.

—*Seguro.*

—Como un favorcito personal, ¿podrías decirme dónde?

—*Sí, claro, por supuesto. Además puedo decirte los números que van a salir en el Loto la semana que viene, la fecha exacta del Armagedón y el número de teléfono privado de San Agustín para charlar con él de filosofía cuando estés aburrido.*

—Lo del Armagedón no estaría mal, pero no. Solamente te pregunto si serías capaz de decirme dónde está ahora el Santo Grial.

—*¿Por qué no? Está en cada iglesia del mundo y un sacerdote lo eleva en la consagración para que todos cumplan lo de la Última Cena, cuando Jesús pidió que se hiciera aquello en memoria de Él.*

—Ganaste.

—*Por goleada. Sigo.*

El caso es que José de Arimatea no sólo guardó el copón sino que fue a reclamar el cuerpo de Jesús ante Poncio Pilatos, que se lo entregó para sacarse el problema de encima cuanto antes. José tenía un sepulcro que jamás había sido usado

—una excavación en la montaña—, y ayudado por Nicodemo, otro inteligente doctor en leyes del Sanedrín que había aceptado y amado a Jesús, envolvieron al Señor en una mortaja y lo perfumaron con caras esencias de mirra y aloe que dejaron un aroma muy agradable en el lugar. Cuando estaban cerrando la entrada del sepulcro, llegaron unos soldados enviados por Pilatos, entraron para asegurarse de que Jesús ya estuviera allí, empujaron una gran piedra circular para cubrir la única entrada y la sellaron. Dos de ellos quedaron de guardia, siguiendo las instrucciones de Pilatos, que temía que se robaran el cuerpo.

—¿Y María, mientras tanto?

María fue recibida en casa de una de las seguidoras de Jesús allí, en Jerusalén. La rodeaban varias mujeres y dos de los discípulos, Pedro, el tosco pescador que había sido elegido para ser piedra fundacional de la Iglesia, y Juan, el joven de cabello renegrido y anchas espaldas que apretaba las mandíbulas sin dejar de mirar a la Virgen. Ellos dos, Juan y Pedro, eran, con Santiago, los discípulos a los que Jesús más amaba y consentía. Y ellos a Él. Santiago, aquel "hijo del trueno" impetuoso e imponente, ese hombrón de voz profunda y sangre caliente, no estaba allí por pudor. No muy lejos, sentado al pie de un árbol tan solitario en medio del llano que parecía un error de la naturaleza, Santiago se tapaba la cara con las manos, llorando sin consuelo. Los otros discípulos estaban dispersos, temerosos de ser encarcelados, como en efecto ocurriría luego. María estaba en el centro de la sala humilde de esa casa prestada y todas las mujeres la rodeaban gimoteando, tratando de contener el llanto abierto para no aumentar más aún su angustia.

◆ ◆ ◆

Tenía yo la vista fija en nada. Estaba mirándome para adentro descubriendo allí que mi Señor me había dado una fuerza que yo desconocía. Era casi irreal percibir las sombras de las otras mujeres que se movían a mi alrededor, atentas seguramente a cualquier deseo que tuviera. Al principio deseé morir, es cierto. Quise irme con Él ya que no pude hacer nada para retenerlo conmigo. Pero después, una sensación muy tibia fue alcanzando mis sentidos y haciendo que todo tuviera una razón de ser, un plan divino que iba mucho más allá de mi simple y espantoso dolor.

Por eso no lloraba y tenía la vista fija en nada. Me llegaban desde la penumbra, como en un raro sueño, gemidos de congoja; tal vez alguno de ellos era mío. Mis sensaciones eran tan extremas que casi podía oír con nitidez el imperceptible sonido de algunas lágrimas que se estrellaban contra el piso de roca, distinto del de la casita de Nazaret, que era de tierra, y andábamos descalzos y jugábamos y José se reía con una travesura del niño y el niño mismo extendía su manita para acariciar mi mejilla y hacerme sonreír como él lo estaba haciendo. Ahora esa caricia se mezclaba con otra, muy leve y respetuosa, que me daba esta joven, María de Magdala, en esa casa de otros, con el piso de piedra. Se acerca lentamente la joven Magdalena, en medio del titilar absurdo de velas encendidas que hacen que no sea oscuro ni sea claro, sino confuso, ajeno, misterioso. Se acerca y me acaricia la mejilla y puedo adivinar, aunque no mire, que sus ojos están rojos de llanto, rojos como si fueran dos heridas de cuchilladas en la carne viva. Debió de querer mucho a mi pequeño, mi Señor, su Señor. Sin saber, pobrecita, que Él fue hombre que no pudo ser nuestro, nunca, nunca. Que Él siempre fue de todos, aquellos que ya fueron, los que ahora son, los que serán, de todos. Que fue hecho hombre, mi Dios, para morir y conseguir así que los demás pudieran ser eternos. Jesús muere por eso. Jesús muere para matar la muerte. La vence con la eternidad. Por eso estoy tranquila, porque entiendo. Y María Magdalena que quiere consolarme con su caricia bienvenida y tibia pero no sabe aún, bella y confusa, que yo soy el consuelo. El consuelo de todos desde entonces. Porque entiendo que no hubo muerte alguna, que nació la esperanza. Y yo soy su guardiana para siempre.

◆ ◆ ◆

—Me estremece, Mariano.

—No tengas miedo, galle. Sentí, más que pensar. Tranquilo. Sigo.

Así pasó todo el sábado. El domingo, a primera hora, María Magdalena y otras dos mujeres fueron al sepulcro para llevar nuevos ungüentos de viejos aromas. En el camino se preguntaban cómo harían ellas para mover la enorme piedra que tapaba la entrada, pero eso no fue necesario, ya que apenas llegaron hubo un temblor en la tierra, un ruido que ellas jamás habían oído y un ángel se deslizó por lo que parecía un relámpago que venía directamente del cielo. Apenas el ángel tocó la enorme piedra de la entrada, ésta rodó dócilmente, dejando la gruta abierta y con ella la visión que sobrecogió a las mujeres y dejó a los guardias como muertos: el lugar estaba vacío y el sudario y las mortajas reposaban en el piso de la caverna. El mensajero de Dios, que llevaba ropas muy blancas y era todo luz, les dijo el consabido: "No temáis", pese a lo cual las mujeres no atinaban a moverse ante una escena como aquélla. "¿Por qué buscáis aquí, entre los muertos, a aquel que está vivo? Jesús de Nazaret no está aquí. Ha resucitado", dijo el ángel muy suavemente para calmarlas. Y agregó: "Avisad a sus discípulos y decidles que Él irá delante de ellos a Galilea y allí los encontrará". Las mujeres corrieron de regreso y contaron atropelladamente lo ocurrido. Juan y Pedro no quisieron oír más y salieron a toda carrera hacia el lugar, que quedaba monte arriba. El primero en llegar fue Juan, joven y atlético. Miró dentro del sepulcro y quedó paralizado de asombro mientras Pedro, resoplando por el esfuerzo, se ponía a su lado y comprobaba que lo único que había allí eran los lienzos con los que el cuerpo de Jesús había sido cubierto. Sólo entonces fueron recordando que, según la Escritura, el Mesías debía resucitar de entre los muertos al tercer día, tal como acababa de ocurrir.

Los Evangelios cuentan que María Magdalena estaba, esa misma tarde, llorando frente al sepulcro vacío cuando miró hacia adentro y vio a dos ángeles plenos de luz que le preguntaron: "Mujer, ¿por qué lloras?". Ella responde: "Porque se han llevado a mi Señor y no sé dónde lo han puesto". Y oye a sus espaldas la reiteración de la pregunta: "Mujer, ¿por qué lloras?". Ella ve una silueta en sombras y cree que es el hortelano que cuida ese lugar; por eso le pide que le diga si sabe quién se llevó el cuerpo. De la silueta surge una sola palabra: "¡María!". La Magdalena reconoce la voz de inmediato y grita ahogadamente: "¡Maestro!". Intenta avanzar hacia la figura amada, pero Jesús la detiene con un gesto mientras le dice: "No me toques, porque todavía no he subido al Padre, pero ve y anuncia que subo a mi Padre y vuestro Padre, a mi Dios y vuestro Dios". Es la primera aparición de Jesús resucitado, según el Evangelio.

—¿Por qué insistís con "según el Evangelio"? Vos estuviste allí. ¿No es así como está contado, acaso?

—*No exactamente.*

—¿Y eso qué quiere decir? ¿Se le apareció antes a su madre?

—*Bueno, sos bastante perceptivo. En realidad fue algo muy especial.*

—Contáme.

Al mediodía de aquel domingo ya casi todo Jerusalén sabía la noticia de la resurrección de Jesucristo. Las tabernas se alborotaron, llenas de gente que no soportaba quedarse en su casa cuando algo como eso estaba ocurriendo. Los sacerdotes del templo reaccionaron de inmediato y llevaron a los soldados de guardia, aún medio muertos por el miedo, a un sitio apartado donde los sobornaron a cambio de que dijeran que el cuerpo de Jesús había sido robado por sus discípulos mientras ellos dormían, pero de nada sirvió, porque nadie creyó el embuste. La gente se movía por las calles sin un rumbo fijo pero con el apuro y la ansiedad del que sí lo tiene. Hubo personas que lloraban acurrucadas en un rincón, arrepentidas por haber pedido la muerte del Señor a los gritos, tres días atrás. Los soldados de Pilatos intentaban poner orden, pero ellos mismos dudaban y temían. La ciudad era un hormiguero que alguien había pateado. La tensión y el miedo latían en las venas de algunos; la esperanza y la emoción, en las de otros. Todo era una gran agitación.

En medio de eso, María de Nazaret había elegido quedarse sola en la sala en tinieblas. Todos los demás habían salido a sumar alboroto al alboroto, pero ella quiso quedarse. Allí estaba, en medio de las sombras y sin oír siquiera el nervioso murmullo que llegaba de la calle, cuando una luz que nació como un fino hilo de plata comenzó a herir las tinieblas y a crecer, a crecer hasta matarlas. Mientras esto ocurría, mientras la luz iba invadiendo muy lenta aquella sala, María se iba transfigurando y de una manera casi imperceptible se iba volviendo más y más joven. Se borraron las arrugas de su rostro, que no obedecían a sus cincuenta años sino al sufrimiento de esos días. El pelo se ennegreció, borrando los mechones blancos y alisándose como en su juventud. La luz crecía y ella rejuvenecía a cada instante, como si una cosa fuera la música y la otra la letra de un himno armonioso y bello. Hasta que María quedó exactamente igual que a sus dieciséis años, bella y fresca. Y la luz fue la Luz, la imagen misma de Jesús que le sonreía y extendía sus manos perfectas, impecables, sin heridas ni sangre. Ella también sonreía, pequeña jovencita que ni siquiera estaba sorprendida. Se puso en pie ágilmente, como en aquellos días de su adolescencia, y dio dos pasos hacia la imagen bella y luminosa. Jesús la tomó de ambas manos, sin dejar de sonreír mientras un sonido lejano parecía una música pero era mucho más que eso, algo que ni siquiera nosotros, los ángeles, podríamos definir. Ni Jesús ni María hablaban. Ella, adolescente, se dejó llevar de las manos hasta estrecharse en un abrazo tierno con Él, adulto y reposado, que acostaba la cabeza de la Virgen sobre su pecho, del que salían rayos de luz blanca, azul y roja mientras acariciaba el pelo de María, ya fundida en el resplandor. La madre de Dios era ahora, en ese instante eterno, la hija del Señor. No hubo una sola palabra en boca de ninguno de los dos; no era necesario. Todo fueron miradas, ojos zalameros, pequeñas sonrisas, gestos breves y exactos, ternura incomparable y la sensación de que aquello no tendría fin. Sensación que ahora es la absoluta certeza de que ese momento sigue llevándose a cabo hoy, ahora, ya, aun con la eternidad por delante, unidos Madre e Hijo, Hija y Padre, por los siglos de los siglos.

Después sí, vendrían las apariciones a la Magdalena, a los apóstoles, a grupos de gente, a Pedro, a Pablo, a Tomás el incrédulo. Pero eso fue otra cosa, galleguito querido.

—Me dejaste mudo.

—*Vaya, eso sí que es difícil.*

SEGUNDO MISTERIO GLORIOSO
La Ascensión

Para ser francos, hay que decir que cuando se apareció Jesús a sus apóstoles les dio un reto de Padre y Señor Nuestro (nunca mejor usada esta expresión, en este caso exacta y literal). Los reprendió porque la mayoría de ellos habían sido muy reacios a creer en la resurrección, ya que les parecía imposible y dudaban seriamente. Aquí la cosa era muy distinta de la de Lázaro, por ejemplo, u otros casos en que Jesús había resucitado a alguien. En esos hechos se los devolvía de la muerte de manera temporaria, mientras que la resurrección de Nuestro Señor es para la eternidad toda. Después de recriminarles su falta de fe, volvió a su tono afectuoso y les dijo a ellos, aunque les estaba hablando a través del tiempo a todos los que abrazaran el ministerio sacerdotal: "Id por todo el mundo y predicad el Evangelio a toda criatura. Quien crea y sea bautizado se salvará, pero quien no crea se condenará. A quienes crean los acompañarán estas señales: en mi nombre expulsarán demonios, hablarán lenguas nuevas, tomarán serpientes y si beben algún veneno no les dañará; impondrán las manos sobre los enfermos y quedarán curados".

—Esa última parte no les va a caer muy bien a los que, desde la misma Iglesia, no aceptan a los curas sanadores.

—*Tal vez, gallego. Pero en ese caso deberían ir a discutirle a San Marcos. El texto es de su Evangelio. Eso sí, les aseguro que no es alguien fácil para discutir.*

—Me encanta la habilidad que tenés para manejarte con las palabras. ¿No podrías enseñarme a escribir mejor?

—*Lo siento, sólo estoy autorizado para hacer milagros pequeños.*

—Muy amable.

Luego, Jesús los llevó a todos hasta un sitio cercano a Betania. El Maestro vestía su túnica blanca, con un cinturón de hilo que le había tejido María hacía ya tiempo. Calzaba sandalias y su paso era lento. Lo seguían los suyos, algunos tropezando con las piedras por querer acercarse más a Él en ese breve viaje, otros siguiéndole el paso sin quitarle los ojos de encima, hipnotizados casi por la gloria. El cielo era celeste; el sol, de oro; la tarde despertaba a sus rumores como el chillido reverente de un pájaro que miraba la escena desde arriba o el croar de una rana sorprendida por la invasión de pasos que levantaban polvo más allá de su charco. Nadie habló en el trayecto, no hubo pregunta alguna, ni dudas, ni temores. Hasta que Jesús se detuvo en un llano. Allí les dijo: "La paz sea con vosotros" y, levantando una mano, los bendijo. Mientras lo hacía, se iba elevando hacia el cielo de manera muy lenta, suavemente. Ya no se oían pájaros reverentes ni ranas sorprendidas; un silencio pesado cayó sobre la escena. Apenas se oía, entrecortada y breve, la respiración de los discípulos que miraban hacia arriba con ojos desbocados. Y el Señor fue alejándose de ellos que lo adoraron y luego regresaron a Jerusalén llenos de alegría. Se cumplían exactamente cuarenta días desde la Resurrección. Jesús se elevó hasta lo más alto y está, desde entonces, sentado a la derecha de Dios Padre Todopoderoso.

TERCER MISTERIO GLORIOSO
La venida del Espíritu Santo

Los días transcurrían copiándose cada uno del anterior, con cierta rutina amodorrada, en el Jerusalén de aquellos tiempos inmediatos a la muerte y Resurrección de Jesús. La ciudad albergaba a unas cien mil personas, lo que para la época era muchísima gente para un solo sitio. Jerusalén era moderna, centro de las naciones, como gustaban decir sus habitantes, el lugar del templo y de las autoridades. Los pobladores habían comentado entre sí los acontecimientos relativos a Jesús, pero no vayan a creer ustedes que tenían real conciencia de lo sucedido y su trascendencia a través de los siglos que vendrían. Muchos de ellos eran ignorantes y se aburrieron del tema después de dos o tres semanas de susurrarlo en los mercados o contarlo a los gritos en medio de las concurridas y ruidosas tabernas. Al principio fue el asombro; luego, algún gracioso que agregaba detalles de su cosecha para provocar la carcajada borracha de sus amigos de mesa; finalmente, la indiferencia. No era su rey, después de todo, ya que de haberlo sido ya habría usado sus poderes y estaría ocupando el trono de Israel después de haber echado a los romanos. No entendían, pobre gente pequeña de espíritu. Pero no hay que asombrarse demasiado. Entre ustedes, dos mil años más tarde, también sigue habiendo muchos que no entienden. Pero ya lo harán, no se inquieten.

—Sin tandas publicitarias, por favor...

Y además de los ignorantes y los interrumpidores, estaban los interesados en que aquello fuera olvidado cuanto antes. Las autoridades del Sanedrín, por ejemplo. O los mismos romanos, que eran los primeros en advertir por sus soldados en las calles que, aunque Jesús había sido asesinado, no había ocurrido lo mismo con sus ideas. Por el contrario, sus seguidores del principio no eran muchos pero sí eran buenos. Y crecían. Los unos y los otros, los que amaban a Jesús y los que lo repudiaban o a quienes les resultaba indiferente, ocupaban su tiempo con lo de siempre, el trabajo y las diversiones más comunes de la época. Los pequeños jugaban en plazas no muy distintas de las de hoy. Los adultos preferían las adivinanzas, algunos juegos de mesa, como el de las damas, que ustedes aún hoy practican, los dados y los concursos en los cuales se contaban historias y se premiaba la más festejada por los oyentes. Nada demasiado distinto de lo que ustedes ven hoy por televisión, como habrán advertido. Aunque menos grosero, claro.

—Mariano...

—Sí, ya sé. Que no me meta con tus amigos y vos no te meterás con los míos. Pero sucede que los míos hacen lo suyo como se debe.

—¿Ah, sí? ¿Por qué no hablamos un ratito del ángel de la guarda de Stalin, por ejemplo? ¿O el de Hitler, el de Herodes, el del estrangulador de Boston, el de Caín, el de Atila?

—*Creí que eso estaba claro. Los ángeles de esos y de tantos otros hicieron lo que pudieron, pero la gente tenía libertad para elegir, aunque eligieran lo peor. Se llama libre albedrío.*

—Muy bien. Con la tele pasa lo mismo, Marianito. Muchos hacen lo que pueden en su trabajo, pero la gente tiene libertad para elegir aunque a veces elijan lo peor. Se llama rating.

—*Gol. Te felicito, buena jugada.*

—No estés triste, Marianito. A mí tampoco me gusta que ésa sea la realidad. Creo que es detestable. Seguí, ¿querés?

—*Quiero y sigo.*

La gente, como digo, seguía en sus cosas. Tomaban su vino, el principal producto de todo el territorio, casi siempre puro y a veces rebajado con agua o endulzado con miel. Las mujeres y los chiquitos no bebían alcohol, sino leche de cabra y, en ocasiones, de vaca. El pescado era muy común en las mesas y muy poco habituales, salvo para algún día muy especial, eran el cordero y el chivito, considerados manjares exclusivos por las clases trabajadoras. Los hombres eran labriegos, hortelanos, pescadores, herreros, carpinteros y artesanos. Estaban también los comerciantes y los profesionales, como el evangelista Lucas, que era médico. Y los que tenían un trabajo del gobierno, los publicanos, por ejemplo —como el apóstol Mateo antes de dejar todo y unirse a Jesús—, que eran detestados hasta el punto de no dirigirles la palabra, prohibírseles testificar en juicios o no aceptar sus donaciones, porque su función específica era la de recaudar impuestos. Ya ven, no han cambiado muchas cosas después de todo. Ustedes comparten con aquella gente de hace dos mil años las mismas comidas básicas, las mismas bebidas, los mismos trabajos y hasta los mismos rencores.

—"El mundo es un pañuelo", decí ahora, en un magnífico alarde de lugar común, y yo me caigo desmayado.

—*El mundo es un pañuelo, el mundo es un pañuelo.*

—No insistas; no me voy a desmayar. Fue una manera de decir, no más.

—*Lástima. Soñé con un rato sin interrupciones.*

—Y sin dedos, te recuerdo.

—*Es un detalle interesante, sí. Mejor, sigo.*

María trabajaba en lo que la mayoría de las mujeres. Tal vez sea bueno aclarar que lo más importante para una mujer en aquellos tiempos era tener hijos; todo lo demás era secundario. Ya sé: no era justo, pero no me miren a mí. Yo no hice esas leyes; sólo las cuento ahora. Las labores más habituales entre ellas eran los telares, las costuras, los bordados, lavar la ropa en el río y secarla pisándola descalzas, y, por supuesto, cocinar. Ellas mismas molían el trigo en un mortero para hacer harina y cuando estaba preparada la cocían en hornos de barro para obtener el pan. Desde la muerte de Jesús, María no había vuelto a sus quehaceres salvo en unas pocas ocasiones. Cuando la visitaban Juan y Santiago, por ejemplo, que gustaban mucho de las tortas de miel que ella les preparaba. Cuando Pedro le llevaba algunos pescados frescos y se quedaba a comer en la casa. O cuando la madre de Marcos le pedía que la ayudara en una costura. En realidad, todos buscaban distraerla, cada uno a su manera, para no dejarla sola con sus recuerdos. Pero no sabían que la Virgen no estaría ya más para ser amparada sino para amparar. Así como el sino del pájaro es volar, el del hombre reír y llorar, el del río dar vida y el del sol dar tibieza, el rol divino de María ya era el de la Theotokos, como la llamarían los griegos, "la Madre de Dios". Y como tal, nuestra Abogada, Mediadora, Protectora y Amparo.

Lo cierto es que uno de esos días Pedro reunió a los seguidores, que eran ciento veinte, para elegir entre ellos al que ocuparía el lugar que Judas dejó vacante en el grupo de apóstoles, por razones de fuerza mayor. El elegido fue un joven llamado Matías, que pasó a ser el número doce. Estaban todos ellos reunidos en una casa el día de Pentecostés, es decir, exactamente cincuenta días después de la Pascua y, a la vez, de la Resurrección. De pronto sobrevino del cielo un ruido como de viento huracanado, algo más poderoso y de temer que un trueno. Todos se quedaron muy quietos, sin saber qué era lo que iba a suceder, pero no tuvieron que esperar mucho, ya que enseguida aparecieron flotando en el aire lenguas de fuego vivo que se fueron distribuyendo entre los presentes y posándose exactamente sobre cada una de sus cabezas. Fue un momento supremo y maravilloso. Todos sintieron que se llenaban sus almas y sus cuerpos del Espíritu Santo, que no otra cosa era lo que allí había aparecido para beneficiarlos con sus dones. Salieron de la casa a la calle y se encontraron con una considerable cantidad de gente que había llegado hasta allí atraída por el estruendo más fuerte que el más fuerte trueno. De repente y sin preparación previa, los discípulos de Jesús empezaron a hablar otras lenguas. Los curiosos eran de diferentes tierras y hablaban distintos idiomas o dialectos; sin embargo, todos entendían lo que los apóstoles les decían y lo entendían en sus propios lenguajes, asombrándose de que eso estuviera pasando.

Desde ese momento todos ellos, con el toque divino del Espíritu Santo, eran capaces de hacer y decir cosas como nunca antes. Y sanaban a los enfermos, hablaban lenguas, profetizaban y no sentían miedo alguno al enfrentarse a la gente con discursos encendidos de fe. El Espíritu Santo había obrado sobre ellos. María los observaba a cierta distancia, con ojitos cansados y una sonrisa leve apenas dibujada en su boca mientras una paloma blanca revoloteaba a su alrededor, como formando parte de Ella misma, como custodiando su propia lengüeta de fuego.

CUARTO MISTERIO GLORIOSO
La Asunción de María

María iba a rezar, mañana y tarde, al sepulcro vacío cercano al Gólgota. Los guardias tenían órdenes que los obligaban a apedrear a cualquier persona que se acercara al lugar para rendir homenaje. Y lo hacían, salvo con la Virgen. Ante Ella, se miraban entre sí y ni siquiera se atrevían a decirle palabra alguna. María sólo pedía a Dios que la llevara con Jesús. Un viernes un ángel bajó del cielo y le dijo: "Yo te saludo, María. Llena eres de gracia. Tus ruegos han llegado a Nuestro Señor Jesucristo, que ha nacido de ti. Y ha atendido tus súplicas y me envía para anunciarte que serás arrebatada de este mundo para gozar la vida eterna por los siglos de los siglos. Amén".

La Virgen volvió alborozada a su casa. En la ciudad, mientras tanto, muchas cosas se iban desencadenando. Llegaron noticias inquietantes que decían que en Roma se habían enterado de lo ocurrido y que el emperador Tiberio —aunque no vivía en la capital sino en un semirretiro en lo que hoy ustedes conocen como Capri— se había indignado al igual que otras autoridades. No tanto por una muerte más o menos, que poco significaba para ellos, sino porque supieron que la doctrina de Jesús ya estaba creciendo en otras tierras, llevada por quienes fueron sus seguidores. Habrían querido conocer al tal Jesús, llevarlo a Roma y oírlo, decidir ellos qué hacer con él y no esos ignorantes representantes suyos o ese pueblo judío al que no le tenían ninguna simpatía. En Jerusalén, entonces, el miedo se apoderó de muchos que temieron represalias imperiales que en realidad nunca llegaron.

A casa de María, mientras tanto, llegaba cada vez más gente que buscaba curación física o espiritual y allí la encontraban. En el único amplio ambiente había un agradable aroma a rosas cuando Ella estaba en el hogar y con Ella se iba cuando salía por las cercanías. Y un día, siguiendo la indicación de un ángel, partió a Belén.

◆ ◆ ◆

Sabía que iba en busca del final de mis días en la Tierra, pero eso me alegraba tanto, tanto, porque también sabía que partía en busca del que amaba hasta sentir dolor en mis cansados huesos. En su nombre sanaba yo las almas; no eran mis manos, eran sus deseos. En su nombre el milagro era posible, cualquier milagro, todos eran poco. En su nombre yo oraba por la gente y allí se producían maravillas. En el nombre del Padre y el del Hijo, y el Espíritu Santo que sentía cubriéndome como un abrigo tibio y suave que envolvía mi alma como sólo lo había hecho en otro tiempo un beso de Jesús aquí, en la frente. Y había comprendido todo, todo. O eso creía, al menos. Nunca es todo, pues todo es demasiado. Pero sabía, sí, que el gran milagro, aquel que superaba a los sanados, a los que retornaron de la muerte, a los que vieron luego de ser ciegos, a los que caminaron sobre sus piernas que ya estaban muertas, el milagro mayor, el más glorioso, era aquel de creer, así de simple. La fe era el gran milagro y para siempre. No preguntar y, sin embargo, hijos, encontrar las respuestas. A veces en un gesto, una mirada, una palabra, un libro, una sonrisa, y también un dolor, también la angustia, repetirnos por qué ante ciertas cosas, llorar hasta secarnos como un árbol que ya perdió sus pájaros y ramas. Pero la fe es el agua, la fe es vida. Y el árbol recupera lo perdido y el hombre entiende que el dolor enseña, que la esperanza es una gran nodriza que amamanta a sedientos sin cansarse y que nadie se va del todo nunca. No hay para siempre en eso de la ausencia. Sólo se parte para ser eternos y olvidarse los miedos en el mundo. Para multiplicar amores y consuelos, para servir a Dios, para adorarlo un poco más de cerca. Y a eso iba. A eso iba yo a Belén, no a despedirme, sino a encontrarme al

fin con tanta Gloria. De ser madre de un hijo bienamado, a serlo
de millones y millones, cantando a toda voz a la esperanza. Por
eso me alegraba tanto, tanto. Por eso me alegraba. Por ustedes.

❖ ❖ ❖

—¿No decís nada, galle? Eh, no llores, no me aflojes ahora.
Yo te entiendo, querido galleguito. Creo que te quiero tanto por
cosas como ésta... La emoción es la droga de los esperanzados,
¿sabés? Sigo, ¿eh? Ahí va, dale que sigo.

Y era viernes, también, como cuando crucificaron a Jesús.
Y la Virgen se acostó en su lecho porque sentía que el momento se acercaba. Pensó que hubiera querido tener allí a los
apóstoles para despedirse y que la despidieran. Y de pronto
una nube envolvió a Juan, lejos de allí, y lo dejó en un parpadeo frente a la puerta de María. Y otra nube hizo lo mismo
con Tomás, que estaba en la India. Y con Pedro, que estaba en
Roma. Y con Mateo, y Santiago. Y también con los que ya
habían muerto, que fueron sacados de sus tumbas y avisados
por un ángel de que no era aquél el día del juicio sino que la
Madre quería verlos a todos en alma y cuerpo para partir luego
hacia el Cielo. Y todos estuvieron allí, la rodearon, le decían
cosas hermosas, besaban sus manos y su frente, untaban su
cabello con finos aceites y oraban al Señor. Y los ángeles
éramos miríadas, ya que desde ese mismo momento fuimos su
ejército y estábamos allí para ponernos a sus órdenes, queriendo todos confortarla y mimarla. Y de pronto vino también
Ana, su madre, que había partido del mundo hacía ya mucho
pero ahora estaba allí, sonriéndole, mesándole los cabellos,
acomodándole las ropas, contándole lo feliz que sería y el
orgullo que por Ella sentía. Y también Isabel, la de la visitación, que tampoco estaba ya en la Tierra. Y Joaquín, su padre,
siempre con los ojos húmedos, tal como lo recordaba; los
viejos sacerdotes del templo que la habían educado; José, el
carpintero, pleno de ternuras; y de pronto Pedro, que les decía
a todos con suavidad pero con firmeza que debían apartarse.
No entendían por qué hasta que un rayo de luz impresionante
cruzó el cielo para descansar en la puerta misma de la casa de
la Virgen. Y por él bajó un carro de gloria llevado por un coro
de serafines y otro de tronos. Y era Jesús, resplandeciente y
bello, quien venía en él para decirle: "Vamos, mira lo que mi
Padre ha preparado para ti". Y le alargó los brazos a Su Madre.

◆ ◆ ◆

Y le alargué los brazos a mi Hijo, mi Padre. Le pedí por el mundo que dejaba, tan confundido, loco, doloroso. Por los de entonces y los que vendrían, por ustedes, sus hijos y sus nietos. Y mil generaciones que sintieran que la vida es valiosa, muy valiosa, y la muerte es un viaje y no un castigo. Le pedí por los justos y por los pecadores, que les diera la fuerza para luchar altivos contra aquel que sabía mi adversario, al que yo enfrentaría hasta en el mismo fin de todo tiempo, innombrable maligno, verdugo de los hombres, mi enemigo. Y Miguel sostenía mi cabeza y Gabriel me tomaba por los hombros. Y le pedí al Señor que al que rogara invocando mi nombre, el de su Madre, protegiera del mal y sane su alma. Y Él me dijo que así sería por siempre, que les daría su gracia y su misericordia, y todos los presentes corearon un amén que sonó a himno y comencé a elevarme lentamente, en una nube blanca, recostada y todos me miraban arrobados; era la Gloria, hijitos, eso era. Lloraban de emoción mientras el mundo se iba haciendo chiquito, casi fácil, visto desde allí arriba y yo subía, de cuerpo y alma enteros, rodeada de esos ángeles tan bellos que entonaban hermosas armonías con trompetas triunfales, voces puras y un aroma de rosas que todo lo envolvía. Y allí las vi, sagradas y perfectas, a las puertas del Cielo que se abrían.

◆ ◆ ◆

—¿Dios mío!

—Está sonriendo. No se da ese gusto muy a menudo.

—¿Quién?

—¿Quién qué?

—¿Quién está sonriendo?

—No sé de qué me hablás.

— Mariano…

—Sigo.

QUINTO MISTERIO GLORIOSO
La coronación de María

Llegamos al último misterio del santo rosario, aunque realmente me has hecho hablar de tantas cosas que no estoy seguro de que tuvieran que ver con la idea central.

—Perdón, Mariano, no te hice hablar de fútbol o de la cumbia. Todo tenía que ver, en especial para los que queremos aprender. Vos lo viviste. No hay muchas ocasiones como ésta, después de todo.

—*Está bien, está bien. Voy a encarar el último misterio con lo que, a la vez, será la despedida de este librito. Antes de hacerlo, si alguien tiene algo que preguntar, que lo haga ahora o calle para siempre.*

—Yo.

—*Seguro. Estaba seguro. No sólo porque no hay nadie más aquí, sino porque siempre tenés algo más que preguntar.*

—Bueno, hay algo espinoso que requiere aclaración. ¿Nunca se consumó físicamente el casamiento de María con José?

—*Por supuesto que no. ¿No oíste más de una vez aquello de la "siempre Virgen María". Siempre es siempre. Desde su nacimiento hasta su muerte. ¿A qué viene una pregunta tan estúpida?*

—No me agredas. Vos sabés que amo a María hasta mi última gota de sangre, pero quiero que vos le cuentes a la gente algunas cosas. No te pongas como los políticos que se enojan con los periodistas por lo que preguntan. Vos sos un ángel y los políticos, bueno...

—*Está bien. ¿A qué viene la pregunta?*

—En los Evangelios, en más de una ocasión, se habla de "los hermanos de Jesús". Te pongo el caso específico y bien claro de San Marcos, cuando cuenta que el Señor enseñaba en el templo de Nazaret y —lo que sigue es literal— "...muchos de los oyentes decían admirados: '¿De dónde le viene esto? ¿Qué sabiduría es esa que le ha sido dada y los milagros que se hacen por sus manos? ¿No es éste el carpintero, el hijo de María, hermano de Santiago y de José, de Judas y de Simón?'". Nombra claramente a cuatro hombres por su nombre, llamándolos hermanos de Jesús. En otras partes del Nuevo Testamento se repiten cosas similares, aunque nunca tan claras como en ésta... ¿Cómo se entiende eso? ¿Eran sus hermanos?

—*En primer lugar: la virginidad perpetua de María —esto es, antes, durante y después del nacimiento de Cristo— es un dogma de fe que no admite discusión. Pero no cuesta nada aclarar para los que lo necesiten. Cleofás y María de Cleofás eran marido y mujer. Cleofás era hermano de José, el carpintero, y tío del Señor. Él y su esposa eran los padres de Santiago y José. Por lo tanto éstos eran primos de Jesús. Judas Tadeo y Simón el Celote, los otros dos mencionados, ni siquiera eran parientes de Jesús ni de Santiago y José, quienes, repito, estaban unidos al Señor por ser lo que ustedes hoy llamarían primos hermanos.*

—Muy bien. No quiero ponerme molesto, pero ¿por qué

en los Evangelios no se dice eso, que son "primos hermanos" o "primos"?

—Muy sencillo. En hebreo no existe la palabra "primo". Hay una palabra, "akn" que sirve para definir a hermanos y a primos. Y de allí viene la confusión. La madre de esos dos, María de Cleofás, era una de las que estuvieron al pie de la cruz. Una de las tres Marías.

—¿Y los otros? Judas y Simón, digo. Se los llama hermanos, también.

—De la misma manera en que ustedes llaman "hermano" a un amigo, a alguien cercano, a quien profesa la misma fe o, —sencillamente— a aquel con el que tienen orgullos y problemas en común, como los negros de los Estados Unidos que se llaman "brother" entre ellos y no lo hacen con nadie más ni permiten que un blanco los llame de esa forma. Es una manera de establecer una suerte de cofradía, de grupo especial, de gente que se tiene afecto y que siente lo mismo.

—Si esta gente hubiera tenido apellido habría sido más fácil.

—Claro. Si tu tía tuviera alas y dos turbinas, en lugar de tu tía sería un avión jet.

—También complica que a Jesús se lo llame "el primogénito", el primer hijo. Suena como que hay más.

—El primogénito era, en efecto, el primer hijo. Pero cuando era uno solo, era el primero y el último, el único. El primogénito era EL hijo. A Jesús lo llamaban, de manera natural, "el hijo de María". No "uno de los hijos de María", sino "EL hijo de María". El unigénito, es decir, el único al que se menciona así. ¿Se entiende?

—Estos antiguos eran complicados. Con un apellido, todo arreglado.

—¿Cómo es mi apellido, gallego?

—Mariano… Sueiro, supongo.

—No. ¿Yo soy tu hijo?

—Me encantaría, pero no.

—¿Dejo de ser quien soy por no tener apellido?

—No para mí.

—Punto. ¿Algo más?

—Sí. Algo que prometiste contar hace un montón de páginas atrás.

—¿Qué cosa?

—Jesús, en el relato de los Evangelios, nunca le dice a María "mamá" o "madre". Cada vez que se dirige a Ella le dice "mujer". ¿Por qué?

—*Porque es muy claro: Eva, la primera humana en la Tierra junto con Adán, era LA mujer. Pero Eva se equivocó, eligió lo que no debía, el asuntito ese del árbol del Bien y del Mal, la manzana y lo que sigue. María es la Nueva Eva. María sí, sin dudas, es LA MUJER. Por ser la Madre de Dios, por ser siempre Virgen, por actitud de vida, por amor a los semejantes, por su concepción inmaculada, por su pureza indiscutible, por todo es la Nueva Eva, la Mujer. Si Jesús la hubiera llamado "madre" en la vida cotidiana, la hubiera hecho más personal, cuando María es por completo universal. No era ni es la Madre de Jesús solamente, sino de todos. Era y es LA MUJER. Por otro lado, y por si te quedan dudas, cuando en el antiguo hebreo un hijo decía "iesá" —lo que significa exactamente "mujer"— era una forma sumamente respetuosa de dirigirse a su madre. Algo equivalente a "señora", "dama". Así es que Jesús no llamaba a María "mujer" menospreciándola sino todo lo contrario, halagándola, respetándola y compartiéndola con todos nosotros.*

—Redondito.

—*Me alegra. Sigo.*

Al llegar María al Paraíso fue recibida por una verdadera multitud de espíritus celestiales. Los cánticos se superponían y el arcángel Miguel tuvo que poner un poco de orden. Tanto era el fervor por alabar a la Virgen, la Inmaculada, la primera humana que llegaba al Cielo en cuerpo y alma (y la única, claro, porque Jesús es Dios), que nos atropellábamos en el intento. Recuerdo que tuve una discusión con un ángel llamado Poroto que insistía en…

—Perdón. ¿Poroto? ¿Todos tus ángeles amigos tienen nombres tan familiares? Fito, Poroto. Faltan Beto y Tito, hermano.

—*El Beto y el Tito estaban, pero atrás de todo.*

—Ah, no sólo son Beto y Tito sino "el Beto" y "el Tito".

—*Son ángeles de barrio. Bueno, sigo.*

Y María entró en el Paraíso con una enorme cantidad de ángeles que la acompañaban, algo imposible de describir. Todo era como una gigantesca fiesta para recibir a la Madre de Dios. Música celestial (y cuando digo celestial me refiero exactamente a eso, a música del Cielo, algo que ustedes no oyeron nunca y tal vez no comprendan) era lo que nos acariciaba los sentidos aun a los mismos ángeles. Nosotros no sabíamos cuál era nuestra función en este caso; ésa es la verdad aunque duela decirlo. No sabíamos qué hacer, porque la llegada de nuestra Reina nos superaba. Ustedes no pueden entenderlo, por supuesto. Imaginen por un instante que llega a sus casas la amada imagen de Nuestra Señora. Que todo se llena de luz, de aroma a rosas, de una paz que no cabe en las palabras porque se quedan cortas. Imaginen que Ella les sonríe, les extiende los brazos, los espera. ¿Es posible que imaginen eso? Bueno, es lo que nos ocurrió y —lo más curioso— es lo que les ocurre a ustedes cada día sin que siquiera se den cuenta de ello.

—Allá vamos, otra vez.

No los quiero llamar tontos, ya saben. Pero sí les propongo que imaginen, sólo por un instante, un segundito, que María está allí, al lado de ustedes, sonriendo con paz, las manos extendidas, el gesto de una madre, todo amparo. ¿Qué harían? En realidad, ¿qué hacen? Porque María está tal como digo, dos mil años después y más que nunca, extendiendo sus brazos hacia ustedes para cuidarlos, para protegerlos. Lo malo es que hay algunos que lo ignoran. No se dan cuenta, piensan en el dólar, en Wall Street, la banca, los poderes, cuánto cuesta el petróleo, cuánto el marco, y qué más da si lo que importa en serio no se compra con ninguna moneda de la Tierra. "Déme un kilo de amor." Eso no existe. "Cien gramos de esperanza, un paquete de sueños, un litro de amistad, media libra de fe." No, no se vende. No se vende, señor, y no se alquila. No hay forma de pagar lo que se siente.

—¿Te doy un sedante, Mariano?

—*Es que me indigno. Me parte el alma que ustedes partan las suyas.*

—No es fácil ser humano, Marianito.

—*Pero es hermoso, galle, sin embargo. Está bien, sigo.*

El caso es que María fue llevada, por fin, al Paraíso. En cuerpo y alma, tal como en la tierra. Y multitud de espíritus celestes la rodearon, colmándola de dicha. Ríos muy caudalosos se unían en sus manos, montañas imponentes se inclinaban humildes, los prados imposibles se achicaban piadosos. Y Dios dijo: "Así sea" y la Virgen sonrió ante las llanuras, la nieve como un manto y el rocío, pudoroso milagro en la mañana, suave aspecto de Dios, beso del Cielo, la cobijaba como nunca a nadie. Y Dios, en su infinita omnipotencia, hizo que viera el Sol resplandeciente, la Luna amodorrada, el mar bravío, el aire imprescindible, la morada del calor y del frío, las tormentas —los vómitos de Dios, terribles, crudos— y las brisas que curan las heridas sólo por ser las brisas, eso es todo. Y María pasó, deslizándose suave, por los cielos amables de dulces querubines que la alababan con amor supremo, y pasó luego a un lugar más celeste donde los serafines le decían: "Gloria, gloria". No te puedo contar lo que era aquello. Sólo recordarlo me pone la piel de gallina.

—Perdón, pero no tenés piel.

—*Es una manera de decir. Tampoco a ustedes se les pone literalmente la piel de gallina. Ustedes son personas, no gallinas. Bueno, aunque pensándolo mejor, tienen algunos personajes que...*

—Mariano...

—*Sigo.*

Y en el ambiente había un aroma tan puro, tan completo, que no es posible describirlo ahora. Nosotros, los ángeles, sólo repetíamos: "Santo, santo, santo es el Señor Dios de los Ejércitos, llenos están los Cielos y la Tierra de su gloria, hosanna en las alturas". Otros decían con emoción: "Bendito el que viene en el nombre del Señor", y nosotros no hacíamos otra cosa que decir: "Hosanna en las alturas". Es muy posible que ustedes lean ahora esto como una liturgia religiosa, algo que suena así, aburrido, con palabras y frases de otros tiempos. No sé cómo decirlo para que ustedes sepan. No sé cómo expresar tanto misterio, una gran maravilla como aquélla, un milagro de amor, tanta dulzura. "*Hosanna*" quiere decir "sálvanos", y eso era lo que rogábamos aun aquellos que por ser ángeles ya estábamos salvados. Ustedes no van a entender nunca, Santo Dios, los ruegos. No pueden entender que hay seres con una inteligencia superior a la de ustedes que, sin embargo, ruegan por sus almas. Miden todo con medidas humanas: yo te doy esto, vos me das aquello. Pero no es así; en serio, la vida no es un canje. Yo te doy esto porque lo quiero dar; así es la cosa. Sin pedir nada a cambio, sin promesas, sin condición alguna, así de simple. Eso es el cristianismo, aunque no lo comprendan algunos que se apoyan en él para sus cosas.

—No te indignes de nuevo, Marianito.

• • • •

Y Ella era toda luz, y descubría sin asombros lo que Dios le mostraba, que eran maravillas que no pueden decirse con palabras ni ver con ojo humano. Mientras tanto, en la Tierra, brotaban flores en todos los caminos de Jerusalén, Belén y Nazaret, hasta en el último centímetro que Ella hubiera honrado con sus pies. Y en Galilea toda los frutos se caían de los árboles con colores que nadie había imaginado. Los vientos llevaron melodías de una punta a la otra y el aroma de rosas colmó el mundo. La gente no entendía, por supuesto. Salían a las calles buscando músicos errantes o daban un vistazo a sus jardines creyendo que de pronto habían nacido rosas que ellos no habían visto todavía. Usaban la razón, lo que no es malo siempre que se le sume el sentimiento. Sólo algunos, los menos, los marcados, elevaban sus ojos a los cielos mientras sus corazones estallaban en sonrisas traviesas. Y en ese Cielo, fuera de su vista, se estaba coronando ya a María, la Reina de los Ángeles, la que pide por todos desde entonces, junto al trono de flores y destellos, rogando por ustedes pecadores, ahora y en la hora de vuestra muerte. Amén.

◆ ◆ ◆

Y amén, amén, viejos y nuevos mundos. Sabios y analfabetos, científicos y fieles, santos y pecadores, gente que se sonríe con soberbia ante lo que acabaron de leer y la otra gente, la que se emocionó con el relato, no importa dónde están, qué son, qué piensan, en este instante mismo en que recorren las palabras buscando sensaciones, quiero pedirles, hijos, que levanten los ojos de estas letras. O al menos los del alma, los ojos que ven todo. Y busquen alguien que los necesita, que espera una palabra, un gesto, un beso, un pedazo de pan o de ternura. Y le den lo que espera, sin pedir nada a cambio, en el nombre del Padre, sin orgullos, sin rencor, sin temor, sin timideces. Porque les aseguro, desde esta eternidad, que lo que dieran yo lo devolveré multiplicado. Y escucharé sus ruegos, como siempre. Y detendré la mano de mi Hijo una y mil veces, y cien mil y un millón y para siempre, contándole que son ustedes tan pequeños, tan manoseados por las circunstancias, tan mareados de dudas, tan llenos de abandono, tan solitos, que merecen que el Cielo los escuche. Y besaré los pies del Padre Eterno, me abrazaré a mi Hijo cobijada en su pecho, al Espíritu Santo le rogaré su ayuda como siempre y una vez más, soñando con que aún sueñan, los estaré aguardando cada momento a ustedes con cajitas repletas de esperanzas y

esperando yo misma, hijos, a ustedes, esperando yo misma que se
acerquen, hijos, pequeños hijos, mis amores.

◆ ◆ ◆

Ya terminó el rosario, galleguito. Podés dejarlo sobre el escritorio, así, en silencio como estás ahora, masticando congoja. Preguntándote cosas sin respuestas, buscando lo inhallable. Ya terminó el rosario, y es posible que algo comience entonces para muchos, que algo comience, al menos, para algunos.

—No te vayas.
—*Yo siempre estoy aquí.*
—Lo sé. Te quiero.

TERCERA PARTE

MADRE NUESTRA QUE ESTÁS EN EL CIELO

Te llamé en la angustia mía,
Virgen de la Soledad.
Y me diste compañía.

(Copla popular española)

1

Las apariciones

Ustedes ya saben que la Iglesia es exageradamente prudente con respecto a las apariciones de la Virgen. Y está bien que lo sea; no puede zambullirse en un mar agitado sin tener la certeza de que bajo las olas no haya rocas puntiagudas esperando ansiosas. Pero también es cierto que hay sectores eclesiásticos que se pasan de revoluciones y son tan rígidos que parecen jugar para el equipo contrario. Y no se hagan ilusiones porque este estado de cosas no va a cambiar. No sólo porque "ca' uno es ca' uno y ca' cual es ca' cual" así en la Tierra como en la Iglesia, sino que están cumpliendo una ley física inexorable. Recordarán del cole que "a una determinada fuerza se le opondrá otra de igual intensidad pero de dirección opuesta". No se asusten, no cierren el libro, por favor, que no me volví loco y decidí hablar de estas cosas que para mí son un dialecto chino. Vale el ejemplo para mostrar que, al aumentar dentro del ejército de curas de cualquier jerarquía el número de aquellos que se inclinan cada vez más por lo sobrenatural, es lógico que haya una reacción y que otros tantos salgan blandiendo un racionalismo que, aunque sea una antigüedad, tiene lo suyo. Al fin de cuentas, una de las mejores cosas que tiene el catolicismo es la variedad entre los que formamos parte de sus filas, y eso es bueno. Nos hace sentir personas y no marionetas.

Los curas, aunque lleguen a cardenales, príncipes de la Iglesia, no son semidioses ni chaucha que se le parezca. Son hombres. Con todo lo que eso significa. Hay héroes y villanos, para decirlo suave. Así que, como en un gigantesco y notable Antón Pirulero, cada cual atiende su juego y el que no, el que no, una prenda tendrá. Si el juego es noble, todo está bien. Y si no, Dios elige las prendas, así que agarráte Catalina que, tarde o temprano, vamos a cabalgar. Y duro.

Como sea, volviendo al tema central, hay hechos que son muy significativos. Por ejemplo: desde 1900 hasta 1999 las apariciones de María denunciadas desde distintos puntos del planeta han sido más de 270. Es decir que, solamente en el siglo XX, ha habido muchas más apariciones marianas que en el resto de la historia de la humanidad, así como suena.

Sin embargo, el Vaticano reconoció de manera oficial, y luego de décadas de investigaciones, solamente tres. Más aún: las aprobadas y por lo tanto indiscutidas en los últimos 200 años —los siglos XIX y XX enteritos— son apenas nueve en total. Éstas son, atendiendo a la fecha y al lugar geográfico donde se produjeron:

1) 1830. La Medalla Milagrosa, en Francia.
2) 1842. Santandrea de Fratte, en Roma.
3) 1846. La Salette, en Francia.
4) 1858. Lourdes, en Francia.
5) 1871. Pontmain, en Francia.
6) 1877. Gietrzwald, en Polonia.
7) 1917. Fátima, en Portugal.
8) 1932. Beauraing, en Bélgica.
9) 1933. Banneaux, en Bélgica.

Como ustedes pueden apreciar, tal vez con cierta tristeza, no figuran en esa lista algunas de las advocaciones más populares de los últimos años debidas —justamente— a una aparición mariana que, sin embargo, aún no está aprobada oficialmente. Por ejemplo, la Reina de la Paz, en Medjugorje, de alcance mundial. O María Rosa Mística, nacida en Italia, también con gran arraigo popular. Y, más cercana en el tiempo y en la geografía, Nuestra Señora del Rosario de San Nicolás, en la Argentina.

Las autoridades eclesiásticas llaman a estos hechos "revelaciones privadas" y establecen cuatro categorías dentro de ellas. Un mismo hecho puede pasar de una a otra categoría de acuerdo con las fatigosas y larguísimas investigaciones eclesiásticas. Las apariciones, entonces, pueden ser auténticas, dudosas, falsas o fraudulentas. Analicemos qué sentido tienen.

- **Auténticas.** Lo más alto del podio al que es difícil llegar luego de un camino de décadas, en el mejor de los casos. Si la Iglesia les da esa calificación ya sería una aparición o revelación oficial.
- **Dudosas.** En ese estado se encuentran las que están en estudio aun cuando ya ean muy populares. Simplemente hay que esperar. Setenta u ochenta años y listo, no se impacienten.
- **Falsas.** Las que luego de las investigaciones se demostraron sin ninguna validez sobrenatural. Pudieron nacer de presuntos videntes con cuadros psicológicos que van desde la histeria hasta la psicosis religiosa.
- **Fraudulentas.** Cuando, además de demostrarse su falsedad, se pone en claro la mala fe desde un principio, así como la motivación de tipo económico o cualquier basura por el estilo.

El padre René Laurentin, un jesuita que está señalado como la mayor autoridad mundial en lo que hace a apariciones marianas, dedica su vida a eso desde hace muchos años. Estuvo en San Nicolás, Argentina, de la misma manera en que viajó a Medjugorje, en la ex Yugoslavia, o al rincón más impensado del planeta. Investiga cada caso minuciosamente y es, por supuesto, un profundo mariano. Fue muy claro cuando escribió sobre la posición eclesiástica oficial acerca de estos temas, diciendo textualmente: "La Iglesia no es partidaria, en principio, de las apariciones y, por el contrario, es prudente, reservada y a menudo hostil o represiva".

Por supuesto, sería mucho peor que la jerarquía tirara la chancleta y aceptara graciosamente cuanta cosa se le propone. De ahí a adorar los platos voladores o al ratón Mickey estaríamos a un pasito, no más. Deben ser rigurosos, hay que admitirlo. Y si bien son bastante molestos con sus desconfianzas, hay que reconocerles algo: de ninguna manera prohíben el culto de devoción a la Virgen en esos casos no oficiales que aún están en estudio sino que, gracias a Dios, dejan en manos de cada sacerdote y cada fiel la decisión de adherir a él. Los casos falsos o fraudulentos obviamente quedan descartados.

Hay ciertas características generales que son comunes a

casi todas las apariciones oficiales y las dudosas serias pero aún en estudio.

• Los videntes suelen ser gente muy joven (niños, en muchos casos) o personas de una pureza casi indiscutible.

• Tienen un perfil bajo y rehúyen toda exposición pública.

• No tienen ni idea de por qué les ha tocado a ellos semejante papel que no pidieron nunca.

• No son personas de una gran cultura, lo que quizás indique que son elegidas la sencillez y la humildad. A menudo, incluso, repitiendo el mensaje de María, dicen cosas que ellos mismos no entienden ni conocen, como citas bíblicas muy puntuales o ciertos nombres.

• Las apariciones se producen en lugares muy tranquilos.

• Son completamente inesperadas.

• En todos los casos la Virgen pide oración.

• Suelen producirse en momentos de la historia en que la fe está atacada de una u otra forma.

• Y, por último, casi siempre las apariciones vienen acompañadas de milagros en lo personal o lo colectivo.

¿CÓMO ES EL ASPECTO DE LA VIRGEN?

Un tantico audaz la pregunta del subtítulo, pero no significa que no tenga respuesta. La única posible es remitirnos a lo que cada uno de los videntes ha contado al respecto.

En general hay puntos invariables: luminosidad, blancura que prevalece, ojos mansos, manos suaves, cierta palidez y ternura. Veamos.

• En los tiempos del emperador romano Tiberio, la Virgen se le apareció, a orillas del río Ebro, en la actual España, a Santiago Apóstol para reconfortarlo en lo difícil de su evangelización. Lo extraordinario es que esto ocurrió en el año 40 después de Cristo, a siete de haber muerto Jesús y cuando María aún estaba en este mundo, todavía vivía. Sin embargo, Santiago cuenta que fue Ella y nadie más quien se le apareció en medio de sus desventuras para darle ánimo. Una señal inequívoca de que ya aquí era la Madre, la Protectora, el Refugio. Por entonces, el relato de Santiago el menor ni siquiera la describe, obviamente. Da por hecho que todos saben cómo era, ya que aún estaba en este mundo, aunque muy lejos de donde él se encontraba. Algunos llamarían hoy a eso "viaje astral", pero en el cristianismo hay infinidad de historias similares en las que la persona se traslada a través de tiempo y espacio. En los casos de alguien que está en un país y, sin embargo, hay testigos que lo vieron en ese día y hora en otro a miles de kilómetros, el fenómeno se llama "bilocación", es decir, estar en dos sitios al mismo tiempo. Entre los personajes más cercanos a nosotros en la historia, hubo casos comprobados de bilocación con el famoso padre Pío de Pietralcina, sacerdote y hombre de poderes extraordinarios que fue confesor de Karol Wojtyla cada vez que éste viajaba a Italia antes de vivir en ella durante más de dos décadas bajo el nombre de Juan Pablo II. El padre Pío estaba en su pueblo montañés de San Giovanni Rotondo, Italia, cuando varios curitas uruguayos atestiguaron, sin la menor duda, que estuvo con uno de los superiores de una iglesia de Montevideo en el mismo momento en que ese hombre, amigo del padre Pío, estaba entregando mansamente su alma al Señor.

Ya que lo mencionamos, el sacerdote Francisco Forgione, mucho más conocido como el Padre Pío, llegó a los altares como beato en mayo de 1999, con la adhesión de cientos de miles de fieles en ese acto del Vaticano y millones en el mundo entero. Murió en 1968, luego de haber llevado durante cincuenta años los sangrantes estigmas de la cruz en sus manos. Tenía el don de sanación y el de profecía, entre otros. Más de una vez me vi envuelto en polémicas muy duras con católicos de buena fe que fruncían la cara ante la mención de los milagros de este curita fantástico. Ahora no tendrán más remedio que fruncir otras partes de su anatomía y —con su arribo a los altares— arrodillarse ante él para pedirle disculpas. Las merece.

El caso es que —volviendo a la que se acepta como la primera aparición de la Virgen— no hay descripción de parte del beneficiado. Sin embargo, mucho después, una famosa vidente cristiana, Anna Catalina Emmerich, tiene una visión, en los primeros años del siglo XIX, en la cual lo ve a Santiago Apóstol junto al río Ebro y también visualiza un rayo de luz muy brillante que cae junto al santo. Dice que ese rayo tiene un resplandor rojizo y que cambia los colores como los del arco iris. En la parte superior de ese rayo, donde se formaba como un lirio abierto que señalaba con sus pétalos a los cuatro puntos cardinales, estaba la Virgen, "de nívea blancura y transparencia, de mayor hermosura y delicadeza que la fina seda". No es mucho, pero es todo.

• Tradicionalmente, la Iglesia considera que la primera de las apariciones de María después de su Asunción a los cielos ocurrió en el año 250 después de Cristo. El vidente fue San Gregorio Taumaturgo (esta última palabra significa "hacedor de milagros o de maravillas"). El motivo de esa aparición fue instruir a San Gregorio en los misterios de la teología cristiana y eso es lo que él dijo, sin detenerse —lamentablemente para mí, en este capítulo— en describirla, ya que debía de considerar que eso no era realmente lo importante. Y tenía razón Gregorio, claro está, pero no imaginaba que en la época actual nos iba a interesar bastante, aunque más no sea de puros chismosos que somos.

• San Bernardo de Claraval, un sacerdote francés que vivió a principios del siglo XII, fue famoso en su época por dos razones, entre muchas otras, que lo signaron. En primer lugar se le atribuyeron muchos milagros y gracias a esa fama pudo fundar más de noventa monasterios con sus seguidores en la vocación. Como para que los de hoy aprendan que el milagro no es un fin, pero es un magnífico camino hacia ese fin. En segundo lugar, porque se conoció ampliamente la aparición que él recibió de la Santísima. En ella ocurre algo también fuera de lo común. San Bernardo (creador, entre otras cosas, de la orden de los Templarios, caballeros medievales que cuidaban Tierra Santa) tiene esa visión de la Virgen en un momento en el cual sus fuerzas decaían luchando contra muchas cosas al mismo tiempo y siempre en defensa de la fe. Pasa, no vayan a creer. Por más santo que se sea, los problemas son bien de este mundo y a menudo son pruebas como para calibrar si esa fe es de acero o de caca. San Bernardo, como decía, estaba medio depre, aunque sin abandonar la pelea. ¿Y qué pudo haberle pasado? No sólo se le apareció la Virgen para confortarlo, sino que la tradición cuenta que María dejó caer en sus labios unas gotas de leche de su pecho, que descubrió para eso. ¿Puede haber un símbolo de Madre más grande que ése? Si con algo así San Bernardo no sentía que su sangre bramaba para continuar la lucha, mejor habría sido que se dedicara a jugar campeonatos medievales de bowling o a coleccionar mariposas. Pero no. Salió otra vez a la pelea y ganó por goleada. También, así cualquiera, qué vivo. No hay mucha descripción, tampoco: "Suave, luminosa, leche materna, lana de amor y de misericordia". Pero no desesperen, que la cosa mejora en cuanto a lo que, seguramente, ustedes esperan.

• Salto en el tiempo, dedicado a los más ansiosos entre ustedes. El año es 1531, y el día, 9 de diciembre. A un humilde indiecito de lo que hoy es México se le aparece la Virgen. Ya nos extenderemos en el tema. Aquí lo que necesitamos son estos fragmentos del relato en lo que hace al aspecto de Ella: "...el indio oyó un canto muy dulce que parecía el de una muchedumbre de pajaritos. Alzó la vista y vio en la cumbre del cerro una nube blanca y resplandeciente, rodeada de una luz parecida a la del arco iris, según su relato. No sintió miedo sino júbilo inexplicable. Una voz lo invitó a acercarse y, al hacerlo, vio en el medio de aquella claridad brillante a una hermosísima Señora con un vestido tan brillante que parecía recubierto de piedras preciosas. Todo a su alrededor tenía aristas de oro y hasta el llano sobre el que reposaba la imagen parecía de un verde jade impecable". Esto forma parte de la documentación oficial. Nos vamos acercando, ¿no?

• Melania Calvat tenía 14 años y era de un misticismo increíble para su edad cuando se le apareció la Virgen en La Salette, Francia, en 1846. Compartió la experiencia con Maximino Giraud, de 11 años y muy travieso. "Vi una bella luz, más brillante que el Sol", contaría luego. Dijeron que dentro de esa luz vieron a "una Señora más luminosa aún que se tapaba la cara con las manos y que, al levantar la cabeza, dejó ver que tenía lágrimas en sus ojos bellísimos". La descripción general fue: "Su vestido era todo una luz de tonos plateados y no era de tela sino de gloria. Ella era muy hermosa y respiraba majestad. En su cabeza llevaba una corona de rosas que aromaban al aire casi hasta marearnos de placer. Esa corona no era de rosas de nuestra tierra sino algo nunca visto, que despedía rayos que subían hacia el cielo. Llevaba colgada en su cuello una cadena con una cruz que tenía en un extremo un martillo y en el otro unas tenazas. La voz era de una dulzura imposible de describir, algo que se parecía a la música armoniosa. Los ojos eran extraordinariamente bellos y cálidos, y superaban en mucho a los diamantes o a cualquier otra piedra preciosa que se conozca. Tenía un delantal igual al que usan las pastoras..." Nos vamos acercando, ¿no es cierto? Se reitera lo de los colores del arco iris, la luminosidad extrema, la dulzura en la mirada, la ternura de sus gestos y su voz. No tengo ni la más remota idea de lo que significaban el martillo y las tenazas. Guitarrear podemos guitarrear todos: símbolo del trabajo, clavar la fe y desclavar las dudas, qué sé yo, inventar es fácil, pero no es bueno en cosas como ésta. Prefiero confesar mi ignorancia, qué le va a hacer. De todas maneras, no es algo que importe para este apartado.

• El 11 de febrero de 1858 la Virgen se le apareció a una niña llamada Bernadette Suobirous, de catorce años. El lugar es Lourdes, Francia. Ya contaremos aquello; lo que aquí interesa es la descripción de la adolescente, que dice: "...oí un rumor que iba creciendo, como si fuera el anuncio de una tempestad o un viento que aumentaba cada vez más. Levanté la cabeza en aquel prado junto al río y las hojas no se movían; debía de haberme equivocado, pensé, ya que no hay tal viento. De repente, exactamente en el medio de un rosal detrás del cual hay una gruta, hay una luz que viene de adentro. Enseguida, en medio de esa luz, una Señora joven y hermosa, especialmente hermosa como yo jamás había visto antes. Es más o menos de mi misma edad, tal vez unos catorce o quince años, tiene el cabello rubio y los ojos azules. Llevaba un vestido blanco y, en la cintura, un lazo azul que caía. Sus pies estaban descalzos pero tenía, sobre cada uno de ellos, una rosa amarilla. De una de sus manos pendía un rosario color oro como esas rosas..." Es ésta una de las descripciones más completas.

• El lugar, Pontmain, Francia. El día, 17 de enero de 1871. Eugenio Barbedette, de doce años de edad, está junto a su hermano menor, José, en la puerta del granero donde su padre trabaja todo el día, cuando sus ojos se agrandan como platos al levantar la cabeza y ver flotando frente a ellos a quien describieron como: "Una señora hermosa y grande, vestida con una túnica azul brillante totalmente cubierta de estrellas. Sus ojos son muy dulces y tiene una diadema en la cabeza como las reinas, pero más sencilla". El padre de Eugenio, aun mirando al mismo lugar, no veía nada, pero el chico y su hermanito José sí. Como la imagen permaneció por tres horas en ese lugar, sonriéndoles, el párroco, alguna gente y otros niños llegaron al enterarse y también ellos —solamente los chiquitos— la vieron de la misma manera. Todos declararon luego por separado y sus testimonios coincidían absolutamente. Los adultos no alcanzaban a ver nada, salvo poco antes de que la imagen desapareciera, cuando en el cielo apareció escrito: "Hijos míos, rezad. Dios os escuchará. Mi Hijo se deja conmover".

• Fátima, Portugal, 1917. Luego contaremos los detalles de esta importantísima aparición; ahora, lo descriptivo. Tres niños pastores fueron los videntes. La mayor, Lucía, tenía por entonces diez años. Ella sería la que relataría la visión: "Oímos un rumor fuerte y una luz repentina que nos pareció un relámpago. Creímos que vendría una tormenta y empezamos a bajar la loma para llegar a la casa, pero hubo otra luz igual y vimos, sobre una encina, a una Señora vestida de blanco, más radiante que el Sol, irradiando una luz muy clara y muy intensa, como si fuera chispitas". Lucía contaría también que, en siguientes apariciones, al abrir María sus brazos salían igualmente rayos luminosos de las manos y cuerpo.

Así vieron a la Virgen en estas apariciones que están aprobadas de manera oficial por la Iglesia. Casi no hay diferencias en las distintas descripciones, aun cuando hay, en casos, siglos de distancia entre una y otra. Vale la pena señalar, sin embargo, que a lo largo de la historia de las apariciones marianas, muchos videntes la vieron con características de sus propias razas, lo cual es una prueba muy clarita de que María nos pertenece a todos sin distinciones y hace lo posible para que así lo sintamos. También se destaca solito que los videntes han sido todos niños o santos, ya que el indio Juan Diego también sería canonizado. Esto es bastante claro: el bien más preciado sigue siendo la pureza de espíritu, algo propio de niños o santos, que por algo son también los que ven con naturalidad a los ángeles, por ejemplo. Los ojos del alma enceguecen con el racionalismo, qué pena.

ALERTA AMARILLO

Es bueno aclarar que, aun en las apariciones marianas avaladas por el Vaticano, la Iglesia no señala de ninguna manera que haya que rendirles un culto especial ni mucho menos. Sólo se limita a documentar que acepta ese fenómeno al no haberle encontrado falsedad alguna en la investigación, pero eso no significa que recomiende la devoción a esa imagen sino que no tiene nada que objetar si ocurriera. Por supuesto, hay una gran cantidad de obispos, incluyendo al querido Juan Pablo II, que son marianos muy fervorosos y, en lo personal, sus almas están más abiertas para aceptar una aparición aun cuando ésta no esté todavía oficializada. Está bien que se la piense, pero a María, más que nada, se la siente.

También es bueno señalar que hay que tener mucho cuidado con lo que rodea a las devociones. En cualquier santuario van a encontrar gente que vende estampitas, velas, medallas, agua presuntamente bendita, imágenes de varios tamaños y hasta tierra que aseguran es del lugar exacto donde ocurrió la aparición. Y otro alerta amarillo tirando a rojo: cuidado con aceptar cualquier cosa que suene a revelación; eso es peligroso. Por más fervor que me abrase, yo aprendí a usar la cautela que enseña la vieja madre Iglesia. Tengo archivada una pila así de grande de casos de todo tipo que, al investigarlos, me dejaron alguna duda, aun pequeña. Estos temas se escriben y se leen con el alma. Y el que juega con eso siempre pierde.

LOS VIDENTES

Y, finalmente, el tema de los videntes. Así se llama, como saben, a los que han contado que vieron a la Virgen en una aparición.

A Gladys Motta, la de Nuestra Señora del Rosario de San Nicolás, le sucedió que en los primeros años llegaron a entrar en su casa mientras ella cocinaba para su familia y le arrancaron cabellos a los manotones para llevarse "algo de ella". Esto ocurrió, aunque parezca mentira. Tuvieron que poner una verja en el frente de su casa, porque ya ni siquiera podía vivir en paz. Eso que hace alguna gente no sólo es fetichismo sino, además, una gran tontería. Los videntes no buscaron serlo y nunca, en ningún caso, entienden por qué les tocó eso. Muchos de ellos tuvieron que sufrir fuertes dolores o enfermedades en su vida, como la misma Bernadette de Lourdes. Estuvo aquejada de tuberculosis desde su nacimiento y luego se le sumaron tantos males físicos —ya estando retirada en un convento– que, cuando la consolaban, solía sonreír y decirles que no se preocuparan porque (sic) "…mi trabajo es estar enferma".

De todas formas, una cosa son los videntes, y otra, la Virgen. Los primeros, en el mejor de los casos, son sólo el caño por donde corre el agua. María es el agua. Los videntes de las apariciones —dando por hecho que no mienten, claro— no son seres sagrados. Son el cartero que trae un mensaje; no son el mensaje. Son un canto del ruiseñor; no son el ruiseñor.

Tienen en común, queda dicho, su sencillez y humildad, lo que los acerca a la pureza. Se advierte fácilmente por su edad al ocurrir la aparición, o también por su simplicidad. Juzguen ustedes mismos a través de un puñado de casos, oficializados o no:

Virgen	Vidente
1) Virgen de Guadalupe. México (1531). Aprobada oficialmente.	Juan Diego, 57 años, indígena, analfabeto
2) Virgen de La Salette. Francia (1846). Aprobada oficialmente.	Melania Calvat, 14 años Maximino Giraud, 11 años
3) Virgen de Lourdes. Francia (1858). Aprobada oficialmente.	Bernadette Soubirous, 14 años, analfabeta
4) Medalla Milagrosa. Francia (1830). Aprobada oficialmente.	Sor Catalina Labouré, 24 años, monjita de la Orden Hijas de María
5) Virgen de Pontmain. Francia (1871). Aprobada oficialmente.	Eugenio Barbedette, 12 años
6) Virgen de Fátima. Portugal (1917). Aprobada oficialmente.	Lucía dos Santos, 10 años Francisco Marto, 9 años Jacinta Marto, 7 años
7) Virgen de Medjugorje. Bosnia (1981). En estudio.	Cinco adolescentes y un niño
8) Del Rosario de San Nicolás. Argentina (1983). En estudio.	Gladys Motta, mujer adulta, sin completar estudios elementales
9) De Beauraing, Bélgica (1932). Aprobada oficialmente.	Cinco niños de hasta 12 años
10) De Banneaux, Bélgica (1933). Aprobada oficialmente.	Mariette, de 12 años

11) De Garabandal, España (1961). En estudio.	Tres niñas de doce años de edad y una de once
12) De Akita, Japón (1973). En estudio.	Sor Agnes Sasakawa, 23 años, monjita misionera
13) De Pellevoisin. Francia (1876). En estudio.	Estrella Faguette, 20 años, ex novicia
14) De Grushevo. Ucrania (aún Unión Soviética, 1987). En estudio.	María Kizin, 12 años

LOS SIGNOS DE MARÍA

Tomando en cuenta cada detalle de las apariciones marianas, se puede decir que hay cosas que la identifican. Advierto que esto no es oficial sino por completo personal, pero creo que válido, ya que estos signos se repiten, incluso, a través de los siglos.

◆ **La rosa.** Es, sin dudas, la flor que representa a la Virgen. Lo ha sido desde siempre. El aroma a rosas es todo un símbolo de su presencia. Incluso en la literatura esta flor la señala claramente. El rey de España Alfonso X (siglo XIII) era también poeta. Y le cantaba a María con estrofas llenas de amor donde la llamaba "Rosa de todas las rosas". El francés Guillaume de Lorris se refiere a Ella al decir en un poema que buscará "en el centro del Paraíso a la más hermosa y fragante de las rosas". Muchos otros unen a Ella y la rosa, pero es posible que el más destacado sea Dante Alighieri, quien, en su magnífica *Divina Comedia*, al iniciar su viaje por el Paraíso dice que la Virgen habita allí en lo más alto de la más alta de las cumbres del Cielo, repartiendo desde ese lugar su amor eterno y perfecto, "desde el centro mismo de la Rosa Mística".

Basta con leer atentamente las apariciones para advertir que esta flor es simbólicamente clave en muchas de ellas. Por último, un dato que es definitivo: el rosario, una de las armas más poderosas de la fe, está dedicado a la Virgen, ya saben.

Muy bien: la palabra nos llega del latín *"rosarium"* que significa "jardín de rosas". Más claro, imposible. Pueden ponerle música, si quieren.

◆ **El viento.** También es algo que se aprecia con una lectura atenta de la historia de las apariciones: antes de que sucedan es muy común que haya un viento que, a veces y a pesar de su rumor alarmante, no mueve las hojas de los árboles cercanos. También es un signo del Espíritu Santo, que está ligado de manera inquebrantable a María. La Virgen y el Espíritu Santo van siempre juntos (Madre de Dios; Hija Dilecta del Padre y Esposa del Espíritu Santo es una forma de definirla).

◆ **El agua.** Pocas cosas son tan claramente símbolo de la vida como el agua. Y María es la vida, representa exactamente eso en la religión católica: la madre que dio a luz al Redentor, la que protege, la que nos defiende incluso ante la mismísima ira divina "deteniendo la mano de su Hijo" que a menudo debe de estar harto de nosotros. ¿Más vida que eso? Y el agua también está ligada a Ella a través de manantiales, como en Lourdes; en napas, como en San Nicolás; en ríos muy cercanos, como en Itatí; en lluvias tormentosas, como antes de su aparición en Fátima; en olas que la traen flotando, como en la del Milagro, o en todo lo que el agua significa por sí sola: pureza, alimento, cosa cristalina, inmaculada, refresco en el agobio, elemento clave en el bautismo y forma simbólica de lavar los errores (si escribo "pecados" me van a mandar los hábitos por correo, así que aflojo y digo "errores").

◆ **El celeste.** Es —¿quién puede dudarlo?— el color que representa a María. Su manto celeste fue una realidad en su paso por la Tierra y luego se repitió en muchas de sus apariciones. No en todas, es cierto: la imagen de Fátima tiene manto blanco. Sin embargo, y como un hecho curioso que se repitió en otras ocasiones, al poner una imagen de Nuestra Señora de Fátima en el santuario de San Nicolás, el manto tornó a celeste sin la menor intervención humana. Por otro lado, el celeste está íntimamente ligado a lo celestial, al Cielo, como que tienen la misma raíz gramatical en latín o en español, como pueden apreciar. ¿Qué otro color podía llevar la Reina del Cielo?

◆ **El sol.** Otro elemento fundamental entre los signos marianos. Está representado en cada aparición en la que los videntes, en su totalidad, cuentan que una luz brillantísima rodea y acompaña a la Madre. Pero, por otro lado, es también un imperioso símbolo de vida (como Ella), derrota ineludiblemente a las tinieblas (como Ella), da calor protector (como Ella) y, también como Ella, está siempre allí aunque no lo veamos, cosa que habrán oído en la hermosa y esperanzada canción de Marilina Ross. En el Apocalipsis de San Juan se menciona como gran enemiga que enfrenta a la Bestia a "una mujer vestida de sol". La tradición y la liturgia no dudan en señalar que se refiere a la Virgen. San Agustín interpreta, sin embargo, que esa imagen simbólica puede ser la Iglesia. Para el caso es igual. Nuestra Señora es Reina y eje de la Iglesia, que no sería lo que es sin Ella, claro.

Este capítulo fue como preparar una magnífica comida uno de esos días en que estamos realmente hambrientos. Muy bien, siéntense a la mesa que ya es hora de saborear manjares. No cambien de canal, que viene lo mejor.

2

El monje gordo
y otros maravillosos accidentes

Hay una muy antigua y linda historia entre tantas que nos llegan de las tradiciones de la Iglesia. Cuenta que en 1413 un monje quiso embellecer su templo y, como no tenía dinero para contratar a ningún artista, se hizo cargo del trabajo él mismo. Su idea era pintar en la parte más alta de la pared tras el altar mayor una escena del Juicio Final salida de su propia imaginación. Levantó unos andamios, a los que trepaba penosamente debido a su prominente panza, y cada día pintaba algo más allí, a unos diez metros de altura. La Virgen fue una de las primeras imágenes. El monje gordo no tenía gran talento para el arte pictórico, pero tenía ganas, lo cual es bueno para cualquier cosa que uno encare. Hasta que un día llegó el momento en que debía pintar al maligno, el repugnante coludo. Con toda deliberación, lo retrató con una fealdad sin límites, horrible y babeante, sórdido y perverso. Tan duro fue su pincel que el diablo, reventando de ira y haciendo uso de sus agrios poderes, lo hizo tropezar de manera inexplicable sobre el andamio. El pobre monje gordo cayó pesadamente con pavor y entrega a su final inevitable. Pero la Virgen que él había pintado extendió sus brazos desde la pared, lo atrapó y lo dejó suspendido en el aire por un instante para luego volverlo al andamio, hecho lo cual la pintura de la imagen de Nuestra Señora quedó como antes. El monje gordo bajó por la larga escala temblando, se paró en medio del altar, elevó los ojos asustados hacia María y se aflojó con una sonrisa y un silencio lleno de frases. Afuera sonó un trueno. Y era un día de sol, sin embargo.

EL CASO QUE MÁS ME APASIONA
(Testimonio de hoy)

No puedo escribir un librito sobre la Virgen y sus maravillas y dejar afuera lo que creo que es uno de los hechos reales más extraordinarios y hermosos de los que escuché hasta ahora. Algo muy emparentado con la historia del monje gordo que acaban de leer, pero ocurrida en nuestros días. Hay muchas razones que hacen que califique a este caso como bellísimo y muy fuera de lo común. Y datos que lo hacen por completo creíble: el protagonista tenía tres años y medio al producirse los hechos, lo cual garantiza la veracidad, ya que —como verán los que no conocen esta historia— es imposible que a esa edad se puedan fabular detalles tan concretos; su mamá y su papá son de una absoluta confiabilidad; antes de acceder a la charla en la que me relataron todo se habían negado en varias oportunidades a hacer público lo ocurrido, por temor al sensacionalismo; hay muchos testigos, incluyendo una considerable cantidad de médicos, y se mencionan lugares y personas de existencia real.

Si ya conocen el hecho, les gustará recordarlo. Si no saben nada sobre él, les apasionará, como a todos. Y comprenderán por qué en un librito sobre la Virgen no podía dejarlo afuera. Ahí va.

EL CIELO PUEDE ESPERAR

El 13 de octubre de 1992 Gonzalo, de tres años y medio por entonces, cayó desde un quinto piso de un departamento, en la ciudad de Tandil. En el terrible trayecto no se encontró con toldos, cables ni árboles que lo frenaran un poco. La caída no fue amortiguada por nada y el cuerpecito del nene dio contra un suelo de cemento, ni siquiera arena, césped, tierra. Como era un edificio antiguo, con pisos altos, se calcula que cayó desde unos 16 metros. Todo ocurrió en un brevísimo tiempo en que se encaramó a la ventana, jugando. Fueron sólo segundos. Gonzalo cayó sin emitir un grito. La primera faceta extraordinaria de este hecho es que no le pasó absolutamente nada, ni siquiera una magulladura, un moretón, nada. Pero el milagro recién empezaba; aún faltaba lo mejor.

Visto ahora, a la distancia, es ésta la primera vez que advierto que la fecha, 13 de octubre, es la misma en que la Virgen se aparece en Fátima en 1917, ante setenta mil personas, creyentes y ateas, que son testigos de un milagro inolvidable. Una coincidencia en la que, francamente, no había reparado hasta este instante, pero que por alguna razón me hace sonreír. Mirá vos.

GABRIELA ACUÑA DE FERNÁNDEZ, la mamá de Gonzalo, tenía 26 años en 1992, y SANTIAGO FERNÁNDEZ, el papá, administrador de campos, tenía 29. Excelentes personas, son inteligentes, sensibles, cautelosos y están muy lejos de buscar una publicidad que no desean ni necesitan. Sólo los medios locales comentaron los hechos con los datos que pudieron reunir, pero al llegar a Tandil varios periodistas de la Capital, Gabriela y Santiago eligieron no ponerse frente a las cámaras ni a los grabadores.

Su historia es muchísimo más importante que la separación de la parejita televisiva de moda, el precio de venta de un jugador de fútbol o los avatares penosos de algún político. Sin embargo, ellos prefirieron el silencio (no los políticos, por supuesto; ojalá prefirieran ellos el silencio, ya que la mayoría, al hablar, casi nunca lo mejoran. Me refiero a Gabriela y Santiago). Luego tuve la gracia de oír el relato de sus bocas porque confiaron en que no se haría circo con todo esto y comprendieron que contar algo así ayuda a mucha gente, refuerza la fe y nos deja ver un poquito por el ojo de la cerradura de las puertas del Cielo. Gracias por ambas cosas, confiar y comprender, lindos verbos.

Leonor, la señora que ayudaba a Gabriela en las tareas de la casa, iba caminando por la calle cuando, desde lejos, vio a alguien en el balcón de los Fernández. Al principio pensó que estarían pintando, pero tres pasos más le helaron la sangre cuando advirtió que era el nene. Empezó a correr y estaba a unos cincuenta metros del edificio cuando lo vio caer a plomo, estremecida. Entró aturdida y le avisó al encargado. En ese mismo momento Gabriela se asomaba al balcón.

—Lo veo acostado —recuerda—, con un brazo extendido y la cabecita apoyada sobre el brazo, con las piernas recogidas hacia la panza. Como cuando un chico duerme, en esa posición. Esa imagen fue una fracción de segundo. Yo lo miré y salí corriendo para abajo, desesperada.

Su mamá, la señora Leonor y el encargado del edificio

corren hasta un balcón terraza perteneciente al primer piso, con suelo de cemento, donde había caído Gonzalo. Estaba acostado, aún con el chupete en la boca. La señora Leonor intenta apartar a Gabriela, para evitarle lo que imaginaba era un cuadro horroroso.

—Yo te lo cuento ahora así, pero vivirlo es como un torbellino; todo pasaba muy rápido... El portero levanta a Gonzalo y, corriendo, lo llevamos a una clínica que hay enfrente, la clínica Paz. Le digo al médico que se cayó de un quinto piso y él nos dice: "Al sanatorio, ya". Corrimos enloquecidos llevándolo en brazos hasta el sanatorio Tandil, a unos ciento cincuenta metros de donde estábamos... Gonzalo no perdió el conocimiento en ningún momento. Cuando corríamos yo estaba como loca; si después me dijeron que casi me pisa un auto y yo ni me di cuenta. Íbamos corriendo y él me miraba como diciendo: "¿Qué pasa?". ¿Entendés? Iba con el chupete puesto y me miraba tan tranquilo, como diciendo: "¿Qué pasa?".

Lo llevan en brazos, a las zancadas por el medio de la calle, hasta el sanatorio Tandil. El nene, que no había perdido el conocimiento, miraba a todos y todo sin entender el porqué de tanto barullo. El médico le pregunta incluso su nombre y él se lo dice con naturalidad. De inmediato comienzan a hacerle todo tipo de estudios y análisis, ya que "no era posible que no tuviera nada". Santiago, el papá, llega corriendo al sanatorio y se mete sin que nadie pueda detenerlo, en el quirófano. Lo encuentra a Gonzalo sentadito, rodeado de médicos, mostrándole un dedo y diciendo: "Papito, papito, me duele el dedo. Me sacaron sangre". Eso era todo. Ni la más mínima fractura, ni golpes internos, ni quejas de dolor. En el sanatorio el revuelo era muy grande; médicos y enfermeras lo rodeaban, corrían, preparaban estudios, se desconcertaban. Le hacen una tomografía computada: todo está perfecto. El doctor Pablo Díaz Cisneros, amigo de la familia y un gran profesional muy conocido en la ciudad, serio y respetado, demostró ser también un excelente y cálido ser humano, uno de esos médicos soñados: se largó a llorar porque no podía creer lo que estaba ocurriendo. Otros colegas lo siguieron, también emocionados. Pero el clima general era de seguir con más estudios, porque —es fácil entenderlos— ningún médico se animaba a decir "no tiene nada" después de semejante caída. Su responsabilidad hizo que lo internaran en observación. A los dos días Gabriela salió un momento del sanatorio con la intención de ir a la casa de su mamá, Rita. Pero algo la llevó a desviarse hasta su viejo colegio para contarle lo ocurrido a la rectora, la hermana Alicia. Cuenta Gabriela:

—Hasta ese momento nadie había pensado en nada raro, por más extraño que fuera todo, pero yo empecé a sospechar algo que mi razón no me dejaba aceptar. Creo que fui a ver a la hermana para que me dijera algo así como: "Bueno, fue todo una casualidad. Qué alegría que está bien", porque es una monjita muy prudente y distante de los temas que no se pueden explicar. Iba con la idea de que me pusiera en horma pero, al contarle, me dijo muy seria: "Es la Virgen la que ha salvado a tu chico. Yo te voy a dar una imagen de la Virgen del Rosario de Puerto Rico que me mandaron de España. Llévala a tu casa. Tu chico se va a poner bien". Para ser franca, yo pensé: "La monja está…". Qué sé yo, me cambió los papeles con lo que me dijo. Desde un primer momento, sin embargo, mi marido, Santiago, me había dicho todo el tiempo: "Vos, rezá"…

El padre Troncoso, párroco de Tandil, le dijo a Gabriela que todo aquello era inexplicable y que comprenderlo no estaba dentro del alcance humano.

Poco después sucedería lo que transforma este hecho en algo no sólo inexplicable sino maravillosamente bello. Gabriela lo cuenta:

—Al tercer día estábamos en la habitación de Gonzalo, en el sanatorio, con él, mi mamá, mi esposo y yo. El nene, que seguía perfecto, me dice de repente: "¿Por qué estoy yo acá, mamá?"… Nos sorprendió, pero entendimos que para él no había motivos. "¿Por qué creés que estás?", le pregunté. "Ah, sí —me dice—, ya me acuerdo. Yo pasé primero una pierna, después la otra, me quedé agarrado de la baranda hasta que no me aguanté más y después me caí". Yo le digo: "¡Ay, querido!" y él sigue, con toda naturalidad: "Pero había una señora en el aire"…

No es difícil imaginar el momento. Gabriela no entiende a qué se refiere y, siempre buscando una explicación racional, le pregunta si era alguna señora que estaba en una ventana, cosa más irracional aún, porque si así hubiera sido ya lo sabrían y, por otra parte, el cuerpito pasó a mucha distancia de la línea del edificio, además de que para atraparlo en plena caída desde una ventana esa señora tendría que ser, por lo

215

menos, la Mujer Maravilla. Gonza insiste, con tono de decirle: "¿Pero sos tonta, mamá?", y aclarando: "No. Estaba en el aire, te dije". Gaby le pregunta si alguien lo atajó en el lugar donde cayó, pues se resistía a otra cosa. Ella misma continúa: —"No, en el aire. Me agarró en el aire cuando caí", me dice Gonzalo. "Pero, hijo ¿cómo te agarró en el aire?", le pregunté. Y él me cuenta como si nada: "Me agarró en el aire y me puso en el suelo", mientras extendía las manitos con las palmas hacia arriba para indicarme cómo había sido... Yo estaba aturdida, pero quise ponerlo a prueba. ¿Viste que a los chicos les hacés decir un poco lo que vos querés, si les seguís la corriente? Por eso, a propósito, le dije: "Ah, ya sé. Una señora que tenía pantalones". Pero él me contestó: "No. Tenía un vestido". Se puso la mano sobre la cabeza y la movió hacia sus pies como indicando que era un manto, porque él no conocía las palabras "manto" o "túnica". Y me dice: "Tenía un vestido. Un vestido largo. Y celeste como mi chupete... La señora me agarró en el aire y me puso en el suelo despacito. Después vino el portero y vos y me levantaron y fuimos corriendo al sanatorio". Así me dijo.

Gabriela y Santiago me contarían luego que el nene no tenía ni idea de nada relacionado con la religión. Fíjense que no menciona a la Virgen como tal sino que, sencillamente, la describe. Después de hacerlo se metió el chupete en la boca y se puso a dormir, tan campante. No volvió a hablar del tema, y la familia, muy prudentemente, no lo incita a que lo haga. Sólo en una ocasión, durante un viaje en auto, meses después del accidente, Gabriela oye que Gonzalo le dice a una primita con la que iba en el asiento trasero: "¿Sabés que a la Virgen no la podés ver?". "¿Ah, no?", dice la nena. "No. No la podés ver porque está rodeada de luz." Gaby no aguantó más y preguntó, sin dejar de manejar: "¿Y vos cómo sabés, Gonzalo?". "Ah, yo sé", fue todo lo que dijo, y cambió de tema enseguida. Hoy Gabriela sigue azorada.

—A veces estamos viendo televisión con Santiago y de repente nos miramos y no podemos creer que nos haya pasado algo así a nosotros. Si no lo hemos contado a los cuatro vientos es solamente porque tememos que se le dé un enfoque sensacionalista o que haya gente que no lo entienda. Si ni siquiera yo misma puedo asumir que me haya pasado, ¿cómo puedo pretender que todos lo entiendan? Además, me pregunto por qué a mí, que no creo merecer algo tan maravilloso.

Y me siento tan comprometida, tan agradecida, que no quiero manchar esto con una publicidad de un sentido espectacular. Esto es para los que lo entienden, que ojalá sean muchos.

Gonzalo es hoy un chico normal. No cambió su carácter. Nunca tuvo un estado místico ni nada parecido. Todo lo tomó con naturalidad y yo quiero que siga siendo así y no que se transforme en una especie de personaje... Y en lo que hace a la fe, por supuesto que tanto Santiago como yo reforzamos la nuestra... Mirá, a pesar de haber ido siempre a un colegio religioso, yo siempre pensaba en la Virgen como una abstracción, ¿me entendés? Cuando a mí me pasa lo de Gonzalo, siento la presencia real, a ver si me entendés. Yo creo en la Virgen en cuerpo como vos y como yo. Yo creo que la Virgen tomó a mi hijo en los brazos y tengo esa sensación interior que ni siquiera sé por qué la tengo... Si vos tomás el caso fríamente y pensás en una madre que ve a su hijo allá abajo, después resulta que no se hizo ni un moretón y él mismo te dice que "una señora lo agarró en el aire", es para volverse loco. Solamente es entendible con la fe. Si vos lo querés razonar, como todos lo intentamos, como yo lo intenté, es algo tan inexplicable, tan maravilloso, tan increíble, que te supera totalmente... Si la Virgen quiere decir algo, hay que escucharla... Contarlo ahora es como tirar una piedra al agua que salpique gotitas, ¿viste? Bueno, mojará a muchos. Algunos se secarán la ropa, no les importará y seguirán en lo de siempre; pero a otros les hará detenerse a pensar, les llegará algo y tal vez les sirva. Por eso aceptamos contarlo, para los que lo necesiten...

Qué cosa seria, conociendo este hecho tan en profundidad, no puedo evitar volver a emocionarme cuando escucho nuevamente la voz de Gaby en el grabador, hablando tan serena. Y Santiago, tipo de campo, puro y sin vueltas, hablando con los ojos. Y mi amigo Gonzalo, ya entrando de lleno en la pubertad. Y su hermanita, que tenía un año y medio cuando ocurrió todo y que se llama... ¿Cómo era que se llamaba?... Ah, sí, Milagros. Hay miles de nombres pero el de ella es Milagros. Qué cosa seria, che.

3

El milagro sería que todos aceptaran los milagros. Pero no.

(Guadalupe, Medalla Milagrosa y Lourdes)

LA VIRGEN DE GUADALUPE
La Mamá de América

*"A Virxen de Guadalupe cando vai po' la ribeira,
a Virxen de Guadalupe cando vai po' la ribeira...
Descalciña po' la area parece unha rianxeira,
descalciña po` la area parece unha rianxeira...*

Ay, sangre que se me alborota queriendo gritar su origen. Ay, qué bonita que suena la música en mi cabeza, esa letra entre los labios y el cascabel en el alma. Me encanta recordar esta vieja canción gallega que siempre cantaba mi suegro, Ramón, y que habla de la Virgen de Guadalupe, a la que sin más vueltas mis mayores asumen caminando en la ribera, descalza por la arena, pareciendo una *rianxeira*, es decir, una aldeana de las rías de Galicia, es decir una de ellas. Eso es justamente lo que demuestra la canción sin quererlo y la historia queriendo: la Virgen de Guadalupe, desde siempre, fue bien del pueblo.

Así ocurrió en España, muchos siglos atrás. Y no cambió en el continente joven, cuando Ella se apareció con la enorme magnitud que sólo puede dar la humildad de la mano del amor.

—Juanito. Juan Dieguito... —dijo una voz tan melodiosa como él jamás había oído. No se parecía ni al sonido de las cascadas más perezosas ni al rumor suavecito que inventan los pájaros a la hora de la siesta. Era otra cosa. Además, sonaba una música delicada y desconocida. El indio, llamado por su nombre, apenas se desvió un poco de su camino y fue hacia el lugar del cual provenía la voz. Era el sábado 9 de diciembre de 1531, unos minutos antes del amanecer. El lugar era el cerro Tepeyac, en México, y el hombre se dirigía a la ciudad para oír misa. Cuando acudió a ese misterioso y cálido llamado, alzó la cabeza y se encontró de pronto con "una señora muy bella, con un vestido brillante como el sol, plena de luz y en pie sobre unas nubes", según su relato. La aparición le dijo dulcemente: "Juanito, el más pequeño de mis hijos, yo soy la siempre Virgen María".

Así comenzó todo. Juan Diego, de rodillas, escuchó a la Santa Madre decir que deseaba que en ese lugar se construyera un templo para poder allí prodigar todo su amor, auxilio, compasión y defensa a los que lo necesitaran y en Ella confiaran. Lo instó a llevar ese pedido al obispo. Juan Diego se presentó ante fray Juan de Zumárraga, el obispo de México, y le relató lo ocurrido. El prelado apenas le prestó un poco de atención y, si se la prestó, enseguida le pidió que se la devolviera, porque dijo que no tenía tiempo y que lo escucharía otro día, tal vez. El indiecito volvió al día siguiente al cerro y, frente a la Virgen, le contó su fracaso. Los relatos tradicionales, publicados por editoriales religiosas, no cuentan con sus reales palabras —supongo que por pudor— la traducción de lo dicho por el indígena. Según Nican Mophua, otro indio de la época en cuyo testimonio escrito se basó toda esta historia, Juan Diego, lleno de amor y desazón, le dijo a la Virgen que nadie le creería a él, ya que: "Madre, yo soy la mierda de este pueblo". Juanito era todo lo contrario, un puro absoluto, pero explicaba con sus propias palabras que él era demasiado insignificante como para que lo escuchara nadie y, en especial, un obispo.

Casi todos los relatos que se hicieron y se hacen de la aparición de la Santísima a Juan Diego hablan de él como "el indiecito". Esto hizo que se prestara a confusión la edad del aborigen y que incluso en algunas ilustraciones de libritos religiosos se lo dibujara como a un niño. Nada de eso. Cuando esta historia ocurre él tiene 57 años de edad, es casado y hace seis años que se convirtió al cristianismo, con mucha fe, con mucha fuerza, la de los puros. Tal vez eso de llamarlo "el indiecito" sea una manera de acercarnos a su humildad, su calidez infantil y por eso más valiosa. ¿Quién diría de sí mismo, con palabras tan crudas y a la vez inocentes, lo que dijo él para justificar su fracaso con el obispo? María, con dulzura, le recordó que eran muchos los servidores y devotos que Ella tenía pero que quien debía cumplir esa misión: "Debes ser tú, hijo mío, el más pequeño"....

Juanito obedeció. Nuevo fracaso. El monseñor le dijo que, si en verdad era la Santísima Madre quien lo enviaba, que la próxima vez le llevara algo de ella, alguna señal tangible. Hay de todo en la curia del Señor.

Juan Diego se fue muy triste. Al día siguiente tomó por otro camino, ya que debía ir a ver a un tío moribundo al que debía buscarle un sacerdote para que le diera la extremaunción, pero allí también se le cruzó la Señora del Cielo. Con pesar, Juanito le contó del obispo y de su tío. Y la Virgen le dijo: "Entiende, hijo mío, el más pequeño, que no es nada lo que te asusta y preocupa. ¿No estoy yo aquí, que soy tu Madre, tu ayuda y protección? ¿No soy yo la salud? Tu tío ya ha curado de su mal. En cuanto al obispo, junta algunas flores del cerro y tráelas aquí".

El indiecito obedeció. Él no podía saberlo pero, mientras hacía eso, su tío se levantaba de la cama en perfecta salud y alegre, ante la sorpresa de los que lo rodeaban con cara de "se-nos-va-en-cualquier-momento". Pero el verdadero misterio aún no se había producido. Todavía faltaba lo mejor. Juan Diego subió a la cumbre del cerro Tepeyac y se asombró mucho cuando vio allí, a muy bajas temperaturas y en medio de un suelo de piedra, una cantidad impresionante de rosas. Juntó unas cuantas y las puso en su poncho de color blanco. Las llevó a la Virgen y Ella le dijo que ésa sería la prueba pedida por el obispo de México. "Sólo ante él debes abrir tu manta, hijo mío, el más pequeño, mi embajador".

Al principio ni siquiera lo dejaron entrar en el episcopado, pero luego el aroma de las rosas escondidas en el ponchito les llamó la atención y lo llevaron ante el prelado. Juanito, siguiendo al pie de la letra las instrucciones de la Madre, desplegó su manto por primera vez. Al hacerlo, las hermosas rosas cayeron al suelo y despejaron el poncho, dejando ver en él una imagen perfecta de la Virgen. Todos los presentes cayeron de rodillas. El obispo Zumárraga puso las palmas de sus manos sobre su rostro y lloró con tristeza y arrepentimiento por no haber creído antes, lo cual, francamente, lo reivindicó de manera plena. Luego llevó el poncho de Juan Diego al altar de su oratorio. Bajo sus órdenes se construyó el templo pedido por María en el lugar exacto y se le dio el nombre que Ella misma había elegido: Virgen de Guadalupe.

La manta con su imagen, de tejido rústico, se colocó en un cuadro de 1,43 metro de alto, cubierto por un simple vidrio protector. Han pasado desde entonces 468 años y tanto la tela como la imagen se mantienen en perfecto estado, aun cuando eso es simplemente imposible, a menos que medie un milagro. Las investigaciones científicas que se han hecho, ya en nuestra época y con elementos de alta tecnología, confirman que la fibra rústica del ponchito no puede mantenerse más allá de los veinte años, luego de lo cual se deshilacha o desintegra por el polvo, la humedad y el simple paso del tiempo. Pero ahí está; lo pueden ver si tienen la fortuna de viajar al México lindo y querido. Más aún: en 1921 hubo en aquel templo un atentado en el cual, en el altar donde reposa el cuadro, manos criminales hicieron estallar una poderosa bomba que destrozó en miles de pedazos casi todo lo que había alrededor. Pero no el poncho con la imagen. A pesar del poder del explosivo, ni siquiera se rompió el vidrio común y silvestre que protegía el manto. Un manto al que el doctor Richard Kuhn, premio Nobel de Química en 1938, analizó con suma prolijidad, para informar luego oficial y científicamente: "Aunque resulte incomprensible, el elemento usado para los colores de esta pintura no es de tipo mineral ni vegetal ni animal. A mí también me resulta incomprensible, y es todo cuanto puedo decir". De la misma forma, y a través de rayos infrarrojos, la tela fue estudiada por un grupo de científicos de la NASA, quienes determinaron sin dudar tres conclusiones rotundas e igualmente inexplicables:

1. Ese tipo de tela no puede haber durado tanto tiempo de ninguna manera y menos aún en las perfectas condiciones en que está.

2. Esa tela ha sido sometida a estudios de la más alta tecnología y no revela ningún elemento que la preserve o proteja.

3. La imagen que aparece allí no ha sido pintada con pincel o con cualquier otro elemento conocido sino que parece impresa de una sola vez, sin retoques de ningún tipo. Teniendo en cuenta que el hecho ocurrió

en el siglo XVI, no se puede saber cómo se imprimió de esa manera.

Eso fue en nuestros días, claro. Al principio era otra cosa. En el siglo XVI la Iglesia condenó oficialmente el culto de la Virgen de Guadalupe, a la que no reconocían. Los que se atrevieran a honrarla corrían el riesgo de ser expulsados del cristianismo, ya que las autoridades no estaban seguras del origen del fenómeno y desde Europa dudaban de su veracidad. Recuerden que todo esto ocurría apenas 39 años después del descubrimiento de lo que luego sería llamado América. Eran un poco brutos, no como ahora, cuando todos aceptan los milagros sin la menor discusión.

A pesar de las amenazas, el pueblo, emocionado por la historia de la aparición a uno de ellos —Juan Diego—, construyó con barro y paja el primero de los templos, aun ante la oposición de la jerarquía eclesiástica. María le había hablado al indígena en su mismo idioma, no en español, lo que hacía aún más fuerte el amor de ellos a Ella. Y la Virgen devolvió esa devoción con tantos favores y milagros como para que en los diez años siguientes se convirtieran al cristianismo nada menos que seis millones de indios, seguidores de una Virgen que era como ellos y para ellos, sin oros y brillantes, morena y noble como ese pueblo.

Éste es siempre el mayor de los milagros: la conversión.

Mover montañas es más fácil que mover almas. Hacer que esos aborígenes adhirieran con todo su amor a esa Señora Hermosa fue lo que permitió que luego fueran conociendo y amando a Su Hijo, Cristo. A ver si lo decimos con todas las letras de una vez por todas: sin la Virgen y el impresionante sentimiento materno que despertó en todos los indígenas del Nuevo Continente, la conversión al cristianismo hubiera sido muchísimo más difícil de lo que fue. En América, Ella nos enamoró a todos desde el vamos. Y nos sigue enamorando.

Sólo 206 años después de la aparición, en 1737, el papa Benedicto XIV otorgó misa y honores a la Virgen de Guadalupe, proclamada patrona de México. En 1910 se extiende el patronazgo a toda América. Mucho después otro pontífice, Paulo VI, le hace llegar a la Santísima una rosa de oro como prueba de su propia devoción.

El único Papa que visitó a la Virgen de Guadalupe fue, como no podía ser de otra manera, Juan Pablo II, devotísimo de

María. Honró a la Madre con emoción y llevó a Juan Diego a los altares.

Esta advocación es originalmente muy anterior a la aparición en América. Un antiguo relato asegura que San Lucas, el evangelista, pintó varios retratos de María cuando Ella aún vivía en el mundo y que una de esas pinturas, hecha sobre madera negra —de allí el color moreno de esta imagen—, era su preferida hasta tal punto que Lucas quiso ser enterrado con ella. Con el paso de los años y el hallazgo de su tumba, encontraron aquel cuadro, al que se fue honrando y defendiendo siglo tras siglo, hasta llegar a España, donde fue hallado en una orilla del río Guadalupe; de allí el nombre. Ya tenía muchos devotos. Entre ellos, Cristóbal Colón, quien en su diario cuenta que al regresar de uno de sus viajes al Nuevo Continente una feroz tormenta amenazó con hacer naufragar el barco que comandaba entonces, La Niña, pero que elevó los ruegos a "su" Virgen de Guadalupe y el mar se calmó enseguida. Desde sus orígenes fue una advocación considerada muy milagrosa. Y en América, continuó con esa tradición. A propósito del bueno de Colón, casi nadie ha contado que su nombre, Cristóbal, significa "portador de Cristo". Y justito él descubrió el continente que terminaría siendo el más cristiano del mundo. Qué casualidad, ¿no? Está lleno de casualidades, fíjense.

Uno de los milagros más impresionantes que rodean a Nuestra Señora de Guadalupe es que, siglos después de su aparición, un grupo de científicos analizó cada milímetro del poncho con la imagen de la Virgen y descubrieron que había algo en los ojos de la Santísima. Un célebre oftalmólogo francés, el doctor Lauvoignet, fue el primero en observar con un potente microscopio la pupila de la imagen y advertir la figura de un hombre. El hecho desató una investigación que siguió por décadas.

Otro científico, el doctor Tonsman, sacó una foto del ojo de María y la amplió más de dos mil veces. Ante el asombro general, pudieron ver que en esa pupila están reflejadas de una forma microscópica varias figuras humanas: un fraile anciano que se supone es el obispo; otro sacerdote con una mano sobre su barba con gesto de real asombro; varios sacerdotes en otros planos así como un par de indígenas más y el propio Juan Diego desplegando su poncho del que caen las rosas. En una palabra: todos los personajes presentes en el momento de producirse el milagro. Por supuesto, jamás se pudo saber cómo era posible algo así.

LA MEDALLA MILAGROSA
Manos abiertas, palmas arriba

Pedro Labouré quería ser cura, pero tropezó con un inconveniente insalvable que le cambió los planes para siempre: la que luego fue llamada revolución francesa. Pedro Labouré siguió siendo un hombre piadoso que se casó y fue padre de diecisiete hijos, lo cual demostró a las claras que lo suyo no era en realidad el celibato sacerdotal. Una de esas hijas era Catalina. Bonita, menuda y graciosa, encantaba a todos los que la conocían, pero ella, desde chiquita, parecía preferir los claustros monacales, ya que su visita más deseada era al convento de las Hijas de la Caridad de San Vicente de Paul.

A los veinticuatro años, ya siendo monja de esa congregación, una noche se fue a dormir con la certeza absoluta de que vería a la Virgen, tal vez en sueños, como ella misma contaría luego. Pero no fue así, sino mucho más impresionante. A las once y media de la noche del 18 de julio de 1830, alguien la despertó. Abrió los ojos pesadamente, para encontrarse frente a un chiquito que no parecía tener más de cinco años de edad, vestido con una túnica blanca resplandeciente, que la urgía con cariño: "Vamos, acompáñame. La Virgen Santísima te está esperando".

Catalina enmudeció y, sin dejar de mirar al niño, pensó que la Madre Superiora o alguna de sus compañeras la iban a oír y no sabría cómo iba a explicarles aquello. No dijo nada en voz alta, sólo lo pensó, pero el ángel —que eso era, claro está— le respondió como si la hubiera oído: "No te aflijas, están todas dormidas profundamente, es muy tarde. Vamos, no temas". Catalina lo siguió hasta la capilla. Entraron y el ángel le señaló uno de los rincones y le dijo serenamente: "Ahí está la Virgen, ahí está".

Sor Catalina entrecerró los ojos para escrutar la oscuridad de la capilla, y luego contaría que dudó de lo que estaba ocurriendo. Pensó que todo aquello tal vez fuera un sueño aunque no exactamente el que había querido tener. Miró al niño que la había acompañado hasta allí, con un cierto aire de tierno reproche, pero, ante su sorpresa, oyó que la voz de él era ahora la de un hombre adulto, con tonos profundos e imperiosos que no se correspondían con su aspecto. Esa voz insistió firmemente en que no temiera y la invitó a avanzar hasta el lugar que le señalaba.

Catalina se asustó y caminó hacia allí al tiempo que oía, según sus propias palabras, "una suerte de susurro muy delicado, el sonido que produce un vestido de seda cuando su dueña se mueve apenas". Y la vio. La Virgen estaba allí, acariciándola con la mirada. Catalina cayó de rodillas y María la tomó por los brazos. Habló con la monjita de cosas que irían a suceder y le dijo que debía orar mucho. Luego se fue como flotando en el aire. Catalina temió contar el episodio.

Pocos meses después, el 27 de noviembre de 1830, estaba solita en la misma capilla, orando al atardecer, cuando ocurrió la segunda aparición. La monjita escribió con detalle aquel momento: "La Virgen estaba parada sobre un globo blanco del que se veía sólo la parte superior. Con sus pies descalzos aplastaba una serpiente verde que reptaba sobre el mundo. Parecía llevar en sus manos un puñado de joyas relucientes que emitían rayos de luz muy brillantes. Entonces dijo: 'Estos rayos simbolizan las gracias que yo derramo sobre quienes las piden. Las joyas que no emiten rayos son las de las almas que no piden'. Su manto era azul claro, y su túnica, blanca. Sobre la cabeza tenía un círculo con doce estrellas que la coronaban y Ella extendía las manos con las palmas hacia arriba, en un gesto piadoso lleno de amor".

En un semicírculo que partía de la mano derecha de la aparición, pasaba por sobre su cabeza y terminaba a la altura de la mano izquierda, decía en francés: "Oh, María, sin pecado concebida, rogad por nosotros que recurrimos a Vos". La frase resulta asombrosa analizándola hoy, a través de la historia, ya que aquello de "sin pecado concebida", es decir, la Inmaculada Concepción, recién fue declarado dogma de fe para la Iglesia por Pío IX, el 8 de diciembre de 1854, es decir —y aquí lo curioso— veinticuatro años más tarde de aquella aparición y esa leyenda que la rodeaba. La monjita, fascinada, escuchó una voz que dijo: "Haz acuñar una medalla sobre este modelo. Las personas que la llevaren puesta recibirán muchas gracias; las gracias serán abundantes para las personas que la llevaren con confianza". Casi enseguida, la imagen de la Virgen giró con suavidad y dejó ver lo que sería el reverso de esa medalla: la letra M en mayúscula, con una cruz sobre ella y dos corazones fácilmente identificables como el de Jesús y el de María: uno coronado de espinas y el otro traspasado por una espada.

Al principio no fue fácil, como siempre. El habitual alud de escépticos, especialmente dentro de la Iglesia, que es lo que más confunde, cayó con fuerza sobre las espaldas de la monjita. Pero, ayudada por su confesor, logró que se acuñaran dos mil medallas en 1832, dos años después de la aparición. Y la gente, otra vez la gente. Y Ella, otra vez Ella. La gente que se sumaba a pedirle gracias de todo tipo y Ella que las concedía creando milagros que corrían de boca en boca. Las sanaciones eran incesantes y llamaba la atención la cantidad de conversiones que se producían por Ella. Una de las más conocidas por lo curioso, fue la del banquero judío Alfonso de Ratisbona, no sólo creyente de otra religión sino furiosamente anticlerical. Nunca se supo qué fue lo que llevó a Ratisbona a acercarse casi con desprecio, pero también con desesperación, a la imagen de la Virgen, pero lo que sí se supo, y fue comidilla y luego historia, es que Alfonso de Ratisbona —el que odiaba sin límite a los curas– no sólo se convirtió al catolicismo sino que, además, se hizo cura jesuita. Alguien debió de haber sonreído en Algún Lado. Antes de que pasara una década desde la aparición, eran millones las medallas que se habían acuñado y distribuido. La gente las empezó a llamar "la medalla que sana", "la medalla que ayuda" y, finalmente, la Medalla Milagrosa, nombre que le quedó para siempre a esa advocación.

A la Argentina llegó en 1859, con los primeros misioneros de San Vicente de Paul. En 1941 se inauguró un magnífico santuario en la calle Curapaligüe al 1100, frente al parque Chacabuco. La cúpula está honrada con una gran imagen de la Virgen con sus manos abiertas, palmas arriba, mirando hacia abajo, esperando al que le sonría esta vez a Ella.

Catalina es, desde 1947, Santa Catalina Labouré.

Después de todo, qué suerte que Pedro Labouré no pudo ser cura.

LA VIRGEN DE LOURDES
"Aquello"

Vittorio Michelli tenía un sarcoma en el costado izquierdo, pero el 26 de mayo de 1976, luego de varios años de investigarlo a él y a su caso, tanto la Iglesia como un grupo de médicos que buscaron hasta el cansancio una explicación racional, sin hallarla, aceptaron oficialmente que el hombre estaba por completo curado y, lo más importante, que se trataba de un milagro.

Sergio Perrin, un francés que padecía una severa hemiplejia orgánica que le había provocado, además, ceguera total en uno de sus ojos, se curó de todos esos males súbitamente, el 1º de mayo de 1970. La investigación de su historia clínica, los estudios que se le realizaron posteriormente y la acumulación de testimonios duró doce años. En octubre de 1982, el obispo de Angers, con la aprobación vaticana, hizo pública su declaración de que este hecho era, sin dudas, un milagro.

Son sólo dos casos que se hicieron públicos y se oficializaron en tiempos no tan lejanos, pero se cree que son miles los de personas que sanaron de sus males ante la presencia de la Virgen de Lourdes y el agua milagrosa de su gruta. Esta aparición mariana está aprobada por completo desde hace rato, pero en cada ocasión en que se han producido sanaciones físicas se ha requerido un ejército de sacerdotes, teólogos y médicos que investigaran durante años antes de aceptar que se trataba de algo imposible de explicar con la ciencia o, al menos, con la razón.

El Vaticano estableció, desde principios del siglo XX, tres preguntas que aún se mantienen en vigencia y que los médicos deben responder antes de empezar una investigación sobre una cura inexplicable. Ellas son:

1) ¿Existía la enfermedad sin lugar a duda alguna?

2) ¿La curación es completa, instantánea e insólita?

3) ¿Esa curación es clínicamente inexplicable?

Suenan válidas, para arrancar, pero la última pregunta es aún centro de polémica para muchos católicos, incluyendo de manera especial a médicos que —sin tener ninguna relación con la Iglesia salvo la de ser fieles— han señalado que, desde el punto de vista de cualquier colega, nunca se acepta que un paciente no tiene cura. Algunos médicos, entonces, buscarán explicaciones de cualquier tipo, por absurdas que parezcan, antes que reconocer que una fuerza espiritual pudo lo que su ciencia no consiguió. Reparen que dije "algunos" médicos. No muchos, ni varios, ni la mayoría de los, ni un gran porcentaje de. No. Algunos. Afortunadamente, en las últimas décadas y con mucha fuerza en los últimos años, es decir, cuando la medicina más adelantó, ha sido y es impresionante la cantidad de profesionales de todo el mundo que comprendieron que la fe y la ciencia no tienen por qué estar en veredas opuestas y que si comparten la misma vereda esto suele ser bueno para el paciente. Por lo general, me consta que son los mejores médicos los que tienen la mente más abierta a este tipo de cosas.

En el caso de que esas tres preguntas sean respondidas afirmativamente, allí empieza el largo periplo científico-religioso que determinará si el hecho que analizan hasta en el hilo de las costuras puede recibir el nombre de "milagro". Pero veamos cómo empezó todo.

Tan mal le iban las cosas a Francisco Soubirous, que él y su familia vivían en lo que en el pueblo de Lourdes todos conocían como "el calabozo". Y no era un capricho popular. Efectivamente, ese sitio lleno de humedad y moho había sido alguna vez la prisión del lugar, que terminaron por abandonar por considerarla insalubre. Imaginen, entonces, cómo le estaban yendo las cosas a Francisco, que no había tenido más remedio que instalar allí su hogar luego de quedar en la ruina por demasiadas deudas y abandonar su profesión de molinero que alguna vez lo hizo caminar con cierto orgullo. Ahora se quedaba tirado en su camastro casi todo el día, para no tener que gastar. Para colmo, hacía un par de años que una esquirla, al saltar de la rueda del molino, lo había dejado tuerto. En una ocasión faltó media bolsa de harina de un depósito y los gendarmes fueron directamente a su pobre casa para detenerlo. Francisco era inocente; si apenas podía caminar, el pobre. Los policías no hallaron nada pero se lo llevaron preso de cualquier manera porque, siendo el más miserable de los cuatro mil habitantes del pueblo, era para ellos el mayor sospechoso. Casi me avergüenza tener que contar estas cosas, porque todo eso es demasiado para un solo hombre, pobre Francisco. Si hasta parece un abuso literario relatar que de sus nueve hijos sólo le quedaban cuatro. Una era Bernadette Soubirous, quien el jueves 11 de febrero de 1858 tiritaba en un rincón de la casa y advierte que ya no hay leña. Aquel invierno era duro y Bernadette, de 14 años, le pide permiso a su mamá, Luisa, para ir en busca de leña al bosque cercano. Al principio la madre dudó, debido al asma que aquejaba desde hacía tiempo a la adolescente (lamento sumar otro dato negro, pero así fue). Sin embargo, Bernadette insistió y le fue dado el permiso siempre que la acompañaran su hermana María y una amiguita de ambas, Juana Abadie. Así llegaron, rompiendo la niebla y desafiando el frío, hasta la gruta de Massabielle, un sitio de mala muerte al que solían mandar a comer a los chanchos del municipio. No me refiero a los funcionarios, sino a los animales que criaban para la comuna. En ese sitio, las compañeras de Bernadette se sacan el calzado y cruzan el riacho hasta la otra orilla, instándola a hacer lo mismo. La chica duda, pensando en su asma, pero no quiere decirlo y comienza a sacarse las medias. Es en ese instante cuando oye un rumor creciente, como una tormenta que se avecina, el ruido de un viento fuerte. Ella ignora que es el "viento vehemente" bíblico, algo así como el anuncio de la presencia del Espíritu Santo, que se repite en muchas apariciones. Mira a su alrededor y, sin embargo, no se mueve ni una hoja. Aún sin entender lo que ocurre, ve una luz muy brillante que sale de la gruta y allí, en medio de ella, ve a la Santísima. (La descripción de este momento está en el capítulo anterior, bajo el subtítulo "¿Cómo es el aspecto de la Virgen?".)

La gruta está rodeada por un rosal silvestre. Una vez más el símbolo de la rosa acompaña a María. Bernadette se sorprende mucho y lo primero que hace es aferrar en su puñito la imagen de la Medalla Milagrosa que lleva en el cuello atada con un piolín y meter la mano en el bolsillo para buscar su rosario. La hermosa imagen la mira con ternura. La niña se arrodilla y comienza a rezar el santo rosario, acompañada por la Virgen, que sólo mueve los labios sin emitir sonido alguno. Luego desapareció.

Las otras dos chicas no vieron nada, salvo a Bernadette en un éxtasis insólito, pero en el camino de vuelta logran que les cuente lo ocurrido. Esto le valió a la pobrecita vidente una paliza de su madre, que creía que fabulaba cometiendo herejía.

La niña vuelve a la gruta tres días más tarde y lleva, a escondidas, un poco de agua bendita porque tanto su madre como el párroco del lugar no sólo se habían enojado sino que le habían dicho que podía tratarse de tretas del diablo. Deja pasar otros cuatro días y retorna al sitio. En esa ocasión la Virgen le habla por primera vez, pidiéndole que la visite en esa gruta durante quince días. Bernadette así lo hace, mientras crece el enojo de su madre y del párroco de la misma manera en que crece poco a poco el fervor de la gente, que al principio se acerca por curiosidad y luego va dejando ofrendas. A todo esto Bernadette, en cuya vida no había habido tiempo para la educación escolar, por lo cual era iletrada, no tenía una idea bien clara de lo que significaba aquella señora que le pedía oración. En su dialecto *patois* (ni siquiera hablaba el francés) la niña se refería a la aparición llamándola *"Aqueró"*, que significa "aquello". Por un lado, la Virgen le señala una vertiente de agua que pronto se pone cristalina. Por el otro, la niña es interrogada severamente por el comisario y los gendarmes sin contradecirse en nada en su inocencia y sencillez. Por un lado comienzan los milagros de curaciones sin explicación, y por el otro el descreído párroco Peyramale se torna cada vez más irascible con la jovencita. Por un lado son diez mil las personas que, llegadas de varios pueblos vecinos, se acercan a la gruta buscando protección, y por el otro el párroco le grita a la niña diciéndole que, si la aparición es milagrosa, que entonces haga florecer el rosal de la gruta.

El rosal florecería. La gente acudiría de manera increíble a Lourdes y nadie sabe qué pasó con el padre Peyramale, el escéptico.

El 25 de marzo de 1858, día de la decimosexta aparición, Bernadette quiere dejar de llamarla *"Aqueró"* y le pregunta: "Señorita, ¿quién es usted?". Por primera vez la Virgen se identifica, diciéndole: "Yo soy la Inmaculada Concepción". Hacía apenas algo más de tres años que la Iglesia había proclamado a María con ese título santo. La mayoría de los adultos letrados aún no habían oído hablar de aquello y ni siquiera sabían bien qué era. La chiquita Bernadette era analfabeta, por lo que esa situación no hacía otra cosa que echar más leña al fuego de la fe. Aunque hubiera sido capaz de inventar las apariciones, como vociferaban los ateos, los positivistas y el padre Peyramale, no tenía ninguna forma de inventar también el nombre de Inmaculada Concepción.

La Iglesia toma cartas en el asunto muy seriamente. Ya son miles las personas que llegan a Lourdes, y se habla de construir una capilla en la gruta, tal como la misma aparición lo había pedido.

La última de las agitadas reuniones en las que las autoridades eclesiásticas pusieron a prueba a Bernadette fue en el despacho del obispo de Tarbes, monseñor Laurence. El prelado insistió en que la adolescente precisara con la mayor exactitud posible cómo fue el momento en que la Virgen se identificó. Bernadette se puso de pie, asumió un gesto y una actitud como jamás se le había visto, entre severa, solemne y dulce, y con un tono también desconocido repitió firmemente mientras abría los brazos: "Yo soy la Inmaculada Concepción". El obispo Laurence fijó los ojos en ella, sin poder contener las lágrimas que caían silenciosa y lentamente por sus augustas mejillas. No mucho después se reconoció las apariciones como verdaderas. Bernadette, a la que los pueblos de habla hispana llamamos Bernardita, entró en un convento y allí decidió quedarse hasta su muerte, a los 35 años de edad.

A menudo se ha dicho que la mejor prueba de que las apariciones de Lourdes fueron una realidad ha sido la misma Bernadette. Su inocencia absoluta, su analfabetismo, su desconocimiento de los libros sagrados y su manera natural de narrar una y otra vez lo ocurrido ante gente tan hostil como su madre, el párroco o los gendarmes, la hicieron completamente creíble. Los muchos milagros que vendrían luego lo confirmaron.

Desde 1933, la jovencita es Santa Bernadette.

Son millones las personas que han pasado por Lourdes, donde hay una oficina especial de registros de hechos que merezcan ser analizados. También hay muchos médicos que atienden y ayudan gratuitamente a muchos de los peregrinos que lo necesiten. Los enfermos son de todo tipo, lugar y edad. Siempre me encantó un caso en especial que me fue referido hace unos años por el magnífico salesiano Felicísimo Vicente, un cura al que mucho estimo, que está ahora en Caleta Olivia, muchos kilómetros al sur de la capital argentina, tal vez porque alguien consideró que aquí no le iba bien evangelizando, ya que cada domingo asistían a sus misas para los enfermos —en el Sagrado Corazón de San Justo, en Buenos Aires— nada más que unas siete mil personas que se distribuían por el gran playón de estacionamiento y por la calle. Hubo más de un Peyramale en la historia de la Iglesia, por desgracia.

Pero disculpen, ya saben cómo soy. Vuelvo al tema. Felicísimo me contó que una familia había llevado a la gruta de Lourdes, hace unos años, a un chiquito que soportaba penosos dolores por su enfermedad, a la que no se le encontraba solución médica, lamentablemente. Pusieron su silla de ruedas en la larga hilera de peregrinos que, como es costumbre, esperan el paso de uno de los muchos sacerdotes que les dan la bendición uno por uno. En ese mismo momento el niño, de unos cinco años de edad, sufría una de sus crisis de dolor, que le quitaban el color y le hacían fruncir la cara con fuerza. El cura se puso frente a él y le acercó a pocos centímetros de la cara el crucifijo que llevaba en la mano izquierda, mientras con la derecha le impartía la bendición. Luego pasó al siguiente paciente, pero apenas levantó la mano derecha extendida para repetir el gesto, la voz del chiquito lo paralizó. No estaba hablándole a él, sin embargo, ya que el niño gritó: "¡Jesús!". El tono era seco, enojado, imperioso. El curita volvió a ponerse frente a él, sin saber qué hacer y sin tiempo, tampoco, para pensarlo, ya que el chiquito no se dirigió a él sino al Cristo que llevaba en su mano, a quien increpó: "¡Me sigue doliendo! ¡No me curaste nada!".

Se hizo un silencio denso, sólo roto por el chico, que siguió su frase, ahora con un marcado tono de amenaza familiar y siempre dirigiéndose al Jesús del crucifijo: "¡Se lo voy a contar a tu mamá!".

Siempre me sonaron aquellas palabras como la amenaza más dulce que jamás pueda oírse. El chiquitín se lo iba a contar a la mamá de Cristo para que lo reprendiera por no haberle sacado el dolor.

El cura se repuso como pudo, volvió a alargar la cruz hacia el niño, lo bendijo nuevamente y cerró los ojos dando gracias al oír que el pequeño le decía, con otro tono: "Ahora sí". El dolor había cesado. El milagro había cantado su canción una vez más y tal vez algunos entiendan la letra y la música. Bienaventurados.

4

Ojos que no ven, corazón que sí siente
(Testimonio de hoy)

Graciela y Pepe, qué fenómeno. Si da gusto verlos, apretados uno contra el otro en una punta del sillón de tres cuerpos, y no por falta de espacio sino por puro mimo, porque se quieren más que ayer. GRACIELA Y PEPE BURÓN viven en Las Heras y Pueyrredón, en Buenos Aires, hace veinte años que están casados, apenitas han pasado los cuarenta y, sin embargo, ya son abuelos, no entiendo cómo, porque ellos mismos parecen dos chicos. Cosas de la pureza de espíritu, me digo. Abuelos. ¿Qué van a ser abuelos, si ella revolea los ojos y el alma todo el tiempo como si tuviera ocho años y acabara de hacer una travesura? ¿Qué van a ser abuelos, si él, aunque parezca tener alas enormes para protegerla, parece estar buscando excusas para sonreír por lo que sea? Abuelos. Por favor. Rozándose a cada rato, mirándose a los ojos con gesto de estar a punto de trepar a la casita del árbol, ayudándose en el relato porque los dos son chiquitos. ¿De qué abuelos me hablan, me quieren decir?

—¿Siempre fuiste devota de la Virgen?

—No. Conocí al que hoy es mi marido cuando yo tenía dieciséis años, y hasta ese momento nada que ver. Mi familia no era practicante. Empecé a ir a misa con Pepe. Creo que si no iba me llevaba de una oreja. Te confieso que al principio no le encontraba sentido a la misa, pero en la medida en que el cariño hacia él crecía, iba amando más, también, todo lo suyo. Eso hizo que me acercara a la Iglesia.

Francamente, tal vez debería terminar este testimonio aquí, ya que de tan simple y rotundo es extraordinario. Acercarse a la fe contagiada por aquel al que amaba, dar el primer paso por amor, es magnífico. Por lo menos así lo veo yo, como dice un filósofo de la tele. Pero no lo terminamos aquí; seguimos porque la historia lo vale con ganas.

—La cosa es que después —siguió Graciela— yo tendría 21 ó 22 años y empecé a querer a la Virgen. Con Pepe iba en la peregrinación a Luján. Ocho años seguidos. Bueno, siete para mí, porque el octavo estaba embarazada y fue Pepe solo. Le prometimos a la Virgen darle su nombre, y así fue: María Luján, que nació el 7 de mayo, un día antes de la fecha de la Virgen de Luján. No teníamos ni idea, nosotros. Después lo supimos... Así que empecé mi devoción con la de Luján.

—¿No había aparecido aún tu problema?

—Sí, sí. Lo tenía desde los seis años... Yo soy melliza. Mamá queda viuda cuando nosotras tenemos un año; un hermano de siete y otra de nueve. Mamá quedó muy golpeada, muy mal. Tan mal que una tía mía, que no tenía hijos, le dice a mi madre que ella podía llevarse una de nosotras, las mellizas, o las dos, para ayudarla. Por eso fue que terminé en Tucumán, con mi tía... Un día hubo un eclipse de Sol con epicentro en San Miguel de Tucumán. Las maestras, unas ignorantes, nos decían que miremos eso porque no se daba muy seguido...

—Perdón... ¿las maestras les decían que miraran directo al eclipse?

—Sí, eran unas bestias. Y bueno, yo miré y a partir de ahí me dañó la vista. Desde ese entonces y durante años me llevaron a algunos médicos pero sin encontrar una solución. Hasta que mi adorado marido se ocupa plenamente de mi caso.

No dice "mi adorado marido" con tono de broma o de ironía o para hacer el relato más impactante o para atenuar el dramatismo con sonrisas. No. Lo dice con naturalidad. Dice mi adorado marido, así, sin comillas, normal, sintiéndolo. Pucha, qué lindo.

—¿Eso significa que desde los seis años hasta conocer a Pepe vos no veías bien?

—No, no veía bien. Veía todo borroso.

—Por eso te casaste con él.

236

Nos reímos. Yo intentaba descomprimir un poco, porque todo venía muy duro, como han visto. Y si lo escribí es para que lo vean, justamente. Para que tengan claro que Graciela no nació en un capullo de seda, no se crió entre algodones, no creció con la vida sonriéndole, y su problema no era que no tenía el modelo de Barbie que quería. Graciela las pasó mal, no sé si está claro: al año de nacer muere su papá; enseguida fue separada de su mamá y hermanos, para vivir en otra provincia, cambiando su vida, y, como si fuera poco, se quedó casi ciega por una imperdonable ignorancia de sus maestras. ¿En quién puede creer uno si lo que se supone que es lo más fuerte —padre, madre, maestros, familia— parece resquebrajarse como un ladrillo al que se le da un martillazo? Luego Dios le mandó a Pepe.

—Yo tenía 19 cuando nos casamos. Pepe encaró el problema de entrada, y yo tenía 21 ó 22 cuando me lleva al Hospital Naval, porque en esa época él ya era oficial de Marina. Me vio el doctor Caride...

—Le hizo varios estudios —añade Pepe—, especialmente una retinografía. Y me dijo que tenía una lesión seria, la mácula quemada y perforada en el ojo derecho. Que eso no se curaba. No queríamos entregarnos, y la vio otro médico, el doctor Kaufer, que dijo lo mismo...

—¿Cómo veías vos, Graciela, hasta ese momento?

—Mal, muy mal. No podía fijar la vista.

—¿Al punto de no reconocer a alguien a unos dos metros?

—Sí. Al punto de leer dos o tres renglones y no poder seguir. Al punto de haberme recibido en el colegio gracias a que me ayudaban especialmente; las profesoras me dictaban, me leían. Al punto que no podía ir al cine, nada. No podés. No podés ver.

—También la vio uno de los mejores oculistas, el doctor Nano. Y dijo lo mismo. Todos coincidían: "Ni siquiera se puede hacer un trasplante; no viajes a ningún lado, no gastes plata, porque eso no lo puede solucionar nadie" —acota Pepe Burón.

—Pero el recuerdo del abuelo materno de Pepe nos ayudaba...

—Mi abuelo había sido diputado y senador de Tucumán, José María Tula Molina, una persona de mucho renombre en la provincia. Se había quedado ciego por la diabetes y había recuperado la vista después de haber ido a pedirle a la Virgen, a Lourdes. Como era muy conocido, la noticia de su cura milagrosa salió en las primeras planas de los diarios tucumanos.

—¿Ciego total, Pepe?

—De un ojo no veía absolutamente nada, y del otro, sólo algunas luces y sombras. Al llegar a París empeoró y le aconsejaron volver, pero él dijo que si no pasaba por Lourdes no volvía a la Argentina. Era un hombre muy religioso. Fue a Lourdes, se lavó la cara en la gruta y volvió. Al día siguiente, al levantarse y mojarse la cara, levantó la cabeza y en el espejo se vio. Se vio, ¿te das cuenta?... Sanó por completo.

—¿Cuándo ocurrió eso?

—Y... en la década del 50, no sé con exactitud; yo era muy chiquito. Lo que recuerdo claramente es que él murió cuando yo tenía 16 años y, hasta último momento hacía las palabras cruzadas con una lamparita de 25 watts. Veía fenómeno.

—El recuerdo de eso nos daba fuerzas —sigue Graciela—. Nosotros no teníamos ni un centavo, pero un día Pepe me dijo: "Mirá, vamos a juntar peso por peso y yo te voy a llevar a Lourdes. Pase lo que pase yo te voy a llevar a Lourdes"...

Dios mío, el amor otra vez. La fuerza del cariño, caramba. Y digo caramba para que después nadie se moleste, pero tengo en la punta de los dedos escribir carajo para subrayar con énfasis y como un grito de papel y tinta este sentimiento, propio o ajeno, que no deja de emocionarme nunca, el amor. Pero no, calma, no escribiré carajo. Sólo diré caramba, que, como ustedes saben, es lo que dice todo el mundo frente a algo que le sorprende y emociona, o incluso la misma palabra que todos usan de manera habitual si se dan un martillazo en el dedo, por ejemplo: "Oh, caramba, el clavito se hizo esquivo y me he propinado por accidente un muy fuerte golpe en mis dedos índice y pulgar, qué contrariedad, se están amoratando. Y cuánto es el dolor que estoy sintiendo, caramba, caramba". Ustedes comprenden.

Graciela y Pepe, qué linda gente son, qué sanitos de aquí arriba, donde se lleva el pelo.

—Ya vivíamos en Buenos Aires —sigue ella— cuando conocí a un hombre extraordinario, un ex cura jesuita, Víctor Emilio Proasi, amigo de los padres de Pepe, con los que daba charlas prematrimoniales en Guadalupe. Allí él hablaba como psicólogo, con un profundo sentido cristiano. Por eso me acerco a él y él me protege como a una hija, así lo sentí. Era mi guía, mi consejero, mi ejemplo. Murió en 1997. Es la persona a quien más he querido en la vida, después de Pepe.

—¡Epa!

—Es mi imagen paterna más clara. Mi papá biológico murió en aquel avión que cayó al agua, frente a Mar del Plata, cuando yo tenía un año. El marido de mi tía murió siendo yo adolescente. Proasi, bendito sea, fue mi papá por elección y él me dijo que lo sentía así.

—Fue Proasi el que nos habla por primera vez de lo ocurrido en San Nicolás —detalla Pepe—. Era amigo de monseñor Castagna, que le contó que se haría cargo de la diócesis justo cuando hacía apenas cuatro meses que, según decían, había aparecido la Virgen en el lugar. Esto ocurría en enero del 84, cuando fuimos por primera vez... Estaba el campito, sin nada, con una especie de capillita que habían hecho con unas ramas de árbol. Preguntando llegamos a ver a un señor muy importante en San Nicolás, José Mastrovicenzo, que era de los pocos que estaba cercano al tema. Fue muy amable y nos explicó todo lo que se sabía. Después de eso, cada vez que íbamos a San Nicolás, íbamos a visitar a Mastrovicenzo... El que nos daba manija para ir era Proasi. Después de esa primera vez, volvimos otras. Fuimos una vez en el 89...

—Pero no por la vista —interviene Graciela—. Yo ya me había hecho a la idea de que no había solución con eso. Proasi mismo, mi padre —pero padre en serio, eh—, me había ido enseñando que hay mucha gente que ve con los ojos pero está ciega del alma. Y decía que yo veía muy bien para adentro, que era lo valioso. Supongo que me mentía para darme fuerzas, no sé, pero lo que importa es que daba resultado; yo llegué a digerir mi situación sin pensar ya en un milagro físico... A San Nicolás fuimos a agradecerle a María por una gracia material, en realidad. Nada que ver. Pero fuimos a agradecer algo y no podíamos imaginar lo que iba a pasar.

—Nos topamos con una peregrinación encabezada por dos curas —cuenta Pepe—. En aquella época no era mucha gente: unas doscientas personas. El cura que guiaba el Vía Crucis era Puyelli. Allí lo conocimos. Un hombre se acercó y me preguntó si yo podía llevar un estandarte. Le dije que sí, claro. Casi sin darnos cuenta estábamos formando parte del Vía Crucis. Yo camino con el estandarte en la mano y, de repente, siento un perfume muy fuerte a rosas. Por haber ido otras veces, yo sabía que ahí atrás, muy cerca de donde estábamos, había un basural, caballos, cosas que indicaban que era imposible que de un lugar así pudiera llegar ese olor tan lindo. No dije nada, igual. El aroma se fue, y al rato otra vez apareció con la misma intensidad. Venía en ráfagas. Recién entonces la llamé a Graciela...

—Me preguntó si sentía un perfume —agrega ella—, y yo le dije que sí, un aroma a rosas. "¡Qué raro!", le dije. "¿Qué es esto?"... En ese momento mi nena me dice: "Mami, mami, ¿qué es ese perfume?", y enseguida viene el nene y me pregunta lo mismo. O sea que era para la familia, para los cuatro...

—¿Los demás no sentían nada?

—No —recuerda Pepe—. Los demás seguían como si nada. Ninguno dijo ni una sola palabra, ni un gesto que indicara que sentía ese aroma.

—Discúlpenme, no quiero ponerme suspicaz, pero ¿ustedes ya sabían que la presencia de la Virgen se manifiesta muchas veces con perfume a rosas?

—No, ni la menor idea.

—Antes de volver a Buenos Aires —sigue Pepe—, vamos a saludar como siempre, a Mastrovicenzo. Le contamos todo lo que pasó. "No es coincidencia —dijo—. A vos la Virgen te va a curar la vista."

—¿Así no más, tal cual?

—Sí, así. "A vos la Virgen te va a curar la vista", me dijo. Yo, la verdad, no le creí. Lo del aroma a rosas como presencia de María sí que lo creí, pero ¿cómo me iba a curar la vista? Se piensa, además, que los milagros nunca le tocan a uno. Yo no podía creer eso.

—¿Y qué ocurrió?

—En septiembre de ese año 89, llevando a mi nena al colegio, siento como un cristalito que me entra en el ojo derecho y no sabía si era una basura o qué. Me refriego el ojo. Y empiezo a ver.

—Con el ojo con el que no veías nada...

—Sí, claro. Y veo. De repente. Empiezo a ver con mucha nitidez y yo no podía creer que estaba viendo, que podía ver.

—Pero ¿de repente? ¿Nada de ir mejorando con el tiempo?

—No. De pronto. Allí mismo, en plena calle. Sentí eso que parecía una basurita que se había metido en el ojo pero que, sin embargo, no me molestaba como una basurita. Me refregué por instinto y al abrirlo otra vez ya veía. Veía perfecto. La gente, los autos, mis manos, veía todo. Me paré en seco. Me tapaba el ojo izquierdo y miraba sólo con el enfermo, que no tenía cura. Y veía perfecto. Los edificios. Distinguía las ventanas de los edificios...

—¿Qué sentías en ese momento?

—No sé. No podía creer lo que estaba pasando. Fue como un impacto muy fuerte para mí, pero no entendía, no entendía. Me daba miedo hasta hablar de eso a los demás; pensaba que si lo hacía era como romper el encanto y volvería a perder la vista. No le dije nada a nadie. Esperaba, nada más. Muy ansiosa. A los dos o tres días, estoy yendo al gimnasio y, otra vez en la calle, exactamente la misma sensación: como un cristalito que me entra en el ojo izquierdo, me paro, parpadeo y ahí veo bien. Lo mismo en las dos ocasiones, lo mismo. Del derecho no veía nada y del izquierdo con mucha dificultad, durante tantos años, y de repente veía perfectamente con los dos ojos.

—¿Hubo alguna explicación científica?

—Cuando ya veía bien con los dos ojos, yo me dije: "No, no me voy a quedar quieta. Tengo que saber qué pasó". Y fui a verlo otra vez al doctor Nano. Me revisó, me hizo pasar por un montón de aparatos y pruebas y, cuando todo terminó, me dijo con tono de asombro: "¿Qué te pasó?". Le conté todo lo de la Virgen y le pregunté qué tenía en ese momento. "No tenés nada", me dijo. Se quedó helado.

—Perdón. No lo conozco personalmente pero tengo entendido que el doctor Nano es una eminencia a nivel mundial...

—Sí, ése. Hugo Nano. Cuando me vio por primera vez llamó a varios de sus médicos para mostrarles mi lesión, porque era muy rara. Tiempo después, cuando vio que no tenía nada, también hizo que se reuniera su equipo y les recordó que yo era la de la lesión en la mácula, la que no tenía cura ni posibilidad de trasplante. "Bueno, mírenla ahora", les dijo... Todos estaban asombrados. Después, Nano se reunió otra vez a solas conmigo y volvió a preguntar: "Graciela, decíme exactamente: ¿qué te pasó? ¿Qué hiciste?". Le conté otra vez: San Nicolás, el perfume a rosas, el anuncio, la Virgen. Me escuchó con mucha atención. Al terminar, le pregunté qué pensaba él de todo eso. "Y... que sí", me dijo, "No hay otra explicación." Y es un médico ¿viste? Uno de los mejores...

Graciela tiene razón, pero eso no me extraña. Por lo general son los grandes en serio los que tienen la mente más abierta. No apartarse nunca de la ciencia, de acuerdo, pero no descartar la fe. El hombre que me dio el impulso inicial para mi primer libro no fue un teólogo ni un cura ni un místico, sino uno de los mejores neurocirujanos de todos los tiempos, el doctor Raúl Matera, que debe estar sonriendo desde Allí Arriba. El otro que me sorprendió con un apoyo que nunca podré agradecer y que me contó todo lo bueno y lo malo que tenía por delante al meterme en los temas sobrenaturales —y no se equivocó ni así— fue un señor llamado Ernesto Sabato, no sé si lo tienen presente. No sólo debió ser premio Nobel de Literatura desde hace años sino que, siendo muy joven, se recibió con medalla de oro como doctor en Física. Los grandes en serio no necesitan justificarse ni explicar nada a nadie. No están. Son. Por eso dicen lo que sienten y piensan. Por eso son grandes.

—A nuestro pedido —cuenta Pepe—, el doctor Nano nos dio un informe con la historia clínica de Graciela, donde queda establecido en qué situación estaba ella cuando la vio por primera vez y señala que en esa fecha última, 13 de octubre de 1989, sus heridas estaban absolutamente cicatrizadas. El padre Pérez, rector del santuario de San Nicolás, nos pidió esa documentación, que le llevamos con mucho gusto.

Ya pasaron diez años desde aquello. Graciela no volvió a tener problemas con sus ojos nunca más. Su caso fue analizado, estudiado y publicado en muchas partes del mundo y suele aparecer de cuando en cuando, como una curiosidad, en algún libro médico o espiritual. Ni unos ni otros saben o pueden darle una explicación.

—Esto te lo digo para vos. No lo pongas en el libro —dijo mi amiga nueva en el final—. En estos diez años sentí aroma a rosas muchas veces…

—No me pidas que no lo ponga, por favor.

—Bueno, si querés está bien. Pero no sé si lo van a entender.

—Si no lo entienden, se equivocaron de libro.

Graciela miró enseguida a Pepe, que sonrió aprobando en silencio. Ella sonrió también, entonces. Abuelos. Terminá esa taza de Quaker, ¿querés?, y juntá las muñecas, porque yo no voy a volver a hacerlo. Y vos, dejá la pelota, que ya es de noche y no es hora de andar por la calle. Abuelos. Habráse visto.

5

Mamá me ama

(Rosa Mística y Medjugorje)

MARÍA ROSA MÍSTICA

Blanco, rojo y amarillo

La imagen más bella y de mayor tamaño que vi de María Rosa Mística no estaba en una iglesia, una capilla ni el despacho de un obispo, sino en el camarín de la notable Mirtha Legrand. En ese lugar al que, en rigor de verdad, muy poca gente ha tenido acceso, mi querida Chiquita no tenía una sino dos imágenes muy grandes que le habían sido traídas especialmente desde Alemania por diferentes personas que sabían que ella era muy devota de esa advocación.

Y la vi también en una foto de la década de los 80, ahora sí en el amplio despacho de un sacerdote que tomó como nombre Juan Pablo II. Curiosa foto, ya que, oficialmente, el Vaticano no se expidió aún sobre el tema de la aparición de la Rosa Mística e, incluso, dentro de algunos círculos de la Iglesia la vidente ha tenido desde siempre una oposición tenaz. Pero, por supuesto, nadie enfrenta la veneración a María bajo el "vestidito" de la Rosa Mística. María está fuera de toda discusión.

En la primavera de 1947, y de acuerdo con lo que la vidente contó, la Virgen se le aparece a la enfermera italiana Pierina Gilli, de 36 años de edad, en su propio lugar de trabajo. La mujer describiría luego la aparición como "una señora bellísima, con túnica morada y un velo blanco en la cabeza". Dijo, además, que María lloraba con mucha tristeza y que tenía tres espadas clavadas en su pecho. En esa ocasión, siempre de acuerdo con los dichos de la vidente, la Santísima sólo pronunció tres palabras: "Oración, sacrificio, penitencia".

Meses más tarde, el 13 de julio de 1947, Pierina cuenta que se repite la aparición, pero ahora la Virgen lleva tres rosas sobre su pecho. Como ya está dicho, la rosa es el símbolo de María. Una de esas flores era de color blanco; la otra, roja, y la tercera, amarilla. También cambia el atuendo: la túnica es purísimamente blanca. Pierina Gilli contó que la Santísima le dijo: "Soy la Madre de Jesús y la de todos vosotros". En esa segunda aparición cuenta que la Virgen —que ya no lloraba— le dice que prometía protección a todos aquellos que demostraran devoción y que exigía que todos los sacerdotes se santificaran, porque no estaba nada conforme con la actuación de muchos de ellos. Es obvio que los sacerdotes no estuvieron, después, nada conformes con la actuación de Pierina Gilli y especialmente con ese párrafo. Allí comenzó a tener oposición dentro de la Iglesia. De todas formas, cuando la vidente pide a la aparición un milagro para estar segura de que se trata de Ella, María responde: "El mayor de los milagros tendrá lugar cuando las almas de los consagrados pongan término a las continuas ofensas al Señor". Más alegría, entonces, para "los consagrados", es decir, el clero. No podían estar más felices con Pierina. De todas maneras, el mensaje —de ser cierto y textual, por supuesto— dejaba en claro que el milagro sería que sobre los consagrados malos triunfaran los buenos, lo cual era maravilloso porque daba por hecho que, por lo menos, había también buenos. Las espadas de la primera aparición eran símbolos de las traiciones de los malos curas y fieles. Las tres rosas, que siguieron acompañándola para siempre en las demás apariciones, también tenían su significado: la blanca simboliza el espíritu de oración; la roja, el de sacrificio y abnegación, y la amarilla, el de penitencia.

Lo más asombroso aún estaba por ocurrir. Pierina anuncia que la Virgen le dijo que se aparecería el 8 de diciembre de 1947 en la catedral de Montichiari, al mediodía. Se corrió la voz y ese día, a esa hora, miles de personas se apretujaban alrededor de la iglesia, y ni hablar del interior. El párroco, monseñor Francesco Rossi, y la vidente Pierina estaban uno junto al otro, expectantes. De pronto la enfermera miró a un punto en el aire y dijo, solamente: "Oh, la Virgen". Debe de haber sido muy impresionante oír el silencio absoluto de miles de personas. Si se hubiera caído un pequeño trozo de algodón se lo hubiera oído retumbar con un eco monstruoso, tales eran la quietud y el silencio. Allí la Virgen pide que se la mencione desde entonces bajo la advocación de Rosa Mística y dice que, a partir de ese momento, el mediodía de cada 8 de diciembre será la hora de gracia para todo el mundo, tiempo en el cual se le podrá pedir aun lo imposible y que será concedido. La única que vio a la Madonna y oyó su mensaje fue Pierina, lo cual no quiere decir mucho ni a favor ni en contra de ella, ya que siempre ha sido así: los videntes pueden estar rodeados de personas pero, en medio de un raro éxtasis, son los únicos que ven y oyen a la Virgen.

Lo cierto es que enseguida hubo señales muy extrañas: una mujer del pueblo, de 26 años de edad, que sufría tuberculosis desde hacía doce y cuyo estado era tan severo como para que la enfermedad le impidiera hablar en la última década, sanó de inmediato; eso hizo que, poco después, la mujer entrara en un convento y se consagrara de por vida. Un chico de seis años, atacado de poliomielitis, se puso en pie allí mismo, en la iglesia, y caminó con los bracitos elevados ante una muchedumbre entre la cual había muchos que lo conocían tanto a él como a su mal. Una mujer de 36 años, que padecía una enfermedad mental que le provocaba no sólo absoluta mudez sino, además, incontinencia para controlar sus funciones fisiológicas más elementales, no estaba en el templo, pero en su nombre estaba su papá, que rogó por ella desde el fondo de su corazón, y seguramente debe de haberlo hecho con verdadero fervor, ya que su hija discapacitada —que estaba en su casa— en ese mismo instante recuperó su control físico y síquico y lo primero que hizo, llena de una inexplicable alegría, fue pedirle a quien la cuidaba que la acompañara en el rezo de un santo rosario. No pregunten cómo sabía ella que debía agradecer a la Virgen; nunca nadie pudo explicarlo. Pero ocurrió y está registrado.

La vidente Pierina Gilli eligió, poco después, retirarse a un convento, donde quiso ser mucama de las monjitas. Durante los siguientes diecinueve años no se produjeron apariciones, pero en 1966 el fenómeno retornó y duró otra década. En la del 14 de febrero de 1970 puede resumirse el objetivo de la Virgen a través del mensaje que deja a Pierina Gilli en esa ocasión. Dice textualmente: "Mi amor abraza a todo el mundo. A través de ti, mi pequeña, he dado mi amor y lo seguiré dando para hacerlo penetrar en las almas. ¡Dar amor! ¿Acaso existe algo que sea más grande que esto? El amor a Dios, el amor al prójimo, es oración que llega al Señor".

Una frase dicha por la Virgen en la tercera de sus apariciones, en 1947, ya dejaba muy en claro el mensaje todo en apenas tres palabras: "Vivid de amor". Yo entiendo perfectamente si alguno de ustedes, de ese lado de la página, me dicen con tono de chocolate por la noticia: "Sí, claro, decirlo es fácil". Tienen razón, en especial en el mundo en que nos tocó vivir, en que a uno le llenan la cara de sopapos todos los días. Pero lo que pasa es que nada que valga la pena es fácil. Hay que intentarlo. Se puede ganar mucho, si se logra. Hay que intentarlo, al menos. Eso sí: como me obsesiona ser sincero con ustedes para huir de la hipocresía, debo confesar que el asuntito ese de las dos mejillas es mi punto débil. Católico, sí; pavote, no. Si me pegan en una, mi tendencia es agarrar un bate de béisbol y, para ser franco, admito que no leí nada que recomiende eso en las Escrituras.

REACCIONES EN LA IGLESIA

Los relatos de Pierina despertaron en el seno de la Iglesia tantos adherentes como opositores. Entre los primeros se destacó monseñor Francesco Rossi, quien fue la más importante autoridad (abad mitrado) de la catedral de Montichiari, durante 22 años. En su lecho de muerte dijo, en 1977: "Estoy completamente convencido de la autenticidad de esas apariciones y de los milagros que ocurrieron con ellas. Yo mismo presencié alguno de esos milagros. En una procesión con la imagen por Montichiari, un hombre al que yo conocía, y que tenía una terrible infección en un oído, se abrió paso hasta la Virgen y la tocó con un pedazo de algodón. Enseguida se puso ese algodón en su oído enfermo y lo sacó en el acto, lleno de pus y con una pequeña astilla de hueso. Desde ese instante quedó completamente curado".

La vidente fue recibida por Pío XII en 1951 pero, en rigor de verdad, la entrevista, impulsada por una persona de Roma cercana al Vaticano, y fue bastante breve. Pierina se arrodilló frente al Papa, que le preguntó con una sonrisa si desde las apariciones se había hecho más buena. La mujer apenas si movió la cabeza afirmativamente, turbada por un momento fuerte para cualquier católico. Después, Su Santidad tomó la cabeza de ella con ambas manos y le dijo: "Ánimo, querida hijita. Busca corresponder lo mejor posible a una gracia tan grande y maravillosa. Para esto te daré mi especial bendición apostólica". Lo hizo y, luego, se inclinó un poquito hacia ella y pidió humildemente: "Por favor, querida hijita, ruega también por nosotros". Sonrió y allí terminó la entrevista. No es mucho, claro, pero a mí me gustaría bastante que un papa me tomara la cabeza, me bendijera y me pidiera que orara por él mientras me sonríe. Otro pontífice, Juan XXIII, poco antes de iniciarse el Concilio Vaticano II, en 1962, recomendó a todos los fieles y en especial a los sacerdotes, que invocaran a María Rosa Mística para que los iluminara en una tarea gigantesca para la fe como la que iban a encarar.

La devoción creció muy rápidamente en Italia desde un principio y, casi enseguida, pasó al resto de Europa y luego al mundo. Hay procesiones muy importantes con la imagen de esta advocación en Francia, España, Rumania, Polonia, Australia y lugares casi impensados como India, Indonesia, Líbano, Corea del Sur y varios países africanos. En Alemania, país mariano, es impresionante la veneración a la Rosa Mística. En la Argentina creció mucho en los últimos quince años. En la ciudad de La Plata hay un santuario en su honor que convoca a muchos fieles, en especial los días 13 de cada mes.

La imagen de la bella Señora de la túnica blanca, las manos unidas en oración, la mirada cálida y las tres rosas sobre el pecho, ya es muy familiar para enorme cantidad de católicos. Esa imagen, la original, fue esculpida por el italiano Caio Peralthoner, guiado en cada detalle por la vidente Pierina Gilli, que la iba describiendo tal como ella la veía. El artista, como prueba de su propia veneración a la Santísima, esculpió todos y cada uno de los detalles de su obra trabajando todo el tiempo de rodillas.

LA VIRGEN DE MEDJUGORJE
La reina de la paz

Una vez más, todo empezó con un sonido ronco y poderoso que venía del cielo y que parece ser el prólogo de la maravilla. El 25 de junio de 1981, en la localidad de Medjugorje, ubicada en la ex Yugoslavia, hay seis testigos de la aparición de la Madre. Medjugorje tenía por entonces unos trescientos habitantes, menos de los que viven en una sola manzana de la mayoría de los barrios de Buenos Aires. Seis de ellos, dos varones y cuatro chicas —cinco adolescentes y un niño de diez años— declararían luego por separado, con una coincidencia asombrosa en cuanto a la descripción de la imagen: impresionante belleza, mucha luz alrededor, piel levemente rosada en las mejillas, muy joven, ojos de color azul intenso, cabello moreno ondulado y largo, vistiendo túnica y velo sobre la cabeza de un blanco purísimo. Dicen que sus pies no tocaban la tierra. La veían flotar a unos cuantos centímetros del suelo, como de pie sobre una nube, otro dato común a las más conocidas apariciones marianas. Todos coinciden en que, en cada una de las ocasiones en que se presentó a los seis jóvenes videntes (que fueron varias), el saludo inicial de María fue el mismo siempre: "Alabado sea Jesucristo". Enseguida les da su mensaje, que de manera invariable ha tenido que ver siempre con sugerir la oración para lograr la paz. De allí que se la conoce, también, como la Reina de la Paz. Mucho antes de los sucesos que conmoverían al mundo en la feroz guerra político-territorial-religiosa de esa zona de Bosnia Herzegovina, donde la crueldad era moneda corriente, la Virgen había advertido que se iba rumbo a ese enfrentamiento. Por supuesto, no fueron muchos los que supieron escuchar el mensaje, pues en esa parte del planeta todos estaban demasiado ocupados en mirar de costado a sus vecinos y cargar las armas por las dudas. Lamentablemente, hubo un momento en que las dudas se disiparon y la guerra fue un hecho desgarrador y cruento. Además de los seis adolescentes, el sacerdote Jozo Zovko tuvo la gracia de ser testigo de muchas apariciones. También pudo ver, con el pueblo entero y en varias ocasiones anteriores al conflicto bélico, una sola palabra escrita en el cielo, como si alguien gigantesco hubiera hundido su dedo en la arena para hacerlo. La palabra, reiterada, como digo, era: "MIR", que en idioma croata —el que se habla en el lugar— significa "PAZ".

Dolorosamente, ese anuncio sorprendió a todos los que lo vieron —muchos—, pero también los sorprendió el estallido de la guerra y la crueldad de los que no lo habían visto ni les importaba semejante pedido, que eran muchos más, como no podía ser de otra manera.

Fue muy curioso que, durante la dura contienda, los serbios quisieran borrar de la faz de la Tierra la iglesia de Medjugorje, donde estaba la imagen de la Reina de la Paz. No por objetivo militar, precisamente, sino para hacer explotar el ánimo de los lugareños, que seguían haciendo gala de su espiritualidad a pesar de todo. Pero mucho más curioso fue que, habiendo transformado infinidad de poblaciones en un mero amontonamiento de escombros, no les haya resultado posible hacer mella en Medjugorje. En una ocasión, aviones enemigos lanzaron sobre el lugar tres bombas de gran potencia, pero las tres cayeron en terrenos fangosos y no llegaron a explotar. Luego, ya con saña mordida y siempre queriendo eliminar el objeto que daba fuerza espiritual a muchos croatas, lanzaron seis misiles apuntados exactamente al templo. A pesar de la precisión que tienen estas porquerías de guerra, los seis cayeron a 400 metros de la iglesia, en un terreno prácticamente abandonado, dejando el luctuoso saldo mortal de una vaca, una gallina y un perro. Puede haber sido casual, pero ustedes ya saben lo que pienso de las casualidades.

Lo cierto es que, desde la primera aparición, la convocatoria ha sido enorme. Más de 25 millones de personas han ido especialmente al pequeño pueblo a orarle a María, a disculparse por las idioteces que hacemos los humanos, a pedirle y a ofrecerle. Y muchos son los milagros que se atribuyen a la advocación. Cualquiera de ustedes que la haya visto en estampas habrá podido comprobar que la imagen —descripta por los seis videntes y plasmada por los pintores— es, simplemente, bellísima. De una belleza que conmueve, como debe ser la belleza de la paz, algo que en nuestros días ninguno de nosotros puede conocer en su totalidad. Qué dolor, Dios, qué enorme y tonto dolor.

"Paz, paz, paz. Que reconcilie sólo la paz. Hagan la paz con Dios y con ustedes mismos. Para eso es necesario creer", fue un mensaje de junio de 1981 que resume todos los otros. Paz, oración, amor, conversión. Suena tan fácil que da ternura, pero no es tan así: la paz hay que ganarla, la oración hay que sentirla, el amor hay que ejercerlo, la conversión hay que esperarla. Ay, mi Dios, cuando me subo a este púlpito de papel sin poder evitarlo y escribo cosas como la frase anterior, tengo toda la sensación de que me faltaron un par de materias para recibirme de cura. Pero ustedes me entienden, lo sé. Estoy muy feliz con lo que soy y, por otra parte, si hubiera sido cura tendría sólo dos opciones: o me echaban a las patadas al mes de entrar en el seminario o llegaba a Papa. El fervor es como un cuchillo: puede cortar la comida para alimentarnos o puede matarnos como para que no tengamos que pensar más en el alimento. No hay términos medios ni tibiezas. Juan Pablo II llegó hasta donde llegó e hizo todo lo que hizo por tener la sotana muy bien puesta, de puro macho y atleta de Dios, pobre mi tesoro. Fue él quien, en el caso de la Virgen de Medjugorje, mandó a investigar a fondo el tema a uno de sus obispos más astutos, monseñor Franjo Komarica, y consagró el lugar como santuario mariano. Él, que siempre estuvo enamorado de María. En 1986, y a pesar de que en la interna vaticana muchos aún fruncían la cara con las apariciones en la ex Yugoslavia, Juan Pablo II hizo gala una vez más de su enorme acercamiento a lo milagroso, así como también de su coraje, y le dijo al padre Iván Dugandzic, uno de los miembros de la comisión investigadora: "Diga sin miedo al mundo entero que el Papa ora todos los días por el éxito de Medjugorje". Siempre entendió, el bueno de Wojtyla, que era más imperioso que nunca aceptar y difundir lo milagroso, porque supo —de puro inteligente, además de ser buen mariano— que servía para que en estos tiempos difíciles todos nos acercáramos más a la fe. En 1989, Su Amada Santidad les dijo a los médicos que aún estaban investigando en profundidad a cada uno de los testigos: "Hoy en día pareciera que el mundo ha perdido su interés por lo sobrenatural. Sin embargo, muchos están buscando estos verdaderos valores que encontramos en Medjugorje, a través de la oración y la penitencia".

Tres años después, en julio de 1992, le dijo al padre Jozo Zovko, vidente de la Virgen y testigo de varios milagros: "Cuiden Medjugorje, conserven Medjugorje, no renuncien, perseveren. Yo estoy al lado de todos ustedes".

Cuando la guerra en esa zona del mundo ya estaba avanzada (comenzó en 1992), un hombre muy mariano, habitante de Medjugorje, había logrado juntar en su casa unos pocos kilos de papas como todo alimento para él y su familia. Pero, en medio del caos, el estruendo de los cañones y la metralla, empezaron a llegar al lugar algunos grupos de refugiados que huían para salvar sus vidas y buscaban en la Virgen ya no respuestas, que debían darlas los hombres, sino consuelo. Llegaban macilentos, con los ojos enrojecidos por el desvelo, sucios y hambrientos. El hombre que había juntado esos pocos kilos de papas no podía decirse "mariano" con orgullo si no actuaba como tal. Ser mariano es hacer, más que decir. Y el hombre no era una excepción. Reunió a los refugiados y les fue dando aquellas papas para alimentarlos. Y allí lo extraordinario: en la medida en que las compartía, las papas se iban multiplicando en lugar de acabarse. Cuantas más papas daba, más aparecían en sus canastos, sin que nadie, por supuesto, pudiera explicar algo así. Hasta el año pasado, en que repitió la historia —traductor mediante— a uno de mis muchos amigos que visitaron el santuario, el hombre no podía reprimir el llanto cuando llegaba al punto de la multiplicación de las papas. La única explicación posible es la que la misma Gospa Moja ("Gran Señora", como llaman a la Virgen los croatas) dejó en uno de sus mensajes: "Con el amor, queridos hijos, haréis lo que parece imposible".

Varios queridos amigos estuvieron en Medjugorje, algunos en los años de plena guerra. Y se emocionan al hablar de la Reina de la Paz. El padre Ángel Orbe —el Chiche Orbe para los muchos que lo queremos— hizo allí grandes amistades en media docena de visitas. Es tan mariano que se asusta. Un día, muy serio, me largó algo que me hace sonreír de pura ternura: "A veces, cuando rezo, le pido perdón a Jesús por querer tanto a la Virgen", me dijo, hace unos años.

Otro querido hermano en Cristo, el médico Luis Serrano, cardiólogo, geriatra, católico fervoroso, hombre al que se quiere con facilidad tan sólo al conocerlo, estuvo varias veces en Medjugorje y habló con los videntes. Iván, uno de ellos —actualmente de unos 35 años—, le dijo que él no creía en las apariciones de la Virgen hasta que les ocurrió a ellos. A pedido de quienes estaban en esa reunión, describió a la Madre y agregó que su belleza es tan impresionante que, en una ocasión, ellos, los videntes, le preguntaron si en verdad era tan hermosa como parecía. Y Ella les contestó sonriendo: "Es el amor lo que me hace parecer así ante ustedes; el amor embellece todo". No hay que asombrarse mucho por la familiaridad que demuestra la Santísima con los videntes de Medjugorje. Es característico de esa aparición. Incluso el mismo Iván dice haberle tocado la mano a la Virgen, y sentirse invadido de paz. Pero hay más que eso aún, a juzgar por los relatos. Otro viajero frecuente a Medjugorje, el doctor Enrique Hardoy —uno de los testimoniantes que aparecen en este librito—, me contó que al menos una de la videntes, Mirjana, abraza a la Virgen de manera habitual. Ya sé, ya sé; nadie dijo que fuera fácil aceptar algo semejante como si nada. Yo también me quedé con la boca abierta y me atacó una patota de dudas que se colgaron hasta de los pelos de la nuca, al no haber hallado muchos en otras partes de la cabeza. Es válido plantearse cosas ante algo tan impresionante, pero recordemos que hechos como ése no son, de ninguna manera, cuestiones de fe. Uno puede o no aceptarlos. Eso sí: al menos vale la pena pensar en ellos. ¿Qué daría uno por una sonrisa de la Virgen? Aunque también es bueno reconocer como sonrisas de la Virgen un lindo atardecer rojo y silencioso junto a la persona que uno ama; el llanto de un bebé al nacer; escuchar a solas el idioma del mar; un amigo nuevo, una reconciliación vieja o el aparentemente simple hecho de despertar vivo cada mañana. Llamen a una ambulancia de realidades, que, por lo visto, me dio un ataque de cursilería. O no, no. No llamen nada. Los enfermos de sencillez vivimos mejor y, si la cosa avanza mucho, hasta morimos mejor. No llamen nada.

Que descansen, si pueden. Yo me voy a dormir, porque son las cinco de la madrugada y las letras empiezan a amontonarse formando palabras extrañas, tal vez en otros idiomas incomprensibles para mí. Una de esas palabras creo que es "MIR". Me suena. No se vayan, que esto sigue bien.

6

Nunca hay que bajar la guardia. Nunca.

(Testimonio de hoy)

Llegó al lugar del encuentro abrazando un tríptico de la Virgen de Schöenstatt como si llevara un bebé. Era una imagen peregrina, de las que quedan algunos días en cada casa. La apoyó sobre la mesa y sonrió, creo que segura de estar protegida. Y claro, se vino con la Mamá.

Como en todos los testimonios, la síntesis de su relato está respetada palabra por palabra, resignando la gramática y la sintaxis para privilegiar el alma y la frescura, que son mucho más importantes y duraderas.

Lucía Agüero nació en Paraguay, tiene 37 años, se casó a los diecisiete y tiempo después se separó. Tiene dos hijos adolescentes: Pablo, de 18, y Carolina, de 16, de los que está muy orgullosa. Todo lo que sigue ocurrió viviendo ella en el barrio San José de Lomas de Zamora, Buenos Aires.

—Yo cumplo años el 1° de enero. Siempre fue un momento justo para hacer mi balance de vida. A punto de cumplir los 30 hice planes para una nueva vida, tenía todo preparado, pero resulta que Dios tenía otros planes para mí. Mi mamá se enferma el 28 de diciembre, cuatro días antes de mi cumpleaños. Grave. Grave, grave. Ella es diabética y también hipertensa; se complicaron mucho las cosas. Yo tenía todo pedido para la fiesta porque iba a ser especial; mi idea era festejar mi adultez, mi vida madura, empezar de nuevo, ya que llegaba a

253

los treinta separada y con dos hijos para criar. Y ocurre lo de mi mamá.

—¿Qué enfermedad tenía?

—Una neumonía peligrosa, la presión alta, la diabetes, se le produjo un preinfarto, perdía mucho peso, nadie sabía decir cuál era exactamente su enfermedad. La trataba el especialista en pulmones, después la pasaban al cardiólogo, al especialista en diabetes, todos, pero no encontraban la raíz del problema... Para esto, pasaron dos meses. Mi mamá estaba piel y huesos y ni siquiera caminaba porque ya no tenía fuerzas. Se quejaba mucho de un dolor fuerte en la espalda y decía que tenía pus allí, pero los médicos no le daban importancia y comentaban: "Lo que pasa es que esta señora ya está esclerótica, ¿vio? Habla cosas que no son"...

—¿Tu mamá era muy mayor ya entonces?

—No, para nada. En ese momento, en el 92, tenía 62 años.

—¿Cómo era tu relación con la fe en ese tiempo?

—Hacía un año que yo había empezado a ir a un grupo de oración. Mi apoyo en ese momento, mi único apoyo, eran mis hermanos del grupo de oración. Yo soy paraguaya, toda mi familia es paraguaya; por eso es que mi abuela no me dejó ninguna herencia económica, pero me dejó algo mucho mejor: una fe muy fuerte y una gran devoción por María...

—Paraguay es un país muy mariano, ¿no?

—Profundamente mariano. Para mucha gente la imagen de Dios es María. Y, en mi caso, esa devoción siempre fue grande porque, cuando yo era recién nacida, en 1962, tuve poliomielitis. En esa época, en Asunción hubo una epidemia de polio que duró dos años, y casi todos murieron pero yo me salvé. Recién de adulta supe que, cuando todo eso pasaba, mi mamá me había consagrado a la Virgen.

—Te lo contó mamá...

—No. Lo vi.

—Perdón, ¿cómo es eso de que lo viste? ¿No te ocurrió de chiquita?

—Bueno, eso sería largo de explicar, pero para decirlo en pocas palabras: estábamos en un seminario donde alguien hacía una oración de sanación. Una allí está completamente entregada a Dios, y el que hacía la oración dice: "Señor, sananos desde el momento en que fuimos concebidos", y allí me fue mostrado el momento de mi consagración a la Virgen.

—¿Dónde ocurrió eso?

—En Niño de Belén, en Buenos Aires. Un seminario de la renovación carismática… Ahí entendí por qué yo sentía tanta devoción a la Virgen, porque mi mamá me había entregado a Ella, que me amó tan fuertemente y no se desprendió de mí nunca más. A veces hasta sentí que me pesaba esa misión, especialmente siendo más jovencita, pero siempre lo aprecié como un honor que no merezco.

—Volvamos al 92, con lo de tu mamá.

—Sí. Bueno, yo tenía el grupo de oración como mi mayor apoyo y también iba a la misa carismática de la iglesia de Cabildo al 3400…

—La Santísima Trinidad.

—Eso es. Hacía como un tour religioso, porque después iba al Sagrado de Corazón, en San Justo. Había, además, grupos de Paraguay que rezaban por mi mamá, y también la congregación carmelita, sacerdotes que la ponían en las intenciones de la misa diaria, chicos de colegios religiosos de mi país. Mis hermanos son catequistas, y unir tanta oración era muy fuerte. Yo también oraba mucho, sí, pero más que nada fui el instrumento que Dios puso al lado de mi mamá para demostrarme que Él tenía un plan para mí, un plan del que ya no podía seguir escapándome.

—¿La Virgen estaba presente en ese cambio tan profundo?

—Por supuesto. Hasta ese momento, para mí la imagen de Dios era la Virgen. Desde chiquita. Yo siempre estuve muy apegada a mi mamá en la Tierra y por eso luchaba tanto por su salud, y también siempre estuve muy apegada a mi otra mamá, la Virgen, a la que recurría. Fuimos a San Nicolás, trajimos el agua de allí, curas amigos nuestros le dieron la unción de los enfermos como tres veces, rezábamos rosarios por ella y por todos los enfermos. Se curaban todos, pero ella seguía igual…

—Lucía: la oración, el agua bendita, los rosarios, las misas… Todo excelente, sin duda, pero supongo que seguían el tratamiento médico.

—La atendían, pero no había un tratamiento específico, porque no sabían decir qué tenía. Con mis hermanos creíamos que le habían descubierto un cáncer y no nos decían nada, no sé. Lo único que nos dejaban en claro era que su enfermedad era incurable, que no había nada que hacer.

—¿Tal cual? ¿Así no más? ¿Incurable era la palabra?

—Sí, exactamente así. Sin esperanzas desde la ciencia. A pesar de eso, yo me mantuve en una serenidad total gracias a la fe. Querían consolarme diciéndome que bueno, que le había llegado su hora y que había que aceptarlo, pero yo no lo aceptaba. "Algún día le va a pasar, es cierto —contestaba yo—, ¿pero por qué ahora? Si ella hubiera bajado los brazos con aquello de la polio, me hubiera dejado morir. Pero no lo hizo. Yo también quiero pelear por ella"… La dieron de alta cinco veces. Nos decían: "Llévenla a su casa, que se quede tranquila. Si le va a llegar la hora, es mejor que le llegue en su casa, rodeada por los suyos. La señora no tiene cura"…

— Para decirlo con todas las letras, el consejo era: "Llévenla a su casa a morir".

—A morir, sí. Directamente. Los calmantes más fuertes ya no le hacían efecto… Un día yo sueño con cinco cruces y un ataúd. En el sueño me acerco al ataúd y veo que está vacío. Eso era todo. Yo entendí que las cinco cruces eran las cinco veces que debimos internar a mi mamá y que el ataúd estaba vacío como una señal de que no iba a morir…

—Aunque seguía muy grave. ¿Había algún médico que te contuviera?

—El doctor Silvestrini, del hospital Finochietto, de Avellaneda. Un hombre extraordinario y una eminencia como médico. Me veía pelear tanto que ya éramos como amigos, y nos ayudó mucho. A nosotros se nos había acabado la plata; somos gente de trabajo… El doctor Silvestrini le hizo hacer tomografías y allí apareció un tumor en la quinta vértebra y otro en un riñón… La doctora del hospital Fiorito, que le hizo allí la tomografía, me dijo, con los ojos húmedos y en voz muy baja: "Lucía, llevála a tu mamá a tu casa. No le hagas más nada". Mi mamá era toda huesitos, piel, la cara demacrada, desfigurada, no podía moverse y había que trasladarla en brazos. Cada vez que la iban a tocar lloraba gritos de dolor y me pedía que no la toquen más, por favor. Yo tenía una fortaleza que me desconocía: no me dejé llevar por la desesperanza, me negaba a rendirnos a pesar de todo. La doctora, conmovida, pobre, me dice: "Lo que tiene tu mamá es terrible. Llevála a que muera en tu casa tranquila. Ya no hay nada que hacer". Pero seguimos peleando. Yo creo que ahí se notaron los milagros claramente porque, sin tener un peso, las cosas se iban dando de una manera demasiado fácil, como si alguien nos allanara el camino. Por una cosa o por otra conseguíamos un estudio, una tomografía, un análisis, lo que sea que se necesitara. Todo como en un plan en el que nos quitaban los obstáculos del medio. Después de haberle dado el alta por cuarta vez la llevamos a casa. Pero al día siguiente la fiebre le había subido y se había puesto peor. Había que volver a internarla. Y ella no quería y no quería. Mi mamá siempre nos enseñó a no bajar los brazos, pero ahí me decía: "Basta, por favor, basta. Déjenme morir ya". No hay explicación racional, pero yo estaba muy serena a pesar de que todo parecía caerse. Aun cuando empezó a desconocernos, a estar como ausente. Mis hermanos lloraban y aceptaban que ya no había solución. Yo había rezado con ella el rosario mientras estaba consciente. Ahora me senté a su lado y le leí la oración de San Francisco. Ella es terciaria franciscana y lleva encima el escapulario de la orden…

—¿Cuál es la oración de San Francisco?

—"Que el Señor te bendiga, te guarde, haga brillar su rostro sobre ti y te conceda la paz"… Se la dije y ella me miró, volvió a tomar conciencia y me dijo: "Está bien, lleváme a internar". Apenas llegamos y la bajamos entre gemidos de dolor, llevándola en una silla de ruedas, le aplicaron morfina. Y la doctora me dijo que volviéramos con ella a casa, que ya no había nada que hacer.

—¿Otra vez?

—Otra vez, sí. Gracias a la orden que había dejado el doctor Silvestrini pudimos internarla, pero llevándola nosotros mismos a su cama con el medio frasco de morfina que quedaba porque no había camilleros disponibles. Es un buen hospital, pero no dan abasto.

—Esas cosas me asquean. Los médicos, pobres, pelean como pueden; ellos también son víctimas. Pero alguien tiene que ser culpable, algo así como el autor intelectual o económico o político de ese crimen. No sé si yo sería tan comprensivo como vos, Lucía.

—Y, se aprende… La llevamos a una habitación de cuatro camas. Apenas la pusimos en la suya, se quedó profundamente dormida. Mis hermanos me dijeron: "Yo no quiero ver cuando mamá se va" y salieron a esperar en el pasillo. Me quedé sola con ella. La miraba y pensaba que algo tan débil como lo que veía había sido capaz de criar trece hijos sin entregarse. Ahora la veía ahí, boca arriba, relajada por la morfina, pareciendo muerta. Y me enojé.

—¿Con quién?

—Con la Virgen. Yo tenía una imagen de la Virgen de San Nicolás y estaba enojada con María. "Tantos milagros se han dado en estos dos meses, tantas gracias, para que ahora todo termine así, como si nada. Yo no puedo creer que permitas que esto ocurra." Le hacía un planteo como de madre. Siempre la siento cerca, ahora mismo la siento con nosotros, sé que está con una presencia muy, muy fuerte, y por eso yo hablo así con ella. Esa noche le dije: "Ya no puedo más, así que ahora hacéte cargo vos. Yo hasta acá llegué". Sentía todo el cansancio del mundo sobre mi espalda, las piernas, los brazos; no daba más, no daba más. Me puse a rezar el rosario y empecé a sentir que la Virgen me estaba protegiendo. Me adormilé un minuto, sólo un minuto. Y soñé con una pradera muy verde, muy linda, llena de flores, de sol, de vida. Y allí estaba mi mamá, pero joven y muy feliz, en medio de eso. Me despabilé de golpe en el momento en que entró una chica que había sido internada por un intento de suicidio. Lloraba muy compungida. Miré la imagen de la Virgen sobre la mesita de luz de mi mamá y sentí dentro de mí con mucha claridad que Ella me decía: "Ya está. Vos me entregaste a tu mamá; yo me hago cargo y todo va a estar bien. Ahora, ocupáte de esa pobre chica". Y es lo que hice. Tenía más o menos mi edad, unos treinta años. Estaba sola y lloraba desconsoladamente. Fui con ella, le agarré la mano y le pregunté qué le pasaba. Sentía con una certeza absoluta que lo de mi mamá ya estaba bien, que iba a sanar. Me sentía serena, calma y agradecida. La chica me contó su historia, una historia triste, y me dijo algo en lo que yo ni había reparado: que ese día era 27, día de la Medalla Milagrosa, y que había sido la Virgen la que no la había dejado morir. "Yo siempre voy al santuario de la Medalla, en Parque Chacabuco, y justo hoy se me ocurrió matarme, un día 27, que es el de Ella. Ni me di cuenta. ¡Claro que la Virgen no iba a dejarme!", me dijo.

Lucía y yo reímos con el recuerdo de aquello como si hubiéramos estado esperando una válvula cualquiera para dejar salir un poco de risa, ya que, desde el principio de la charla, todo venía muy duro. Me contó que le puso a la chica los auriculares del reproductor con el que le hacía escuchar a su mamá —incluso cuando estaba inconsciente— canciones de los carismáticos, cantos a la esperanza y a la fe. Memoró que la chica se fue aflojando hasta quedarse dormida y que entonces rezó un rosario por ella. Después salió de la habitación. Una de sus hermanas la encaró con gesto de oír lo peor. Dos pisos más abajo, otros hermanos lloraban a quien ya daban por muerta. "¿Y?", fue la pregunta ansiosa que esperaba la respuesta temida. "Y nada —dijo Lucía—. Está durmiendo."

La miraron con el entrecejo arrugado, como si hablara pavadas.

—Les dije que la terminaran con eso de darla por muerta y que eso no iba a pasar de ninguna manera, que yo había tenido un sueño que me dejaba claro que mamá viviría y que la Virgen la estaba cuidando. "¿Por qué no te dejás de joder con esas cosas?", me dijeron. "¿No te das cuenta de que se está muriendo? Hay que aceptarlo." Yo seguí al lado de ella. Esa noche vino un querido amigo, Roberto Ayala, que me trajo agua del santuario de San Nicolás. Los dos rezamos un rosario junto a la cama de mi mamá. Ella despertó al otro día recién a eso de las once de la mañana, pero bien, nada que ver con veinticuatro horas antes. Y entonces empezaron las diosidades.

—¿Diosidades?

—Todo está en el plan divino. No hay casualidades; hay diosidades, cosas que son de Dios y que nos asombran.

—Me encanta la palabra. La adopto. ¿La inventaste vos?

—No, no. Se usa mucho en los seminarios carismáticos.

Yo no lo sabía. Jamás fui a un seminario carismático, porque no pertenezco al movimiento; simplemente los apoyo porque creo que hacen mucho bien, son honestos, devuelven gente a mi religión, regalan esperanza, siembran amor, festejan los milagros y están llenos de fe. Con esas características apoyo a cualquier grupo, orden, movimiento o cruzada dentro de mi Iglesia, la católica. Y me dan náuseas los curas despreciables —que los hay—, los apóstatas —que los hay— o los que se dicen cristianos y olvidan que eso es mucho más que una palabra. Pero, hablando de palabras y contenidos, me encantó ésa: "diosidad".

—Todo empezó a encajar —continuó Lucía—. Cada paso que dábamos nos salía bien por algo inesperado. Fuimos al Instituto Dupuytrén para una consulta y enseguida vino el doctor García, Pedro García. Pedro es paraguayo, como nosotros, y cuando estudiaba en Asunción, como él era del campo, mi mamá, que siempre fue muy solidaria, le daba alojamiento y comida en casa. Sabíamos que estaba en el Dupuytrén y en el hospital Italiano porque había sido becado a la Argentina para perfeccionarse. Lo que no sabíamos y fue el primer asombro es que Pedro era especialista en lo que tenía mi mamá, en todo lo que fuera columna vertebral. Yo no lo podía creer.

—Dios devuelve todo, ¿no?

—La revisó con mucho amor y cuidado, y enseguida dijo que la lleváramos ya mismo al hospital Italiano, que tratáramos de llegar antes de que se fuera el doctor Velán. Nos dijo que era el jefe de su equipo, uno de los mejores del mundo en la especialidad, que estaba tapado de trabajo pero que fuéramos de parte de él en ese mismo instante. Salimos cruzando la ciudad y no sé cómo pero llegamos. Apenas entramos en el lugar donde está el doctor Velán, que no tenía idea de que íbamos y al que había que pedirle una consulta con meses de anticipación, la enfermera nos dijo: "Pasen. El doctor los está esperando". Ni siquiera me asombré de que un hombre tan importante nos recibiera en el acto. No me asombré porque yo estaba tan confiada en la Virgen que me dejaba llevar. Al entrar me di cuenta de que el doctor estaba esperando a otro paciente al que no conocían y habían confundido conmigo. Le dije: "Doctor, yo soy otra persona, pero en la sala de espera no hay nadie todavía. Vengo de parte del doctor García para ver si me puede dar un turno". Me dijo: "No, está bien. Ya que están aquí, aprovechemos". ¿No son diosidades? Una eminencia mundial y llegamos así a él... Poco después le hizo un estudio, una punción. Y dio como resultado que era una infección encapsulada en la vértebra. No había cáncer. No lo podíamos creer...

—¿Los médicos se mostraron también sorprendidos?

—Sí, por supuesto. Decían: "Esto no puede ser, no puede ser". Yo creo que hasta el doctor Silvestrini empezaba a creer en un milagro. Además, le habían puesto un corsé muy pesado, de un material rígido, que debía usar para siempre, incluso para dormir, pero a los seis meses se lo sacaron y estaba perfecta. No se puede explicar científicamente que con el daño que se supone había ocurrido en tres vértebras, todo se haya regenerado y ella quedara como si nada. Ya pasaron seis años y mi mamá sigue caminando perfectamente, derecha, sin tener nunca más ni un mínimo dolor allí. Yo la llevé a dar testimonio en una misa en el Sagrado Corazón de San Justo. El médico pidió toda la historia clínica de mi mamá para publicarlo como un caso raro de la medicina. El doctor Silvestrini y su ayudante, el doctor Armano. Todo lo que conté está documentado.

—¿Por qué creés que ocurrió todo así?

—La Virgen, como madre, obra en nosotros cuando estamos muy desesperados pero mantenemos la fe. Obra con su Hijo. A mí me mostró todo lo que Ella podía hacer. Yo estaba alejada de la religión y Ella me trajo de vuelta con más fuerza que nunca. Me convirtió y me hizo entender que yo tenía, desde ese momento, una misión en esta Tierra. Me cambió la vida. De repente entendí. Entendí todo.

Lucía Agüero es misionera de María. Hace unos años rezaba de vez en cuando y de manera mecánica, sin paladear lo que decía. Ahora enseña a orar, a comprender, a ayudar, a esperar, a vivir. Empezó este relato contando que, a punto de cumplir los treinta años, separada y con dos hijos, hizo un balance y se propuso planes para una vida nueva. La fiesta de sus treinta sería el punto de partida. Y bueno, parece que cumplió, aunque con otros planes. La fiesta nunca llegó a hacerse, pero ella vive otra, que ya lleva siete años y parece no tener fin. La fiesta de la fe, esa que hizo que no se sintiera vencida ni aun vencida.

No es mala idea dejar bien claro que aquí no se desprecia a la ciencia, sino al contrario. Los Silvestrini y los Velán de este mundo —benditos sean— son, más que nadie, instrumentos de Dios. Cuando la fe y la ciencia se casan, pueden tener como hijos a los milagros.

---(7)---

Fátima.
La madre de todos

PRIMERO FUE UN ÁNGEL

Lucía, Francisco y Jacinta eran tres chiquitos pastores en Fátima, un pueblo de campesinos en Portugal. Y a ellos se apareció el ángel en tres ocasiones, en 1916. Europa estaba muy convulsionada por entonces. En Portugal había, desde el poder, un fuerte sentimiento anticatólico. Ya en 1913 el país había roto relaciones con el Vaticano y las autoridades se inclinaban cada vez más hacia ideas radicales en las que Dios no tenía ni la menor cabida. Pero el pueblo —siempre es así— seguía con su religión y defendía sus creencias.

Lucía dos Santos tenía diez años; Francisco Marto, nueve, y su hermanita Jacinta, siete. Lo primero que les dijo el ángel fue lo habitual, las dos palabras clásicas: "No temáis". Ellos miraban extasiados ese joven rodeado de una luz incandescente que agregó: "Soy el ángel de la Paz. Oremos juntos". Se arrodilló, y los chicos con él. Y dijo, con la frente tan inclinada que parecía que iba a tocar la tierra: "Dios mío, yo creo, te adoro, te espero y te amo. Te pido perdón por los que no creen, no adoran, no esperan y no te aman". Los instó a rezar en esa y en las dos siguientes e idénticas apariciones.

El 13 de mayo de 1917, el cielo pareció estremecerse y un relámpago muy luminoso lo cubrió de una a otra punta. Enseguida otro. Los pastorcitos se asustaron y bajaron la colina corriendo, rumbo a sus casas. Fue allí donde se les apareció lo que ellos describirían luego como una mujer bellísima, inundada en luz, muy joven, tal vez de unos diecisiete años. Los invita a concurrir a ese mismo lugar, llamado Cova da Iria, todos los días 13 durante seis meses. Cuando Lucía le pregunta: "¿Quién es usted?", la mujer sonríe y como toda respuesta dice: "Soy del Cielo".

El 13 de junio de 1917 vuelven al mismo sitio y se repite la aparición exactamente igual, con la imagen como si estuviera flotando sobre un árbol pequeño, una encina. Allí Lucía le preguntó por qué no los llevaba también a ellos al Cielo y la Virgen respondió: "Sí, a Jacinta y a Francisco los llevaré pronto, pero tú te quedas aquí algún tiempo más. Jesús quiere servirse de ti para darme a conocer y amar".

Ése fue el primer secreto y la primera profecía de la Virgen en Fátima, cumplida con exactitud: Francisco moriría antes de dos años, en 1919, a los once de edad, y su hermanita Jacinta dejaría este mundo en 1920, a poco de cumplir los diez años. Ambos por enfermedad pero sin sufrimiento alguno. Antes de eso, los tres siguieron yendo cada día 13 a la Cova da Iria y siempre se encontraban con la Santísima. Habían contado a su familia lo ocurrido, pero no sólo no les creían sino que los amonestaban seriamente porque temían que las nuevas autoridades que habían derrocado a la monarquía los castigaran de alguna manera. Y no era para menos. Esa gente que estaba en el poder había declarado al mundo, con un absurdo orgullo, que Lisboa era "la capital más atea del mundo". Lisboa está a 140 kilómetros de Fátima, pero la noticia de las apariciones terminó por llegar allí y puso nerviosos a la mayoría de los mandantes que nada querían saber con vírgenes y rezos. Los retos a Lucía y sus amigos se hicieron más severos y les ordenaron no repetir más "esas historias". Los padres de Lucía eran católicos, pero el miedo apretaba. En la tercera aparición la Virgen les dice un mensaje clave del cual extracto estas frases: "Dios quiere establecer en el mundo la devoción a mi Inmaculado Corazón. Si hacen lo que les digo se salvarán muchas almas y tendrán paz. La guerra terminará, pero si no dejan de ofender a Dios, en el reinado del próximo Papa comenzará otra peor. Cuando viereis una noche alumbrada por una luz desconocida, sabed que ésa es la gran señal..."

Demos un paso en el tiempo para confirmar: la guerra que se estaba llevando a cabo en ese momento —la primera mundial— terminó, en efecto, antes de un año. Pero como el hombre siguió ofendiendo a Dios y hasta puede decirse que más que nunca, durante el reinado del siguiente papa, Pío XI, en la noche del 25 de enero de 1938 se produjo una aurora boreal, el cielo se iluminó de pronto quebrando las tinieblas durante un buen rato y sobre toda Europa. Todos se asombraron por aquella noche que se hizo día y la noticia fue de primera plana para el mundo entero, pero los que conocían el mensaje de Fátima fueron los que no tuvieron dudas de que —tal como lo había anunciado la Virgen— ésa era la gran señal y el mundo pronto entraría en una guerra mundial peor aún que la primera, tal como ocurrió. Cincuenta y tres millones de muertos fue el espantoso saldo.

En el mensaje de julio de 1917, Nuestra Señora anunció con dolor lo que ocurriría si la humanidad no hacía algo para evitarlo, pero dijo también que, a pesar de muchos años de enfrentamientos: "Por fin, mi Inmaculado Corazón triunfará. El Santo Padre me consagrará Rusia, que se convertirá, y será concedido al mundo algún tiempo de paz". Rusia fue consagrada a la Virgen por Juan Pablo II en unión con todos los obispos mucho más tarde, recién en 1984. Créase o no, fue en el año en el que comenzó a aflojar la tensión entre los comunistas y los Estados Unidos. Créase o no, unos meses más tarde arribó al poder en la Unión Soviética el líder Mijail Gorbachov, el hombre que daría un vuelco total a la política de su patria y al destino del mundo. Fue el primer paso para la caída del muro de Berlín y, poco después, la disolución de la Unión Soviética. La religión en Rusia volvió a ser pública y masiva, sin que los fieles tuvieran que esconderse en las sombras para visitar las iglesias. El Corazón Inmaculado de María había triunfado, por fin, tal como estaba predicho por Ella, después de setenta años.

Volviendo a 1917, la pequeña Lucía le pidió a la Virgen en varias ocasiones que produjera un milagro para que les creyeran. La Santísima le dijo que eso ocurriría el 13 de octubre. Y llegó el día.

Todo Portugal y buena parte del mundo sabían ya del fenómeno. Algunos se reían con escepticismo, otros miraban la cosa con temerosa desconfianza, y había, también, quienes creían a pura fe en esas apariciones. Las autoridades se las veían mal con estos últimos, así que decidieron dar por terminado el asunto con una prueba pública de que todo aquello no era nada más que una gran patraña. Así lo creían ellos, por lo que enviaron a algunos representantes a la Cova da Iria para señalar que esa cosa de unos tontos niños no existía. También fueron setenta mil personas por sus propios medios. Setenta mil, pelado más, peludo menos. Mucha gente. Los de "la capital más atea" estaban felices porque creían que en un par de horas quedaría demostrado el engaño. Pero no fue así.

Llovía pesadamente y lo que ocurrió figura en los documentos vaticanos con miles de testimonios entre los que se destaca, claro está, el de la misma Lucía. Ella era, con sus dos compañeritos, la única que veía con sus propios ojos a Nuestra Señora y la única que la oía. Pero todos pudieron ver el fenómeno que se desató allí y que el mundo conocería para siempre como "la danza del sol". Era el milagro que Lucía le había pedido a la Virgen para ser creída.

De pronto la lluvia cesó, como si se hubiera cerrado una gigantesca canilla en el cielo. El sol apareció como una enorme bola luminosa y giró sobre sí mismo lanzando hacia todas partes fajas de luz de distintos colores entre los que primaban el amarillo, el lila, el naranja y el rojo. Repite esa misma operación en dos ocasiones más. La gente comienza a asustarse y hay movimientos entre los setenta mil espectadores. Luego el sol, ahora un inmenso disco dorado que seguía girando, parece lanzarse sobre la Tierra, abalanzarse sobre aquel lugar de una manera tan inesperada y veloz que el griterío estalló al unísono mientras muchos eran presa del pánico. De repente detuvo esa caída en seco y quedó muy cerca, suspendido, durante unos cuantos segundos para luego elevarse a gran velocidad y quedar otra vez en el cielo, que ahora estaba completamente despejado. Abajo, el miedo había provocado un caos considerable, pero aún no había terminado el fenómeno: todos comprobaron que la tierra, ellos y sus propias ropas —que habían estado empapados hacía apenas unos minutos— estaban ahora completamente secos. Ni siquiera quedaban pequeños charcos o gotas en el pelo o humedad en sus vestimentas.

La danza del sol había durado exactamente doce minutos.

Entre la multitud estaba el doctor Almeida Garrete, profesor de la Universidad de Coimbra años más tarde, cuando repite lo vivido en 1917, cuando él tenía veinte años: "El sol daba vueltas sobre sí mismo a una velocidad vertiginosa. De repente se descolgó del firmamento y tomando un color rojo sangre se lanzó sobre la Tierra dándonos la sensación de que iría a aplastarnos con su masa de fuego. Un clamor de pánico surgió de la muchedumbre. Sentimos miedo. Luego volvió todo a la normalidad. Declaro que todo esto lo presencié personalmente, con calma y frialdad, sin agitación mental de ningún tipo."

Las cosas cambiaron en Portugal después de ese día. Puede decirse que las cosas cambiaron para todo el mundo católico después de Fátima, que es un hito que nos une a lo sobrenatural y que deja en claro el poder maternal de María.

La Iglesia, luego de agotadoras investigaciones que duraron muchos años, confirmó oficialmente que las apariciones en Fátima eran por completo dignas de crédito. El hecho se califica como "opción doctrinal", lo que significa que los fieles no están obligados a rendir culto al hecho e incluso pueden ignorarlo. Pero nunca negarlo.

En 1921, a la edad de catorce años, Lucía dos Santos ingresó en un convento. Luego, desde 1947, se hizo monja de clausura, ya habiendo adoptado el nombre de María del Corazón Inmaculado. Salvo Juan Pablo I, que sólo fue Papa por 33 días, todos los pontífices que se sentaron en el trono de Pedro desde 1947 se reunieron con Lucía en audiencias absolutamente privadas y de las que no se dio a conocer nada de lo que allí se trató. Es decir que Pío XII, Juan XXIII, Paulo VI y Juan Pablo II son, puede decirse, los únicos que pudieron interrogar a la monjita y conocer todos los detalles de aquellos tiempos y los que siguieron.

Porque las apariciones continuaron hasta nuestros días.

Las últimas noticias que se hicieron más o menos públicas llegaron a través del sacerdote José Valinho dos Santos, sobrino de Lucía, que tiene un permiso especial para visitarla una vez por mes desde hace años. Este cura portugués, único con acceso al convento de Coimbra, se resiste a dar detalles de sus visitas, pero en 1997, cuando Lucía ya tenía 90 años de edad, dijo que él sabe que ella sigue recibiendo mensajes de la Virgen. Agregó que la monjita sostuvo que Satanás estaba arruinando muchas almas pero que la bondad y la misericordia de Dios son mucho más fuertes que el demonio y terminarían por triunfar. Parece ser que Lucía le contó también a su sobrino cura que la Virgen sentía un gran alivio de Madre al notar que la religiosidad había aumentado sensiblemente en los últimos años, y en especial en los jóvenes que se suman para el rezo del santo rosario. El 28 de junio de 1999 el papa Juan Pablo II aprobó la beatificación de los pastorcitos Jacinta y Francisco Marto, a quienes se les reconoció un milagro: la curación de una mujer portuguesa que volvió a caminar después de veintidós años en silla de ruedas, al pedir la gracia a los chiquitos de la Cova da Iria. Si esto no es una esperanza, no sé de qué estamos hablando.

Y si lo que sigue no es un hecho magnífico que parece ser llevado de la mano de la Virgen de Fátima, tampoco sé de qué hablamos, escribimos o leemos. Pero lo es. Compruébenlo con emoción, como yo lo hice.

La otra mamá.
La que tiene piedritas de colores en la cabeza

(Testimonio de hoy)

Ésta es una historia hermosa. Una más de esas que nos hacen pensar que la realidad a menudo duele y lastima, pero en casos como éste regala el oxígeno tan necesario para muchas almas que están en terapia intensiva. Ustedes tienen razón si piensan que, a primera vista, el mundo apesta y uno tiene la sensación de estar viviendo en un basural. Pero hasta allí es posible que estalle el color de algunas flores que se abren paso a los codazos entre la montaña de desperdicios. Es entonces cuando uno comprueba que lo bello también forma parte de la realidad, aunque jamás sea noticia como merece. Uno advierte que esas flores son más que las imaginadas y, finalmente, uno aspira profundo llenándose el pecho de esperanza, a pesar de todo, ya que justamente de eso se trata la esperanza: de no aflojar a pesar de todo. Es curioso, pero ése es el apellido de soltera de quien nos cuenta lo que sigue: Speranza. Por algo será. Si creyera en las casualidades estaría asombrado de tantas que se dan en estos temas, ya les dije.

GABRIELA SPERANZA DE TRUJILLO es ama de casa, nació en 1960, está casada y vive en el barrio de Parque Chacabuco, en Buenos Aires. Tiene tres hijos. El menor de ellos fue, durante casi un año y medio, protagonista de una experiencia maravillosa con la Virgen. Antes de entrar en el relato es bueno dejar en claro que aquí no existe ni la más remota posibilidad de que Fabián, el nene, haya sido sugestionado de alguna forma, ya que en su casa no se mencionaba a la Virgen para nada debido a que Gabriela es miembro de la Iglesia evangélica pentecostal.

Esto da pie para abrir un paréntesis jugoso que aclara básicamente por qué los protestantes se transformaron en tales y se abrieron por las suyas. El saber sí ocupa lugar, pero poquito: dos o tres páginas, no más, y vale la pena.

EL PAPA REY (DIOS NOS LIBRE)

Un señor escribió, hace ya un tiempito: "A la Virgen María se la llama debidamente no sólo 'la madre del hombre' sino, también; la Madre de Dios. Es cierto que María es la Madre de Dios actual y verdadera". Ese señor fue Martín Lutero, quien en el 1517 rompió con la Iglesia a la que pertenecía como sacerdote y estableció reformas que hicieron nacer una nueva rama del cristianismo. Para entender por qué ocurrió algo así es necesario tener idea de cómo eran aquellos tiempos. Épocas de los llamados papas guerreros, que eran no sólo el poder espiritual sino, con gran gusto de ellos, también el material, económico, territorial, todo. Era el papa rey. Olvídense de la figura papal humilde y tocada por el Espíritu Santo; estos fulanos eran de armas tomar (y usar) tanto en la batalla como en las intrigas palaciegas del poder. Se casaban, tenían hijos e incluso amantes. Asesinaban a los que molestaban, estaban casi siempre en guerra, eran habitualmente brutales, no se preocupaban para nada de los fieles y, francamente, tampoco de la fe. No hay que ver a Lutero como un rebelde sin causa, como el malo de la película. En realidad los villanos eran aquellos pontífices que comían a lo cerdo, bebían con entusiasmo digno de mejores causas, se revolcaban alegremente con señoras de todo tipo y eran tan violentos que, si los comparamos, el Terminator de nuestros días parece una niña exploradora.

Quien llegó al colmo de los excesos fue Rodrigo Borgia, que es nombrado Papa por el rey de Francia y, al asumir, toma el nombre de Alejandro VI. No vamos a extendernos aquí en el bárbaro gobierno de este hombre. Fue el padre de Lucrecia y César Borgia, éste último famoso en su época por su carácter despiadado y cruel, pese a lo cual —o tal vez por eso— fue designado Cardenal por su propio papi. La historia le adjudica, aun sin pruebas pero también sin dudas, el asesinato de su propio hermano simplemente por una cuestión de celos; también el de Alfonso, marido de Lucrecia (que no era realmente cruel pero ha tenido "mala prensa" por portación de apellido), e incluso se ha dicho que su padre, el Papa, no murió de malaria sino por envenenamiento provocado por el nene, César, para quedarse con un poder que luego le fue esquivo porque el papa Julio II lo sacó a patadas en la parte trasera de la armadura. Era, realmente, un chico malo.

Alejandro VI asume como Papa el 11 de agosto de 1492. Para ubicarnos aún mejor: faltaban exactamente sesenta y un días para el descubrimiento de América. Y planta la semilla del "no va más" para muchos que venían soportando unas autoridades cristianas que no eran precisamente lo mejor que había en plaza. Pero era la política la que mandaba; por eso es legítimo desconfiar de la política y mucho, muchísimo más, cuando la religión se mezcla con ella. Alerta amarillo, viejo, en ese caso. Poco bueno puede salir para la fe de ese matrimonio abominable. Y esto vale para el año 1500, el 2000 y todos los que queden.

El asunto es que el papado de Alejandro VI fue un asco. Y todos lo veían pero no podían hacer mucho. En 1498 un sacerdote que amaba la filosofía de Santo Tomás y era, por lo tanto, puro como una gota de rocío, se plantó frente a los abusos de esa autoridad corrupta y despreciable y les advierte de manera pública que debido a eso la Iglesia se caerá a pedazos y llegará un castigo para los que la estaban llevando a esa situación. La lujuria, la violencia, la impiedad, la herejía y hasta la venta directa de indulgencias plenarias (algo así como ofrecer terrenitos en el Cielo mediante el pago de un simpático dinero) eran realidades que un verdadero cristiano no podía aceptar. Ese cura se llamó Gerónimo Savonarola. No era un líder ni uno de los más importantes teólogos ni una autoridad enorme. Era un cristiano, un buen cristiano que hizo oír su voz. Pero, con la típica respuesta de aquellos tiempos, fue apresado, considerado peligroso y condenado a muerte, todo en un rato apenas. Lo colgaron en la plaza principal de Roma y encendieron una hoguera a sus pies para que la muerte fuera bien horrenda, como para que a otros no se les ocurriera imitarlo. Sin embargo, la rebelión ya estaba en marcha y años después todo ese tacho de basura estallaría.

Ha sido una verdadera pena para todo el cristianismo que se produjera una división que dejaba de un lado a los católicos que lucharían —y triunfarían— llevando al trono de Pedro a hombres que lo honraron sin ninguna duda, y de otro lado a los protestantes surgidos de la reforma propuesta por Lutero. También estos últimos tuvieron, entre ellos, puntos de vista diferentes en varias cuestiones, incluyendo las de fe, pero ésa es otra historia.

Lo que se quiere contar aquí es que en ese momento, hace 500 años, la cosa pintaba como para rebelarse porque era claro de qué lado estaba el mal por entonces. No fue un capricho ni una lucha por el poder. Al menos al principio, fue una reacción legítima.

Los llamados protestantes establecieron sus propias normas y, poco a poco, fueron abriéndose a su vez en muchas ramas evangélicas. No todas coinciden entre sí salvo en lo fundamental, claro. Entre esas coincidencias está María, a quien consideran la Madre de Dios; la aman y respetan, pero sin ningún tipo de devoción especial. Los hermanos evangélicos sienten, como los católicos, un tierno amor por María, pero sin venerarla, ni tampoco orarle como mediadora ante el Señor ni, muchísimo menos, mostrar imágenes o estampas de Ella, algo que para esa creencia está simplemente prohibido.

SEGUIMOS CON LA SPERANZA

Sirva esta aclaración para que el testimonio que sigue adquiera aún más importancia, ya que el chiquito —de algo más de dos años cuando sucedieron los hechos— no había visto nunca imágenes de la Virgen, no sólo por sus poquitos años, sino también porque en su casa no había ninguna y nadie le había hablado nunca de Ella.

Ahora sí, vayamos a una de las cosas que nos unen a todos los cristianos y gente de otras religiones serias sin separatismo alguno: la esperanza. Y la Speranza, según su apellido de soltera.

—Fabián nació el 7 de abril del 92. Tenía dos años y cuatro meses cuando empieza todo, el 21 de agosto del 94, un domingo a la noche.

—¿Vos le habías contado algo de la religión, de Jesús, lo que sea?

—Yo no le hablaba ni de Dios ni de nada que tuviera que ver con eso porque era muy chiquito para que le interesen esas cosas.

—Muy cierto. Lo pregunto sólo para dejarlo en claro. Te escucho.

—Bueno, esa noche se despertó llorando y estaba asustado porque había tenido una pesadilla; decía que el hermano lo había asustado y aunque lo quisimos conformar lloraba, lloraba y lloraba. No había quien lo pudiera calmar. Eran las dos de la mañana y no encontrábamos la manera de hacer que se quedara tranquilo. Mi esposo se va a dormir al comedor. Fabián siguió llorando como hasta las tres. Yo le había dicho que viniera al lado mío, en la cama, y lo tenía abrazado. Al rato de haberse calmado me dijo: "Mamita, te amo". "Yo también te amo", le dije. Pero él insistía. Lo repitió como quince veces...

A partir de aquí, y respetando cada palabra del relato de Gabriela, voy a reproducir con absoluta exactitud el diálogo entre ella y su hijo Fabián para un mejor acercamiento a ese momento. La luz de la habitación estaba apagada, sólo había penumbras. Les recuerdo que el nene tenía por entonces dos años y cuatro meses de edad. Los dos están muy juntos, en la cama grande, solitos. Sin nada previo, él rompe el silencio de manera sorpresiva, en especial por lo que dice.

—Oia, tengo otra mamá...

—¿Cómo tenés otra mamá, mi amor? Aquí está mamá —dice una Gabriela algo desconcertada.

—No, no, tengo ésta... —dice Fabi, tocando a Gabriela—, y tengo esta otra —concluye, tocando algo invisible en el aire. Su mamá le toma la manito que elevó.

—¿Ves que ahí no hay nada?

—Sí, hay otra mamá.

—¿Cómo otra mamá? —dice Gabriela, y enciende la luz.

—¿Ves? Encendiste y ahora se fue para el comedor.

—Ahí no hay nada, Fabián... Vamos, dormí ahora —le dice Gaby con suavidad mientras vuelve a apagar la luz.

Casi enseguida el nene dice con tono de "yo-tenía-razón":

—¿Viste que ahora vino de nuevo la otra mamá?

—Bueno, mirála bien —dice Gabriela ahora muy desconcertada y sin entender lo que está ocurriendo pero deseando encontrarle una explicación—. ¿Cómo es la otra mamá?

—Y... es mamá.

—¿Tiene la cara de mamá?

—Sí, tiene la cara de mamá.

—¿Y qué más?

—Tiene la cara de mamá pero esta mamá está "disfazada"...

273

—¿"Disfazada"? ¿Está disfrazada?

—Sí. Tiene piedritas de colores en la cabeza.

—¿Piedritas de colores en la cabeza? ¿Y qué más?

—Y es amarilla, brilla mucho —completa Fabián con su media lengua y usando las palabras que puede ("es amarilla") para contar que la imagen es resplandeciente.

—¿Y qué hace? —insiste Gaby, cuyo desconcierto ya es enorme.

—Nada. Me mira.

El chiquito, hablando con naturalidad, ya sin llanto desde hace rato, le va señalando a su mamá diferentes sitios de la habitación, diciéndole que es allí donde está en ese momento lo que él llama "mi otra mamá".

Recién a las seis de la mañana Fabián se durmió profundamente.

Volvemos a fines de mayo de 1999, cuando Gabriela me está contando.

—¿Vos no viste nada en ningún momento, Gaby?

—No. Lo único que había sentido antes de que él se despertara fue un olor a incienso muy fuerte. Estaba sintiéndolo cuando él se despierta asustado y pasa todo lo que te conté.

—Vos ni idea de que podía ser la Virgen...

—Al principio no. Cuando me dice que estaba "disfrazada" empecé a pensar que podía ser la Virgen, pensando en las ropas con que se la ve en cada caso. Para alguien tan chiquito eso sería "estar disfrazada".

—¿A las seis de la mañana la imagen desaparece para Fabi?

—No sé. No creo. Lo que pasó fue que ya a esa hora, después de haberme pasado toda la noche hablando con él y mirando a todos los lugares donde me decía que estaba la otra mamá, yo me sentía muy cansada. Le dije que estaba bien ya, que había que dormir. Le pongo el chupete y él larga una risa y me dice que "la otra mamá" ya le dio "el chupete amarillo". Yo le digo: "No, mi amor, la otra mamá no. Soy yo".

—Perdonáme un poquito. ¿Vos ya sentías algo así como que estabas compitiendo con otra? ¿Celos?

Se ríe.

—La verdad que sí. Yo pensaba: "La quiere más a la otra mamá, porque la estuvo viendo tanto tiempo". Me asustaba. Pensé: "Se le va a crear un trauma a este chico". ¿Y qué podía hacer? Si iba a un psicólogo me iba a decir: "Señora, ¿de qué me está hablando usted". Mejor me lo guardo, me dije. Se lo cuento solamente a la gente que conozco y nada más. Van a decir: "Ésta está loca. ¿Otra mamá de dónde salió?".

—¿Y qué pasó después?

—Al otro día yo me encuentro con una señora de la Iglesia católica, que es muy amiga mía, y le digo: "Beba, ¿usted no tiene alguna imagen de la Virgen?". Y ella me dio cuatro imágenes, cuatro estampitas... Como había estado en vela hasta las seis de la mañana, Fabián se despertó como a las siete de la tarde. Le enseño las estampas y le digo: "Mirá lo que tengo", sin agregar nada más. Él mira las imágenes y dice con naturalidad: "Oia, la otra mamá". Yo le pregunto cuál de ésas es y él me muestra la de Fátima, con corona, con "las piedritas de colores en la cabeza"... Yo pensé: "Dios mío, qué lindo"...

—¿Hiciste algo?

—No sabía qué hacer. Un señor que se enteró me dijo que le encendiera una vela a la Virgen. "¿Yo, una vela?", pensé. Pero como me sentía muy atraída por lo que pasó, le encendí una vela. En mi casa no había ninguna imagen, así que la encendí y se la dediqué con el pensamiento.

—Muy bien hecho. La imagen es para tenerla presente y vos la tenías mucho más presente y cerca que muchos, por lo visto. ¿Y después?

—Esto fue el 22 de agosto. No pasó más nada hasta el 5 de septiembre, en que volvió a aparecer. A la madrugada, también. Me despierto como a las tres y huelo perfume. Me acuerdo que pensé: "¿Y cómo puedo oler este perfume tan rico, si estoy durmiendo?".

—Perdón. ¿Perfume a rosas?

—Sí, sí. Era riquísimo. Yo pensaba de dónde podía venir, porque en casa no había y, en ese momento, Fabián se da vuelta y me dice que vio a la otra mamá. Me acuerdo de los detalles y las fechas porque todo esto yo lo anoté para no olvidarme de nada. Después volvió a verla el 21 de septiembre, el 31 de octubre, el 27 de noviembre... Y cada vez que la veía la llamaba "la otra mamá"...

—¿Cuánto duró esto?

—Casi veinte meses. Veinte meses seguidos. Para una Navidad... ¿Viste que se arma el arbolito el 8 de diciembre? Bueno, mi esposo sacó todo de arriba del placard y lo puso en el patio listo para armarlo. Fabián salió al patio y, de repente, aspiró profundo y dijo: "¡Qué olor a Virgen que hay, mami!"...

—Dios mío.

—Yo le pregunté: "¿Cómo, olor a Virgen?". "Sí —me dijo—, hay olor a la otra mamá, hay olor a Virgen." Ya tenía cuatro años ahí; era para diciembre del 96...

—¿Alguien más sintió el aroma a rosas?

— Sí, más de una vez. Ya te conté que yo lo sentí aquel 5 de septiembre, pero no fue la única. Cuando todo está tranquilo, a la noche, a mí me gusta ir a orar a la terraza, mirando el cielo. Una de esas noches que estaba Fabián conmigo sentí el perfume muy fuerte. "Fabi, ¿sentís algo?", le pregunté sin aclararle qué ni nada. Yo quería ver si sabía a qué me refería o si iba a inventar. Y él me dice sin dudar ni un poquito: "Lo que siento es olor a perfume"... Otras veces me pasa que voy caminando por la calle y de repente siento ese olor a perfume tan rico, pero como una ráfaga, ¿viste?

—Así es como se siente, habitualmente. Parece que nos quisiera saludar o algo así, en esos casos. Una ráfaga, sí. ¿Pasó algo más con Fabi?

—Bueno, muchas veces lo vimos extendiendo los bracitos al aire, hacia adelante, hacia atrás, hacia los costados, mientras le decía: "Yo te amo, yo te amo"...

—¿Así, con esas mismas palabras?

—Exactamente así.

—¿La aparición nunca le dijo nada a él?

—Una sola vez. Siempre lo miraba, nada más. Pero en el 95, una semana antes de que a mí me operaran de vesícula, se le aparece la Virgen, la otra mamá, y él se pone a hablar y parece escucharla. Yo estaba allí. Era como que estuviera manteniendo una conversación. En un momento dado Fabi le pregunta: "¿Paz?"...

—¿"Paz"? ¿Fabián, que tenía tres años, usó la palabra "paz"?

—Sí, pero preguntándole, con el tono de decirle: "¿Qué es eso?". En voz alta le pregunta: "¿Paz?"... Yo no quise perturbarlo ahí. No quería cansarlo, pobrecito. Recién al otro día le dije como si nada: "Fabi, ¿vino la otra mamá?". "No te quiero contar nada", me contestaba al principio. Al final, le insistí: "¿Estuvo o no estuvo?". "Sí, estuvo", largó. "¿Y pasó algo?", le pregunté. "Me dijo paz", contestó.

—Gaby, no sé si te das cuenta de que esto es impresionante.

—Y, la verdad que sí. La primera vez que pasó eso fue el

11 de julio del 95, que aquí lo tengo en mis notas...

—¿Eso de "la primera vez" significa que hubo otras?

—Por lo menos, otra. Tres días más tarde, el catorce de julio. Le dijo otra vez "Paz". Solamente eso: Paz.

—Nada menos que eso. ¿Fue lo único que le dijo?

—Lo único. Dos veces. En otra ocasión, siempre a la noche y acostadito a mi lado, me dijo como siempre que me amaba. Y de repente se dio vuelta para el otro lado y sonriéndose dijo: "Yo también te quiero". Yo le pregunté a quién le hablaba, aunque sabía lo que me iba a contestar: "A la otra mamá". "¿Y te dijo algo?" "Me dijo que me quería." Por eso él había dicho ese: "Yo también te quiero".

—¿Fabi te contó algún otro detalle en tantas apariciones?

—Una vez me dijo que la veía aplastando con un pie a una serpiente.

(NOTA: Hay varias advocaciones en que la Virgen aparece precisamente así, aplastando la serpiente que representa simbólicamente al enemigo, al coludo. En los Sagrados Evangelios se dice claramente que aplastará su cabeza pero —creo que es obvio aclararlo— alguien de tres o cuatro años no puede tener ni la más remota idea de lo que dicen los Evangelios o incluso de que existe algo que se llame Evangelio. ¿Cómo se explica, en ese caso, que Fabián la haya visto tal como se la describió hace unos dos mil años? No seré yo quien se atreva a responder eso. Hay que hablar con Dios, pero últimamente está bastante ocupado con esa cosa del hombre, lo mejor y lo peor que creó; no vamos a molestarlo con preguntas tontas.)

—En otras ocasiones —sigue Gabriela— me contó que la había visto, según sus propias palabras, rodeada de "un montón de cosas que parecían "pajaritos", y no es difícil imaginar que hablaba de ángeles.

—¿Cuánto hace de la última vez que contó verla?

—Lo tengo aquí, en mis notas... Fue el 10 de abril del 96. Aquí escribí que estuvo cerca de seis horas y que, al final, Fabi extendió los bracitos hacia adelante y decía en voz alta: "¡No! ¡Quiero que vuelvas!"... Era como si la Virgen le hubiera dicho que ya no iba a volver y él le pidiera que no, que volviera. Yo no quise preguntarle nada más, para no perturbarlo, pero debe haber sido como te cuento, como una despedida, porque ésa fue la última vez de la aparición...

—Es precioso, Gaby. Y, decíme ¿él se acuerda de todo eso ahora que tiene siete años?

—Sí, se acuerda. Mirá que mi sobrina le regaló una Medalla Milagrosa cuando empezó todo esto, y él la lleva guardada hasta el día de hoy, tres años más tarde.

—Gaby, me cuesta un poco preguntarte esto, pero ¿para vos no es un conflicto muy grande ser evangélica y vivir todo esto con la Virgen, que es tan importante para el catolicismo pero no para tus creencias?

—No, no. En algún momento pensé en eso, me preguntaba si todo eso era de Dios, pero ¿sabés cómo lo comprobé yo? De acuerdo con mi fe, toda potestad es solamente para el Hijo de Dios; por eso al tiempo de haber empezado todo esto yo lo reprendí a Fabián en el nombre de Jesús. Pero, al instante, volvió con Él...

—Perdón... ¿quién volvió con Él?

—La Virgen. Fabián la estaba mirando y yo le dije: "Mirá, Fabián, vamos a hacer una cosa: mirála y después decíme qué hace". Yo oré y a los dos segundos Fabián me dice: "Volvieron". Yo le pregunté: "¿Cómo 'volvieron', si me dijiste que estaba sola?". Y él me dice: "Sí, pero ahora vino con Jesús"... Entonces dije: "Bueno..."

—Era como para decirte: "Quedáte tranquila, está todo bien"...

—Claro. "Quedáte tranquila, que mi Hijo me da la autoridad". Donde se adora al Hijo está la Madre, escucháme. Eso me dejó en paz.

—Te trajeron un garante bastante bueno, te diré. Es hermosa la historia, Gaby. Y un ejemplo de que los que separamos creencias somos nosotros; Dios jamás lo haría. Oíme, ¿Fabi volvió a ver a Jesús, además de a la Virgen?

—Sí. Hace un tiempo estaba muy enferma una tía mía. Yo llamé a mi iglesia para que oraran por ella y después me fui a arrodillar junto a la cama también para pedir. Fabi no estaba; estaba adelante con mi tío. Yo estaba sola y me puse a llorar. Decía: "Señor, no dejes que esta mujer tenga que sufrir tanto". Lloré mucho, me acuerdo, pero cuando siento los pasitos de Fabi me levanto para no alarmarlo y le digo: "Vení, ponéte la camperita, que vamos a comprar". Salíamos y me dijo: "¿Viste, mamá, que a vos te dejaron sola?". "¿Quién me dejó sola?", le pregunté. "Vino el abuelo y como vos no estabas se fue. Te dejaron sola." "Yo nunca estoy sola —le dije—, porque, aunque vos no lo veas, Jesús siempre está conmigo, con vos, con toda la gente que lo busca; así que nunca estoy sola yo." Y Fabi se saca el chupete y me dice: "No. Jesús estaba cuando vos viniste y me dijiste que me ponga la camperita para salir. Después se apagó". "¿Cómo se apagó? —le digo—. ¿Vos lo viste? ¿Cómo estaba vestido?". "De rojo y blanco", me dijo. No dudó ni un instante, nada. Yo no sabía ni sé ahora qué puedo contestarle o decirle.

—Gaby, vos seguís siendo evangélica. ¿No enfrentás un problema con esto? ¿Qué religión será la de Fabi, que ama a la Virgen?

—Ésa es la palabra: la ama. La ama mucho. Y yo no voy a hacer nada en contra de eso, por supuesto. Yo también amo a María. Es nada menos que la Madre de Nuestro Señor Jesucristo, en virginidad. Por suerte, además, mi pastor, Osvaldo Carnival, es un hombre extraordinario, con una gran comprensión. Cuando yo oro, siento muy nítidamente la presencia del Espíritu Santo, y así seguirá siendo. No sé si debo decir esto, pero muchas veces, cuando voy a la azotea de noche, a orar, veo al Espíritu Santo en su forma de paloma que sobrevuela sobre mí o se posa cerca para acompañarme. Me dicen que las palomas no vuelan de noche. Es posible. Pero eso que yo veo es mucho más que una paloma común; es un símbolo divino al que amo y respeto. No voy a cambiar eso. Ni voy a hacer nada para cambiar lo que Fabi sienta. La fe no se maneja; se la acepta con gozo.

Sensacional, Gabriela. Un placer oírla. Todo lo contrario de separar: ella busca unir, afirmar, juntar, religar, que de ahí viene justamente la bella palabra "religión". Ligar y religar. Sumar y no restar. Multiplicar y nunca dividir. Dios mío, ¿cómo se explica lo de un chico de entre dos y cuatro años que nos enseña tanto? Nosotros, los adultos, los que creemos saber todo, los que nos enorgullecemos de logros tan pequeños como un buen negocio o una promoción, los que corremos detrás de la guita como si fuera la fórmula de la felicidad, los que dicen si no lo veo no lo creo, los que escriben o componen o pintan o actúan convencidos de ser poco menos que dioses artísticos, todos nosotros, los que la sabemos toda, ¿qué somos, comparados con Fabián? Pequeños como pelusa en el bolsillo de Dios; casi inútiles como el periódico de hace unos días; absurdos como un boxeador con anteojos. El poderoso es él, todo pureza.

Y su mamá lleva Speranza como apellido de soltera, vaya apellido. Y, como si fuera poco, Gabriela de nombre. Como el arcángel de la Anunciación, el que le contó a María de Quién sería Madre. Esto de las casualidades me pondría loco. Si creyera en ellas, repito.

9

La Virgen del Rosario de San Nicolás. Milagros y secretos

El 25 de septiembre de 1983 una mujer llamada Gladys estaba rezando en su hogar, como lo hacía habitualmente, cuando tuvo la primera de las videncias de la Virgen, que en esa ocasión no hizo otra cosa que alargarle un rosario en silencio total. La vidente no sintió temor alguno en ese momento pero decidió no contarle la experiencia a nadie, ni siquiera a algún sacerdote, temiendo que la tomaran por loca. Tres días después el fenómeno se repite y el 5 de octubre sucede por tercera vez, siempre en silencio. Dos días más tarde vuelve a ocurrir, y Gladys se anima a preguntarle a la Virgen qué quería de ella. Ante su sorpresa, aparece una visión muy luminosa donde ve claramente un templo de grandes dimensiones. El 12 de octubre decide contarle el hecho a su confesor y guía espiritual, el padre Carlos Pérez. El sacerdote la escucha atentamente pero le pide, con prudencia, mantener en secreto los acontecimientos. Al día siguiente, 13 de octubre, una nueva aparición. Allí la Virgen le habla a Gladys por primera vez. Le dice: "Has cumplido. No tengas miedo. Ven a verme. De mi mano caminarás y muchos caminos recorrerás".

Como lo haría luego en muchas otras ocasiones, agrega una cita bíblica: "Ezequiel 2:4-10". Gladys, que sólo llegó a cursar el cuarto grado, era una mujer de fe pero desconocía por completo los textos de la Biblia. Busca la cita, que comienza diciendo: "Son hombres obstinados y de corazón endurecido aquellos a los que yo te envío para que les digas: 'Así habla el Señor'".

Es posible que, en ese momento, Gladys haya sentido que comenzaba un largo camino que debería recorrer. Tal vez la Iglesia sintió lo mismo. Y la ciudad donde todo ocurrió, San Nicolás, a 260 kilómetros de Buenos Aires, cambió para siempre. Nadie podía imaginar que, en un lugar con unos 130.000 habitantes estables, se llegaran a recibir a alrededor de 300.000 personas cada 25 de septiembre, todos tras María.

GLADYS HERMINIA QUIROGA DE MOTTA tenía 47 años cuando ocurrió la primera aparición. Hubo varias más y se conocieron 1.800 mensajes que, al menos públicamente, se interrumpieron en 1990. Se ignora si la señora Gladys sigue recibiéndolos. Quien seguramente debe de saber hasta el último secreto de lo que ocurre es el padre Carlos Pérez, un hombrón que se mueve ágilmente a pesar de su corpulencia. Tal vez no sean músculos sino pura fe; basta con conocerlo. Este sacerdote fue el que hizo intervenir de inmediato a algunos médicos como para comenzar su propia investigación. El doctor Carlos Pellicciotta, por entonces médico legista de la policía bonaerense, fue quien más cerca estuvo. Hombre de mucha fe pero también, a la larga, un científico, se empeñó en buscar la verdad. Y le costó entenderla cuando la encontró. En una entrevista me dijo:

—En San Nicolás habían comenzado a brillar como con chispas luminosas unos rosarios de esos grandes, que se cuelgan en las paredes. Parecían despedir flashes y no había manera de explicarlo científicamente porque, para colmo, eran rosarios de madera que no pueden conducir electricidad. Esto ocurrió en siete casas de la ciudad, una de ellas la de Gladys... Todos los que vivieron la experiencia me lo contaron, y yo mismo vi el fenómeno en casa de una tía de mi señora. Vi cómo saltaban esas chispas, como relámpagos chiquitos. Lo atestiguo en forma personal.

También fue un rayo luminoso lo que señaló, una noche, el lugar donde debía construirse el templo, un sitio llamado El Campito. Todo se puso en movimiento, tracción a fe. Tuvieron la fortuna de contar con un tanque blindado como el padre Pérez y un obispo magnífico, de corazón y mente abiertos, como monseñor Domingo Salvador Castagna. El siguiente destino de este prelado fue Corrientes, con la Virgen de Itatí. Una diosidad, ¿no?, porque si alguno de ustedes llama a esto "casualidad", me enojo y no juego más, me llevo el librito y chau, corto mano y corto fierro, si te he visto no me acuerdo.

Otra cosa maravillosa fue la manera en que se supo que la visión de Gladys correspondía a Nuestra Señora del Rosario. La vidente no tenía ni idea. Hasta que un día el padre Pérez recordó que en la catedral del lugar había una imagen de la Virgen que había sido llevada allí en 1884, cien años atrás, traída desde Roma por la señora Carmen Acevedo de Insaurralde. Esa imagen estaba bendecida por el papa León XIII, otro mariano fenomenal y gran defensor de lo sobrenatural, pero el tiempo la había deteriorado. Tenía partes descascaradas y se le había roto una mano, por lo cual los curas de la catedral que la habían guardado en un rincón del campanario la llamaban cariñosamente, entre ellos, "la Manquita". El huracán Pérez arremetió, llevó a Gladys a ver esa imagen y se sintió feliz cuando ella sonrió y no dudó un instante en decir que era exactamente la que se le aparecía. Se la restauró y al principio ocupó un lugar de privilegio en la catedral, desde 1984. Después, al avanzar la construcción del santuario en El Campito, fue llevada allí, que es donde pueden visitarla cuando quieran. A Ella le gusta.

Además de Pellicciotta, otros médicos se sumaron para buscar una explicación a aquello, pero luego comenzaría a producirse un fenómeno poco común en la historia del mundo del cual mucha gente fue testigo, incluyendo a los facultativos y autoridades de la Iglesia. En cada Semana Santa empezaron a aparecerle a Gladys los estigmas, las marcas de los clavos de Cristo en la Cruz que se insinuaban el Miércoles Santo, se ponían rojas el jueves, sangraban el viernes —día de la crucifición del Señor— y comenzaban a desaparecer solas a partir del domingo de Pascua. A veces tardaban días en borrarse por completo. De manera simultánea, los pies de Gladys se encimaban uno sobre otro de la misma forma en que los tenía Nuestro Señor en la cruz y, a pesar de que ella mantenía sus músculos flácidos, no podían separarlos entre cuatro hombres, tres de ellos médicos, que asistían a algo tan extraordinario. El mismo doctor Pellicciotta me contó esto que, según me dijo, él vivió como testigo y participante. También, junto a un amigo que me acompañaba, Diego Pérez Cotti, vimos fotos de las manos estigmatizadas de Gladys. Impresionan. El silencio en nombre de la prudencia que cubre este caso no permite saber si ese fenómeno se sigue repitiendo. Les recuerdo que el relato de todo esto está dado por un médico, un hombre de ciencia que lo vio y lo vivió como muchos otros que dieron también su testimonio.

Tuve la gracia de poder hablar con Gladys, algo sumamente desacostumbrado y que agradezco siempre. Cuando le pregunté si los estigmas le provocaban dolores, me dijo:

—*Los estigmas me duelen, sí. No es como el dolor de Nuestro Señor, pero me duelen. Al principio me daban medicinas; después, no porque vieron que no servían. Solamente hay que esperar. Yo me quedo quieta y espero. Rezo mucho y me quedo quieta.*

—También se le enciman los pies, como a Jesús en la cruz...

—*Sí, es así.*

—¿Y no los puede separar?

—*No, no puedo. Quedan así durante unas siete horas. Yo me quedo quieta y espero, como le dije.*

Gladys es muy agradable, con facciones limpias y ojos sinceros. Su vida y la de su familia cambiaron notablemente desde que comenzaron las apariciones. Siempre es complicado hasta salir a la calle, aunque en San Nicolás todos la protegen, y lo bien que hacen. No quiere saber nada con cámaras de ningún tipo; hay una sola fotografía de ella, que fue tomada desde lejos y "de asalto", como se dice en la jerga periodística, es decir, sin avisarle. Está muy pero muy lejos de querer sacarle partido a lo que le ocurre. Por el contrario, se recluye y jamás dio ni una sola entrevista, razón por la cual es muy valiosa cada palabra de la charla que pude mantener con ella en 1992, breve pero cálida. Y única. Dijo, por ejemplo, con respecto al fenómeno:

—*Lo que ocurre es una Gracia que no sé si merezco.*

Su humildad debe haber sido, seguramente, uno de los motivos por los que es la destinataria de algo semejante. Humildad en serio, no la que se pregona, sino la que se practica y en silencio. Su vida dejó de pertenecerle desde 1983; sin embargo, no se queja, sino que aclara:

—*Yo no importo en todo esto, lo único importante es la Virgen.*

Con esa voracidad que refrené a medias, no pude evitar preguntarle en aquella ocasión cómo era la Santísima, si se parecía a la imagen que está en el santuario.

—*Sí, muy parecida, pero es mucho más linda. La Virgen viene rodeada de mucha luz a su alrededor; lleva al Niño en brazos y un rosario* —me dijo con suavidad, aunque con un tono de paciencia que me daba a entender que no deseaba preguntas. Tenía razón, pero ¿ustedes no habrían estado igualmente ansiosos? ¿O todos los días se encuentran con alguien que ve, oye y le habla a la Virgen? Porque la cosa es así: cuando le pregunté si los mensajes eran algo que oía dentro de ella, Gladys contestó:

—*No escucho ninguna voz interior. Escucho la voz de la Madre, la escucho a la Madre, muy clarito. Tiene una voz dulce y cariñosa.*

—¿De la misma manera en que ahora me oye a mí, Gladys?

—*De la misma manera, sí... Pero usted me está haciendo hablar demasiado...*

—Es que lo suyo puede ayudar a mucha gente, puede ayudar a la fe, con todo lo bueno que tiene eso... Lo que le pasa a usted da esperanzas a muchos... ¿Cómo se da cuenta de que Ella va a aparecer?

Me miraba entendiendo, con algo así como una severa ternura. Por un lado, no le gustaba nada romper su propio compromiso de silencio, pero por otro, comprendía que en verdad lo suyo ayuda. Hablaba bajito en medio de la noche, en la puerta de su casa. Y contestaba la pregunta sin estar muy segura de si estaba bien hacerlo.

—*Siento como un cosquilleo. Hay algo que no sé cómo explicar que me avisa... No sé qué es, pero es siempre igual...*

—¿Usted la mira de frente?

—*Yo cierro los ojos y ahí la veo, bien clara.*

—Usted conversa con Ella...

—*Sí. Le pregunto qué quiere que yo haga.*

—A usted, ¿alguna vez le pidió ayuno?

—*Yo hago ayuno, sí. Muchas veces. En la Cuaresma estoy cuarenta días tomando agua y comiendo un poquito de pan, nada más.*

—¿Y no se siente mal? ¿No se enferma?

—*No. No siento hambre para nada.*

—¿Y qué pide Ella de nosotros?

—*Lo que la Virgen pide de nosotros es que estemos unidos, que oremos, que busquemos la paz y el amor.*

Hubo una respuesta en aquella charla que merece ser dejada como postre. Le dije a Gladys que imaginaba que, después de tantos años, tal vez ella sintiera a Nuestra Señora como una amiga, con todo respeto. Y contestó:

—*Yo creo que todos debemos sentirla como una amiga.*

Confieso que la impresión que recibí de Gladys fue la de una mujer por completo sincera, incapaz de fabular, muy afectuosa, algo temerosa de que se pudieran malinterpretar sus palabras y plena de fe. Su mayor preocupación era y es poner en claro que "lo importante es la Virgen".

Gladys Motta se sometió, sin excusas y aun cuando no tenía ninguna obligación de hacerlo, a todos los estudios físicos y psicológicos que le fueron propuestos desde la misma Iglesia. Fue vista por muchos médicos de diferentes confesiones religiosas e incluso ateos. Los psiquiatras y psicólogos que mantuvieron muchísimas entrevistas con ella eran, en su mayoría, profesionales de la Universidad del Salvador. Tanto física como mentalmente, Gladys fue reconocida en excelente aptitud y se dieron a conocer oficialmente los informes que así lo dejan establecido.

"YO VI LAS LLAGAS DE GLADYS."

Conozco a Juan Carlos Saravia desde hace unos treinta años y varios reportajes. Eso me permite decir que pocas veces me he topado con gente de una nobleza como la suya. Es hombre de fe, espiritualmente sanísimo y va por la vida de la mano con la esperanza. Eso es lo principal en él. Después, es también el fundador del conjunto folclórico más importante y duradero de la historia musical argentina, Los Chalchaleros.

Pero, insisto, aun con toda la gloria artística que le ha dado este grupo en todo el mundo, lo más importante de Saravia es su estilo para la vida. Nadie que lo conozca puede dudar ni un gramo de mostaza de lo que él diga. Y esto es lo que él dice, a propósito de San Nicolás:

"Esto ocurrió hace unos cuantos años. Estábamos de gira con los Chalcha y, como siempre, me acompañaba mi mujer, que es aún más creyente que yo. Al llegar a San Nicolás, ella me dijo que quería conocer a Gladys, de quien tanto había oído hablar. Conseguimos la dirección y fuimos a la casa. Estuvimos un rato largo tocando el timbre, pero nadie nos contestaba. De repente apareció una vecina que me reconoció; se metió por el jardín de la casa y le avisó que éramos nosotros y que queríamos conocerla. Salió. Habían pasado dos o tres días de la Semana Santa y fue ella quien nos contó de los estigmas que le aparecían todos los años. Allí fue cuando nos mostró sus muñecas, en la parte del nudo del hueso, donde tenía una especie de roncha, una lastimadura que estaba cicatrizando. Gladys nos contó que durante la Semana Santa le sangran y que, ya después del domingo de Pascua, comienzan a sanar. Pudimos tocar los estigmas. Ella no dio muestras de dolor, porque ya estaban desapareciendo. Después de aquel día nos mandó saludos por unos familiares y hablamos por teléfono con ella dos o tres veces. Le tengo un gran respeto porque dio pruebas fehacientes ante teólogos, curas, médicos y ante todos de que es, en realidad, un vínculo entre la Virgen y los hombres. La verdad es que haberla conocido y haber tocado aquellas llagas fue una emoción muy fuerte. A uno se le saltan las lágrimas.

También en San Nicolás pude presenciar el fenómeno del sol que se da en lo que llaman El Campito. Allí el sol no mantiene su recorrido típico sino que gira, da vueltas como si bailase en el cielo. Tomé la hora exacta y al día siguiente, a esa misma hora, fui a observar al sol desde otro lugar. No pasó nada fuera de lo común. La cosa ocurre —y yo lo vi— sólo en aquel campito, que dicen está consagrado. Parece algo fantástico pero es de creer o reventar, como debe haber dicho Santo Tomás."

LA HISTORIA SECRETA DE UNA DEVOCIÓN

Monseñor Domingo Salvador Castagna asume como Obispo de San Nicolás en 1984, cuando hacía unos pocos meses que se había producido la primera de las apariciones de la Virgen. Como corresponde a su jerarquía, por más mariano que sea, se le hizo imprescindible estudiar el caso en profundidad antes de decir una sola palabra. Tuve el placer de conocer a Castagna. Por eso puedo definirlo como un hombre muy inteligente, sumamente sensible, cauteloso, prudente, cálido, simpático y con esa cosa que le hace entender —aun desde su alta dignidad— lo que siente el pueblo; esa cosa a la que los porteños llamamos "calle". Tiene calle, gastó veredas y asfalto antes o después de ser cura, no importa mucho. Todo eso lo transforma en un obispo magnífico, pero de poco le servía su experiencia previa cuando en 1984 se encuentra como la máxima autoridad eclesiástica de una diócesis en cuya capital, San Nicolás, le contaron, apenas entró en su nuevo despacho, que había una mujer del lugar que recibía apariciones de la Santísima. Negar los hechos sin conocerlos bien hubiera sido una locura. Aprobarlos de entrada, graciosamente, aún peor. Desde ese momento monseñor Castagna debió moverse con la firmeza de un elefante pero con la astucia de un tigre. Cada paso era como esos que vimos por televisión cuando los astronautas caminaban por la superficie de la Luna: lentos, estudiados y hasta temerosos. Habló muchas veces con el padre Carlos Pérez, con todos los protagonistas del suceso, con pobladores y gente de afuera con la que se asesoró. Y comenzó una de las tareas más difíciles no sólo en ese caso sino en la vida cotidiana: discernir. Esto es, separar la paja del trigo, sacar lo malo y mirar lo bueno que le quedó a uno en la canastita.

En un momento determinado —y no son muchos los que conocen este episodio— monseñor Castagna comenzó a rezarle a solas a la Virgen y en esas charlas del alma, ese intento desesperado de querer tener una base donde apoyar toda la estructura, le pidió con todas sus fuerzas y humildad que le diera una señal. Algo que llevara luz indiscutible a esa caminata nocturna en medio del bosque que era su búsqueda de la verdad antes de decidir. El ruego de monseñor Castagna fue escuchado. Y la luz llegó. Más que eso: estalló.

Ocurrió un hecho que no dejó dudas. Un verdadero milagro que no sólo fue una esperada respuesta para el obispo, sino un grito maravilloso que oyeron muchos, tan gratificador como el primer llanto de un bebé al nacer. Y de eso se trató: de un renacer. De la vida acariciada por lo sobrenatural.

El testimonio que sigue es el que resume ese hecho que fue el milagro inaugural de la Virgen del Rosario de San Nicolás. El primero que publicó este caso impresionante fue el diario *El Norte*, de esa ciudad. Luego lo recogerían varios medios y se conocería en el mundo entero. Nuestra propia investigación coincide absolutamente.

UN HECHO EXTRAORDINARIO
(Testimonio de hoy)

El 25 de octubre de 1984, Gonzalo Miguel Godoy tenía siete años cuando una tomografía computada mostró, con crueldad y sin lugar a dudas, un tumor cerebral en uno de sus lóbulos. La única posibilidad de salvación era la cirugía, sin garantía de que luego no quedara afectado en alguna de sus funciones. Vivía con sus padres, RAÚL MIGUEL Y MARÍA DEL VALLE GODOY DE MIGUEL, en Pergamino, a unos 70 kilómetros de San Nicolás.

Lo que sigue es una transcripción extractada del relato de María del Valle, su mamá, en una entrevista de 1994, diez años después de esta historia impresionante.

"Todo empezó cuando Gonzalo tenía siete años, un lunes, en octubre del 84. Su conducta comenzó a cambiar de un día para otro, bruscamente. Estaba inquieto, se levantaba de su pupitre en la escuela y no prestaba atención en clase. El jueves empezó a sentir sopor y el viernes siente náuseas y empieza a perder el habla. Esa noche durmió bien pero al día siguiente, sábado, vuelve a quedarse sin habla. Le pido que me escriba lo que siente, pero no puede tomar la lapicera.

"Vimos a varios médicos aquí, en Pergamino, pero nadie podía dar un diagnóstico. Cinco días más tarde hablamos con un cuñado mío que es médico en Rosario. Le contamos lo que ocurría. "Es un problema neurológico —nos dijo—. Vengan ya a Rosario." En ese momento yo estaba embarazada de mi séptimo hijo, pero viajamos enseguida. Gonzalo llegó con una hemiplejia avanzada. Lo atendieron de inmediato, le hicieron tomografías y otros análisis y lo internaron. Era un sábado cuando el neurólogo nos llama y nos da el diagnóstico: tenía un tumor del tamaño de un huevo de gallina en el lóbulo frontal izquierdo de su cabecita de siete años. El pronóstico fue "accidente cerebro vascular de origen isquémico". No se sabía si era de nacimiento o si surgió después.

"El tumor había ido creciendo hasta que empezó a hacer presión sobre el centro motor del lado derecho y sobre el centro del habla. Lo primero que le preguntamos al neurólogo era si una operación podía poner en peligro su vida. Nos tranquilizó pero admitió que Gonzalo podía perder el habla para siempre, quedar con una hemiplejia de por vida o verse afectado neurológicamente de distintas formas. Nosotros debíamos dar permiso para la operación, sabiendo eso. Yo puse una condición, como madre: si después de la cirugía Gonzalo quedaba sin posibilidad de vida, yo me lo traía de vuelta a Pergamino, a morir en casa. Todavía no había tomado la comunión, y Raúl me dijo que llamemos a mi madre para que ella se comunique con monseñor Castagna, el Obispo de San Nicolás, para pedirle que autorice darle la comunión en ese estado. Mamá llamó al padre Pérez, que era por entonces el párroco de la catedral y al que conocíamos desde hacía muchos años porque es de Pergamino. Le pidió lo de la comunión y también que le rezara a la Virgen por Gonzalo. El padre Pérez hizo eso y mucho más. La vio a Gladys Motta para que ella también le pidiera a la Virgen por mi chiquito. El lunes le hicieron una arteriografía cerebral que fue realmente espantosa. La hemiplejia se había agravado. El martes llegó el padre Busso."

(El padre Ariel Busso era en esa época el Canciller del Obispado de San Nicolás y fue enviado especialmente por el Obispo Castagna.)

"Esa mañana, del último día de octubre del 84, el padre Busso le dio su primera comunión..."

(Cuando, en 1992, realicé la investigación periodística de este caso, me impresionó enormemente y se me anudó la garganta cuando me enteré de que fue necesario cortar la sagrada hostia para dársela al chiquito porque ya no tenía movilidad en la boca para poder recibirla entera. También sentí una gran ternura al saber que el padre Busso le hablaba despacito diciéndole que iba a recibir al Señor. El sacerdote lo encomendó a Nuestra Señora del Rosario, y el arma más poderosa que existe, la oración, ya estaba actuando, empujada por la fe de toda la familia, de todos los amigos, de todos los vecinos, del obispo, del padre Pérez, de Gladys, de cada uno de los que ayudaban con el alma, literalmente.)

"Habrá pasado una hora desde la comunión, cuando advierto que la mejilla derecha de Gonzalo, su lado muerto, tenía un color rosado que no le veíamos desde que todo había comenzado. Después empezó a mover los hombros y sentía un cosquilleo. Había unos juguetitos sobre la mesa de luz que no había tocado para nada, pero fue entonces cuando nos pidió que se los alcanzáramos y se puso a jugar despacito. A las dos horas lo vio el médico, notó esa recuperación y nos dijo: "Miren, no quiero ilusionarlos, pero me parece que no va a haber necesidad de operarlo, aunque vamos a seguir con los estudios". Quiero aclarar que en aquel momento yo tenía muy poca idea de lo de la Virgen en San Nicolás, que había hecho su primera aparición hacía apenas un año. Pero siempre fuimos gente de fe. Cuando, al día siguiente, le van a hacer una punción lumbar a Gonzalo para determinar si era o no necesaria la operación, yo me puse a su lado y le dije despacito: "Gonzalo, ahora vamos a rezarle a Jesús y le vas a ofrecer este dolor para recuperarte pronto". Y, mientras lo preparaban, le puse mi mano sobre su carita y los dos rezamos en voz baja... Al día siguiente le hicieron otra tomografía, con la que se decidiría si había que operarlo o no. Nunca voy a olvidar lo que fue para nosotros esa espera; fueron los momentos más largos de nuestra vida, en los que no hacíamos otra cosa que rezar. Al rato salió del lugar donde estaba el tomógrafo mi cuñado, el médico. Lo miré a la cara ansiosamente y me acuerdo que parecía que se le reían los bigotes. Nos contó que el tumor se había reducido en un setenta por ciento y que los especialistas dijeron que no había necesidad de operarlo. En los días siguientes siguió disminuyendo y finalmente le dieron el alta. Lo llevamos a Pergamino y allí empezó la recuperación...

"Los médicos de Rosario actuaron con un profesionalismo y un cariño que no vamos a olvidar nunca, pero admitieron que no encontraron nada que motivase este cambio en la salud de Gonzalo. A tal punto que, al tiempo, me encontré con uno de los médicos que lo atendieron —un muy buen profesional, casualmente de origen judío— y le pregunté si en la curación de Gonzalo podía haber una intervención divina. "Si usted lo considera así, yo creo que sí", respondió. No insistí más.

"Antes de la curación supimos que Gladys había dicho, refiriéndose a Gonzalo: "Dios ya obró en él". Nosotros no entendíamos nada en medio del drama que vivíamos, pero cuando empezó la recuperación nos fuimos dando cuenta de lo que sucedía. Sabemos que recibimos una gracia.

"Por eso pedimos ver a Gladys, y nos recibió en su casa. Todos sabíamos que debíamos ser prudentes con este tema y así se nos había pedido. Le agradecimos, pero ella nos dijo: "A mí no me lo agradezcan. Todo se debe a la Madre, a la Virgen Santísima". Cuando volvimos a casa sentí una paz como nunca antes, como si estuviera sentada sobre una nube... Hasta lo de Gonzalo, nosotros apenas teníamos alguna noticia de Gladys e incluso de Nuestra Señora del Rosario. Desde entonces vamos al santuario de San Nicolás todos los días 25, a orar y agradecerle a la Virgen; es lo mínimo que podemos hacer. Gonzalo aprendió que la Virgen es su amiga y que puede recurrir a ella cuantas veces lo necesite, como puede hacerlo cualquiera."

En esta entrevista María del Valle Godoy de Miguel reafirmó

lo que también había declarado en una nota del diario *El Norte*, de San Nicolás, en 1985, menos de un año después de los sucesos. Cuando se le preguntó si ella creía que con Gonzalo había ocurrido un milagro, la frase de entonces fue por completo contundente: "En nuestra familia estamos todos convencidos de que se trató de un milagro. Mi hijo se moría. Yo fui testigo de la asombrosa transformación... Les aconsejo a todos los que tengan problemas que le recen con mucha fe a la Virgen del Rosario..."

En la historia de la Virgen de San Nicolás, plena de hechos asombrosos, éste fue el primer caso documentado de algo que puede ser calificado como milagro, palabra con la que muchos se asustan pero que, con sólo pensar que es posible, abre las puertas de la esperanza para ir a jugar. Bendita sea. Y fue, como ahora queda develado, la señal inequívoca que le imploraba monseñor Castagna a la Santísima.

TODO TUYO

Veinte años antes de sentarse en el trono de Pedro, monseñor Karol Wojtyla no lo pasaba del todo bien en su obispado de Cracovia, Polonia, país que por entonces dependía de la Unión Soviética y donde los sacerdotes no eran precisamente los preferidos de un poder que se vanagloriaba de ser ateo. Los polacos, mientras tanto, seguían siendo en su mayoría buenos cristianos que se escondían en las sombras de las noches de su pueblo para llegar a una iglesia católica, donde se casaban en plena madrugada y sin hacer ruido para que no los descubriera la gente del partido.

Veinte años antes de ser Papa, el obispo de Cracovia había elegido como guía para su vida espiritual la frase latina "Totus tuus". Todo tuyo. Y con esas dos palabras se estaba dirigiendo a la Virgen, a quien se había consagrado por completo.

Cuando fue elegido como Sumo Pontífice, simplemente continuó con esa devoción y usó, desde el primer día, aquella frase de entrega como el lema papal que se conocería oficialmente. En su escudo, incluso, figura la cruz sobre la letra "M" mayúscula que honra el nombre de María. Ya no sabía qué hacer para contarle todo lo que la amaba.

Finalmente volvió a sus mismas fuentes. Siempre ocurre, a la larga. Descubrió que, para expresarle a Ella lo que sentimos, bastaban esas dos palabras que hacen que la Mamita sonría: "Todo tuyo".

· · ·

No se puede amar bien lo que no se conoce bien. Por eso este librito. Lo que se intentó en estas páginas fue mostrarla, hacer que la sintamos más cerca, saber que nadie nunca puede ser huérfano con semejante Madre. Leímos maravillas sobrenaturales, sí. Forman parte de la misma naturaleza de la Virgen y ayudan a ayudar.

Alguien puede preguntarnos si ante el nuevo milenio aún obran los milagros, y la respuesta es fácil: ahora más que nunca.

Alguien podrá preguntarse cómo podemos vivir en esta época creyendo en milagros. Lo que no se entiende es cómo se puede vivir en esta época sin creer en ellos.

Ahora son, exactamente, las 7.31 de esta mañana de mediados de junio de 1999. En un minuto más amanecerá. Después de haber habitado la noche voy a salir a ver el sol, ese que viene diariamente a pesar de todo. Ya llega. No importa la hora en que ustedes estén leyendo esto: entornen los ojitos pensando en las cosas que descubrimos juntos en estas páginas. Siéntanla a Ella. Tal vez vean también el amanecer, lo negro dejándose devorar por un rojo tenue y pasando poco a poco al celeste. En unos segundos cierren los ojos buscando esa compañía que encontrarán. Vamos a hacerlo juntos, en el preciso instante en que esta frase termina con ese punto final que bien puede ser un principio.

DESPUÉS DE TODO

"Finalmente, mi corazón Inmaculado triunfará."

(Del mensaje de la Virgen en Fátima,
el 13 de julio de 1917)

Nuestra Señora, Notre Dame, Our Lady, la Madonna, a Virxen, la Santísima, María, Marie, Mary, Miriam, Mariah y docenas de otros nombres son pronunciados en este mismo instante en algún lugar del mundo en el que se la honra, se le implora, se le pide, se la espera. Es curioso: no sé si lo advirtieron, pero los Evangelios no registran ni un solo milagro atribuido a Ella en su paso por la Tierra. Tal vez el plan divino la reservó para las grandes cosas que vendrían después.

Yo soy Juan, por ejemplo. Ustedes son Juan. Aun los que no están leyendo estas líneas son, también, Juan. Y Cristo, desde la cruz, nos está diciendo que allí tenemos a Nuestra Madre. Hay que abrazarla fuerte y pedirle, sin pudores, que nos cuide, que nos mime, que nos ayude. Ahora y en la hora de nuestra muerte, como le decimos al rezarle. Los resultados nos van a sorprender.

Hay mucho más sobre María, pero no me gusta escribir libritos demasiado gordos. Asustan. Tal vez, en otra ocasión, volvamos a la Virgen. Si, al fin de cuentas, tarde o temprano, siempre se vuelve a la Mamita. Y Ella siempre está esperándonos. Con los brazos abiertos, los ojos húmedos y la sonrisa leve.

Que Dios los bendiga mucho, como siempre.

Apéndice

El país consagrado

La República Argentina está consagrada al Inmaculado Corazón de María, pero esa entrega debe ser renovada para que exista una toma de conciencia del hecho. Consagrarse a la Virgen es un camino muy directo a Cristo, es un ofrecimiento de amor, es una Gracia.

Hay un movimiento que nació humildemente entre los fieles católicos y que se está extendiendo de manera saludable para el alma: confirmar esa consagración en la segunda mitad del año 2000.

Para hacerlo, somos nosotros, los fieles, los que debemos adherir —si lo deseamos, por supuesto— a este acto amoroso.

Los que quieran sumarse pueden pedir las planillas para unir voluntades a las siguientes direcciones:

Nª 353. Cód. Postal 1900. La Plata.
Casilla de Correo Nº 78. Suc. 2-B. Cód. Postal 1402.
Capital Federal

ÍNDICE

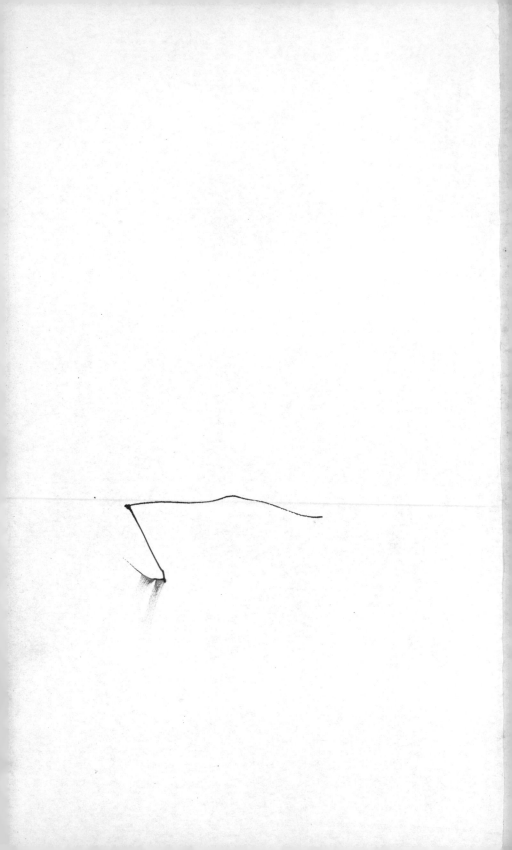